아메리카

미국, 그 마지막 제국

아메리카

최병권 · 이정옥 엮음
이그나시오 라모네 외 지음

프롤로그

★ ★ ★ ★

미국, 그 마지막 제국

의정부 여중생 사건, SOFA 개정 요구, 광화문의 촛불시위, 휴전선 관할권이 누구에게 있는지를 다시 한번 더 상기하게 해주겠다는 유엔군 사령관의 발언, 북핵 문제, 이를 둘러싼 한미 간의 의견 불일치와 으스스한 공포의 그림자 등 어느 한시도 미국이라는 나라가 우리 곁을 떠난 적이 없다.

말 그대로 미국에서 출발해서 미국으로 끝나는 것 같다. 그래서 미국은 우리에게 알파요 오메가이다. 아무리 큰마음 먹고 미국이 뭐 그렇게 대단하겠느냐고, 생각을 고쳐먹자고 해도 어디까지나 꿈속의 이야기일 뿐 꿈에서 깨어나면 그 순간 미국과 마주친다. 물론 우리만 그런 게 아닐 것이다. 세계가 미국과 더불어 하루를 시작하고, 하루를 끝내고 있다고 해도 과장은 아닐 것이다.

미국은 우리에게 무엇이었고, 지금은 무엇이며, 내일은 무엇이 될 것인가 하는 것만큼 중요한 질문은 없을 것이다. 세계의 다른 모든 나라가 그러한 것처럼 우리나라 또한 어떠한 의미에서든 미국을 빼고 우리의 오늘과 내일을 말할 수 없다.

미국은 우리에게 해방자이자 정복자이고, 우리의 동반자이자 경쟁자의 이미지로 다가온다. 우리에게 어떤 이미지로 다가오느냐에 따라 어떤 사람은 무조건적인 친미 사대주의의 태도를 취하고, 어떤 사람은 무조건적인 반미를 말한다. 그리고 친미와 반미가 아니더라도 우리의 일상에서 끊임없이 크고 작은 문제들이 미국과 직결되어 있다.

더군다나 9·11테러가 일어나고 미국에 의해 '악의 축(Axis of Evil)'으로 찍힌 북한이 여기에 반발해서 핵폭탄을 만들고 있다고 북한 스스로가 말한 뒤, 미국이 세계 문제 특히 동북아 문제에서 어느 방향으로 움직이고 있는가 하는 것은 한민족 전체의 사활이 걸린 문제가 되고 있다. 여기서 미국에 대한 관심은 이제 외부세계에 대한 관심이라기보다 우리 내부세계에 대한 관심과 다름없이 되어 버렸다. 미국을 정확하게 아는 것 이상으로 더 중요한 일이 없다고 할 정도가 된 것이다.

우리만이 그런 것이 아니다. 세계 전체가 미국의 말 한 마디, 한 걸음의 움직임에도 눈길을 떼지 못하고 있다. 미국의 객관적인 실체를 파악하는 것이 중요한 만큼 우리 의식 속에 들어와 있는 미국에 대한 이미지 또한 중요하다. 실체와 의식이 하나가 되어 우리의 오늘과 내일에 작용을 할 것이기 때문이다.

사람에 따라 미국을 좋아하는 사람도 있을 것이고, 미국을 아주 싫어하는 사람도 있을 것이다. 그러나 어떻든 미국은 구체적인 우리의 현실이다. 좋아하는 미국을 더욱 좋아하기 위해, 싫어하는 미국을 더욱 싫어하기 위해서도 미국이라는 나라를 더 잘 알지 않으면 안 될 시점에 우리가 서 있다.

미국을 올바르게 알고 깊이 생각하지 않고는 우리의 오늘과 내일을 한 조각이라도 올바르게 설계할 수 없을 것이기 때문에 지금의 미국을 올바르게 알자는 뜻에서 《아메리카》를 펴낸다.

미국은 일상적으로 우리와 함께 있다. 우리 곁에 있음으로 해서 달러와 할리우드 영화, 맥도널드 햄버거, 리바이스 청바지, 인터넷과 닷컴 그리고 영어가 그러한 것처럼 미국은 우리에게 너무나 친숙하다.

미국은 태평양 건너 먼 곳에 있는 나라이고, 그곳에 살고 있는 사람들도 우리와는 너무나 다른 인종의 사람들이다. 그러나 때로는 과연 미국이 우리와 딴 나라인지 같은 나라인지 분간하기 어려울 정도이다.

한 해에 수만 명 그중에서도 특히 수많은 초등학생들이 혼자 가방을 메고 미국 학교로 공부하러 떠나고 있고, 영어 배우는 유치원생들의 어린 목소리들이 골목길을 메우고 있다.

익숙하고 친밀하기 때문에 우리는 미국을 다 알고 있다고 생각한다. 과연 그럴까? 그렇지 않을 것이다. 다 알고 있지 못하다. 그 동안 우리가 배우고 알고 있는 지난날의 미국과 지금의 미국은 같지 않다.

우리 의식이 살아 움직이는 현실을 따라잡지 못한 것이다. 21세기의 미국은 조지 워싱턴 대통령의 독립선언 때의 미국과도 다르고, 링컨 대통령의 미국과도 다르며, 한국 전쟁 때의 미국은 물론 20세기 후반의 미국과도 다르다. 미국이 크게 달라지고 있는 것이다.

지난 한 세기 동안 미국을 한집안처럼 드나들고, 무슨 일이 생기기만 하면 들고 가서 의논을 하고 도움을 요청했던 미국을 우리는 왜 다 알지 못할까? 미국을 좋아하는 사람은 좋아하는 측면만, 싫어하는 사람은 싫어하는 측면만 집중적으로 보아서 그러지 않나 하는 생각이 든다.

그러나 다른 무엇보다 본래 미국이 무엇이며, 우리에게는 과연 무엇인가를 두고 우리가 자주 헷갈리는 것은 미국이 너무나 거대하다는 것, 미국 사람이 말하는 미국과 다른 사람들이 말하는 미국이 다르고, 교과서에 씌어 있는 미국과 현실 국제 정치 속에서의 미국이 다르기 때문일 것이다.

동서 냉전이 끝나고 세계의 힘의 중심이 워싱턴 한 곳으로 모이면서, 미국은 이제 흔히 말하는 세계의 유일 초강대국이 됐다. 그런 만큼 지난날 존재했던 또 하나의 초강대국 소비에트 제국의 대칭이었던 아메리카 제국을 파악할 때보다 지금의 미국을 올바르게 파악하는 것이 더 어려워졌다.

미국을 가리키는 말들은 많다. '세계 경찰'이라고도 하고, '세계의 검투사' 또는 '세계의 해결사'라고도 하며, '아메리카 드림'을 말하기도 한다.

그러나 이 모든 말들이 이제는 20세기의 유물이다. 냉전이 끝나고 국민국가의 국경을 허무는 세계화와 정보화가 급속히 진행되면서 이제 미국은 유엔 회원국의 일원인 다른 나라와 꼭 같은 '국민국가(nation-state)'의 하나가 아니라 '제국(empire)'이 되고 있다.

로마 제국, 신성로마 제국 이후 시민혁명을 통해 역사 저편으로 사라졌다던 '제국'이 역사의 잿더미 속에서 다시 탄생하고 있는 것이다. 그래서 미국 안팎에서 '아메리칸 엠파이어(American Empire)'와 미국이 세계를 정복하면 세계에 평화가 온다는 '팍스 아메리카나(Pax-Americana)'라는 말이 새롭게 등장하고 있다.

우리가 미국을 올바르게 파악하지 못하면서 거듭 헤매는 이유도 여기에 있지 않나 싶다. '제국'을 세계의 다른 보통 나라들과 동일한 '국민국가'의 하나로 생각했던 것이다.

제국에는 제국의 작동방식이 있고, 국민국가에는 국민국가의 작동방식이 있다. 이 국가 작동방식을 제대로 알지 못하고서는 제국이든 국민국가든 실체를 파악할 수 없으며, 실체에 접하지 못하고서는 새 세계 질서를 파악할 수 없고, 새 세계 질서를 파악하지 못하고서는 우리의 오늘과 내일을 굳건한 토대 위에서 현명하게 설계할 수 없을 것이다.

지금 세계의 힘의 중심은 워싱턴 한 곳뿐이다. 정치·군사·경제·도덕적 가치 할 것 없이 모든 것이 미국식 잣대로 재단되고 미국이 말하는 것이 곧 인류 보편의 가치가 된다. 이것이 바로 패권이라는 것인데 패권을 쥐고 있는 한 미국이 곧 세계이다.

　따라서 국제법이든 다자간 협정이든 미국의 주권을 제한하는 것이라면 미국은 지키지 않는다. 교토환경협정도 깨고, 리히텐슈타인이나 버뮤다 같은 탈세와 검은 돈의 천국을 더 이상 허용하지 말자는 경제협력개발기구(OECD)의 결정도 무시한다. 존 볼턴 미국 전 국무 차관의 말처럼 '제국'에는 국제법 같은 것이 적용되지 않는 것이다.

　제국의 주권은 무한대로 팽창하고 있는데 비해 한편으로 국민국가의 20세기적 국가 주권은 갈수록 줄어들고 있다. 핵과 인권 및 환경 문제에서는 국가 주권이 그대로 지켜지지 않는다는 고르바초프의 1990년대 선언 이후, 핵과 인권을 내세우며 국민국가에 대한 국제사회 또는 미국의 군사 개입이 진행되고 있다.

　인권을 이유로 한 미국의 발칸 파병이 그랬고, 핵을 이유로 하는 이라크와의 전쟁이 그렇다. 정말 전에는 없던 일이다. 국제 시스템에 자신의 법칙을 강제로 적용할 수 있는 것이 '제국'의 특징이다. 인정을 하든 하지 않든 제국의 작동방식을 이해야만 할 때가 된 것이다.

　'아메리칸 엠파이어'의 힘의 근원은 어디이며, 다국적 기업과 할리우드 영화, 제3세계 독재정권들에 대한 미국의 지원 등이 '제국 건설'의 도구로 어떻게 동원되는가, 냉전은 끝났는데도 왜 냉전체제는 그대로 존속을 하고 있으며, '강한 중국'의 등장을 미국은 왜 한사코 저지하려고 하는가, 그리고 이 모든 것들이 우리의 현재와 미래에 구체적으로 어떻게 연결될 것인지를 알자는 뜻에서 《아메리카》를 마련한 것이다.

 다양한 의견과 새로운 견해, 토론의 기회가 있기를 희망하며, 미국을 알아서 우리 자신을 더 잘 알고, 우리를 더 잘 앎으로써 아직까지 우리 안에 머물러 있는 피동과 분열의 한국의 20세기와 진짜로 결별하고 한국 역사의 새 지평을 열자.

2002. 12. 7
최병권(Weekly SOL 발행인)

차례

- 프롤로그

1장 마지막 제국 Last empire

19 ★ 로마 제국, 아메리카 제국 ―조나단 프리드랜드

29 ★ 제국의 길, 또 하나의 서부 개척 ―필립스 골럽

39 ★ 로마 제국이 다시 태어나다 ―안병진

46 ★ 미국이 파견한 트로이 목마 ―이그나시오 라모네

53 ★ 세계 정복 길에 오른 맥월드 문화 ―벤자민 바버

58 ★ 21세기의 세계 질서 ―요셉 요페

63 ★ 미국을 두려워하지 않는 자는 아무도 없다 ―롤랑 조프랑

66 ★ 제국의 반란자들 ―우태현

70 ★ 미국의 라이벌은 누구인가? ―세르게이 카자노프

73 ★ 제국의 전개, 야심 ―김상준

81 ★ 제국(帝國)과 후국(侯國) ―이그나시오 라모네

85 ★ 제국의 끝 ―윌리엄 그레더

2장 아메리카 슈퍼 파워 America Super Power

99 ★ 아메리카 슈퍼 파워, 무엇을 위해? —필립 볼레 제라쿠르

103 ★ 부시 독트린 —최병권

108 ★ 미국의 매파, 그들은 무엇을 꿈꾸는가 —안병진

114 ★ 테러와의 전쟁, 그리고 제왕적 대통령 —필립스 골럽

121 ★ 위험한 '애국 게임' —페트리시아 윌리엄

129 ★ 아듀, 자유의 여신 —이그나시오 라모네

132 ★ 부시의 원리주의를 위한 네 편의 영화 —얀 디스텔마이어

137 ★ 21세기 미국의 새로운 세계 군사전략 —마이클 클라르

141 ★ 미국의 새 외교정책-그들이 옳다면 옳은 것인가? —필리스 베니스

152 ★ 우주 항공모함, 제국의 경제 이익을 지킨다 —칼 그로스만

155 ★ 펜타곤 페이퍼 'JV 2020' -유럽에서 아시아로 —이상현

159 ★ CIA, 펜타곤 그리고 할리우드 —사무엘 블루멘펠드

166 ★ 머리털 끝에서 발톱까지 —피터 보몽

171 ★ 밀리터리 파워, 그들의 군사무기는 몇 세대 앞서 있다 —롤랑 뮈라비치

176 ★ 돌팔매에서 별들의 전쟁으로 —이상현

185 ★ CIA, 이들만큼 강력한 자들이 전에는 없었다 —뱅상 조베르

3장 민주주의와 제국 사이 Between the Democracy and Empire

193　★ 미국을 강하게 하는 것들 ―이상현

199　★ 세계의 두뇌를 흡수하는 제국 ―실비 카우프만

202　★ 자신과 경쟁하는 능력을 키우는 교육 ―정태식

207　★ 멘탈 파워, 모방의 욕구를 지배하다 ―르네 자라르

212　★ 억만장자 사회주의자들 ―우태현

218　★ 실리콘 밸리의 새로운 인간, 실리코누스 ―〈프랑크푸르트 룬트사우〉

221　★ 아메리카 보수의 심장부 4대 가문 ―최병권

226　★ 신보수주의는 미국 정치에서 어떻게 작동하고 있나 ―최병권

233　★ 뛰어난 정치 지도자의 여섯 가지 조건 ―안병진

241　★ 미국은 세계의 생각과 생활을 규정한다 ―이언 잭

244　★ 항상 나를 어리둥절하게 만드는 미국 ―한스 마그누스 엔젠스베르거

248　★ 새로운 예루살렘, 바벨탑의 매혹 ―이안 부루마

253　★ 미국과 미국 사람은 같지 않다 ―제임스 해밀턴 패터슨

257　★ 미국의 둥근 달 ―양 리안

261　★ 그들은 성서의 말을 끊임없이 새롭게 한다 ―마이클 이그나티에프

265　★ 미국의 부는 여러 세대에 걸친 창의성의 결과물 ―이반 클리마

270　★ 미국의 진실-의식적으로 민주, 무의식적으로 제국주의 ―라마찬드라 구하

4장 세계에게도 신의 은총을! God Bless World!

- 277 ★ SOFA 개정을 촉구한다 —이정옥
- 289 ★ 나는 미국을 이렇게 본다 —조셉 나이 외
- 299 ★ 미국 보수의 본류, 기독교 근본주의 —정태식
- 305 ★ 악의 축과 위선의 축에 대항하는 '진실의 축' —안병진
- 317 ★ 미국, 강하고 강하나 강하지 않다 —스티븐 클레몽스
- 325 ★ 오만한 권력은 붕괴한다 —이대훈
- 330 ★ 아메리카 애국주의 —재시 잭슨
- 333 ★ 율리시스의 눈은 먼 지평을 향하고 있었다 —아마드 사드리
- 338 ★ 지구촌 남쪽 사람들의 '이상야릇한 반응' —베르트랑 바디
- 342 ★ 미국, 사랑받지 못하고 있다 —알랭 프랑슨
- 346 ★ 사람들은 왜 부시의 미국을 위험하다고 하는가 —얀 외베르크
- 354 ★ 엔론사 스캔들이 드러낸 미국의 부패 시스템 —윌리엄 그레더
- 363 ★ 미국 경제가 위기의 강을 건너고 있다 —로르 벨르
- 371 ★ 엔론, 월드컴, 비방디, 유니버설 사태, 신자본주의의 위기인가 —도미니크 필리옹
- 375 ★ 월스트리트, 2000년 3월 이후 6조 7천억 달러가 연기로 사라지다 —이정옥
- 378 ★ 악의 축에서 말하는 '악' 이란 무엇인가? —정태식
- 385 ★ 미국을 적으로 여길 수도, 여길 필요도 없다 —김종오
- 393 ★ 미국 5백대 기업 중 3백 개 기업이 중국에 투자하고 있다 —한광수
- 397 ★ 부시는 닉슨보다 더 높이 만리장성을 올랐다 —이강범
- 401 ★ 중국이 북한의 붕괴를 바라지 않는 한… —한홍시

- 에필로그

1장 마지막 제국
Last empire

★
로마 제국, 아메리카 제국

★ ★ ★ ★

조나단 프리드랜드(Jonathan Freedland)

영국 언론인. 〈가디언〉 기자. 워싱턴 특파원으로 활동했으며 1997년 이후 논설위원으로 일하고 있다. 동시에 BBC 방송에 출연하고 〈뉴욕 타임스〉, 〈로스앤젤레스 타임스〉, 〈뉴스위크〉에 자주 기고도 한다. 영국과 미국 및 중동 문제 전문가이다. 오늘의 미국을 로마 제국에 비유한 〈로마 제국(Roman Empire)〉 4부를 지난 여름 BBC에 내보내 세계의 주목을 받았다. 1998년 영국 언론인상을 받았다.

우리 시대의 키워드(key word)는 '제국(empire)'이다. 미국이 전쟁으로 행진하고 있는 이 마당에 이 단어 이상으로 미국의 힘과 야망을 정확하게 표현하는 단어는 없는 것 같다. '세계 유일 초강대국'이라는 말도 그럴듯하다. 그러나 지금 미국은 '슈퍼 파워(Super power)'를 넘어서는 '하이퍼 파워(Hyper power)'가 되고 있다. 제국은 지정학적인 고릴라와 같이 거대한 것을 뜻하는데, 21세기 들어 어느 날 갑자기 미국에 이 이름을 붙이고 있다.

물론 미국의 적들은 지난 수십 년 내내 '아메리카 제국주의'에 대고 주먹을 흔들어왔다. 그런데 이들은 미국이 전지구적인 규모의 '테러와의 전쟁'과 해외 주권국가의 '정권 교체' 작업에 나서자 다시 주먹을 흔들어대고 있다. 더욱 놀랍고 새로운 것은 '아메리카 제국'이라는 말을 진보파만이 아니라 좌파에서 우파에 이르기까지 미국 사회 전체가 즐겨 사용하기 시작했다는 점이다.

《미국, 그 마지막 제국》이란 책을 얼마 전에 펴낸 미국의 대표적인 진보파 고어 비달이 보수파 칼럼니스트 찰즈 크로터머와 '동맹'을 맺은 것이다. 크로터머는 올 봄 〈뉴욕 타임스〉 칼럼에서 "이제 우리는 미국이 제국임을 인정해야 할 때가 됐다."라고 말했다. 진실을 인정하고 어떠한 도전도 허용하지 않는 세계의 주인으로서 책임을 다 해야 한다는 것이다.

그런데 그가 말하는 제국은 예전의 제국과는 다른 제국이다. 그는 세계 역사상 로마 제국 이후 어떤 제국도 지금의 미국처럼 세계를 문화, 경제, 기술, 군사적으로 지배한 적이 없다고 말하고 있다.

9·11테러 이후 미국이 세계에서 어떤 역할을 해야 할 것인지를 둘러싼 치열한 논쟁과 함께, 미국을 21세기의 로마로 보는 정치의식이 미국 안에서 자리잡아가고 있다. 〈뉴욕 타임스〉 북리뷰는 얼마 전, 부시 대통령을 창과 방패로 완전 무장한 로마군의 지휘관으로 묘사한 만화를 실었다. 그리고 9월 초 보스턴의 WBUR 라디오 방송은 〈팍스 아메리카나〉란 제목으로 아메리카 제국의 힘을 다룬 특집 방송을 내보냈다.

로마와 미국이 닮은 점과 닮지 않은 점

톰 울프는 오늘날의 미국을 거의 전지전능한 지상 최강의 나라로 묘사하면서, 줄리어스 시저 때의 로마도 지금의 미국보다 강하지 못했다고 쓰고 있다. 이것은 과연 적절한 비교일까? 과연 미국은 새로운 로마인가? 지난 몇 달 사이에 나는 이 문제에 관한 다큐멘터리 필름을 제작하면서 몇몇 사람들에게 이 문제를 물어보았다.

미국의 군사전략 전문가나 외교정책 전문가들이 아니라 영국의 중요한 고대사 연구가들이 내 질문에 답을 해주었다. 그들은 한결같이 로마 제국과 지금의 미국이 너무나 비슷한 점이 많아 충격을 받았다고 말하고 있다.

가장 뚜렷이 닮은 것이 압도적인 군사력이다. 로마는 당시에 가장 잘 훈련받고 가장 예산을 많이 쓰며, 최신 무기로 무장한 병사와 군단을 가진 초강력 국가였다. 어느 누구도 로마 옆자리에 앉을 수조차 없었다. 그런데 지금의 미국이 그렇다. 미국의 군사예산은 미국 다음으로 군사예산이 많은 9개국 예산을 모두 합한 것보다 더 많으며, 지구 어느 곳에든 번갯불과 같이 빠른 속도로 미군을 배치할 수 있다. 게다가 미국의 테크놀로지는 따를 자가 없다. 그래서 미국은 지금 경쟁자가 없는 강대국으로 떠오르고 있다.

물론 로마와 미국 사이에 다른 점도 있다. 로마는 항상 식민지를 경영했던 데에 비해 미국은 푸에르토리코와 괌을 제외하고는 식민지를 갖지 않았다. 그래서 먼 나라를 직접 통치하는 집정관이나 총독이 없다. 그러나 고대 로마와 현대 워싱턴 사이에 드러나는 이 같은 차이점은 겉보기와는 달리 사실 그렇게 크지 않다. 미국 역시 실제로는 수없이 많은 나라를 정복하고 식민지로 삼아왔던 것이다.

미국 건국과 19세기의 서부 개척을 로마의 지중해 공략과 다름없는 제국 건설로 보는 역사가들도 없지 않다. 줄리어스 시저가 골 정복전쟁에서 1백만 명의 골 백성을 살해한 것을 뽐냈다면, 미국의 서부 개척자들은 인디언 부족들과 싸웠다. 영국에서 버지니아에 도착한 최초의 이주민들이 서부로 이동하기 시작한 순간부터 미국은 제국이자 정복자의 국가가 되었다고 《강대국의 흥망》의 저자 폴 케네디는 말하고 있다.

더군다나 미국은 전세계 40여 개국에 군사기지나 기지 조차권을 갖고 있는데, 이것은 직접 통치와 다름없는 힘을 제공한다. 지난 해 탈레반 토벌 당시, 미국은 영국과 일본, 독일, 스페인 남부, 이탈리아 등의 해군기지에서 전함들을 움직일 수 있었는데, 그곳에는 이미 미군 함대가 배치되어 있었다.

《블로우 백(blow back)》의 저자 찰머스 존슨에 따르면 전세계 곳곳에 퍼져 있는 이들 수백 개의 미군기지야말로 현대판 제국의 식민지라는 것이다. 여기에 대해 미국은 '전진 배치'라는 낱말을 사용할지 모른다. 그러나 존슨은 "식민지가 바로 그런 것이다."라고 말한다. 이렇게 볼 때 지금 세계에 미국의 손끝이 닿지 않는 곳은 없다. 미국 국방부 통계에 따르면 유엔 회원국 190개국 중 132개국에 크든 작든 미국군이 주둔하고 있다.

미국은 지구 곳곳에 병영을 갖고 있으며, 이점에서 로마 이상이며 동시에 제국으로 접근하는 태도가 전형적으로 로마와 닮았다. 로마가 '제국은 이렇게 다스리는 것이다.'라는 식으로 남겨준 청사진을 오늘날의 미국은 거의 종교처럼 따르고 있다.

로마 제국의 경영 교훈 제1조는 군사력만으로는 충분하지 않다는 것을 깨닫는 것이다. 세계가 제국의 군사력을 알고 이를 두려워해야 하는 것이다. 제국의 힘이 얼마만큼 강한가를 보여주어 제국의 힘에 대해 공포를 느끼게 하기 위해 로마는 '콜로세움의 검투'라는 그 시대에 맞는 선전 기술을 동원했다.

그런데 지금 미국에서는 미국의 군사작전을 24시간 현장 중계하는 TV채널과 할리우드 영화들이 같은 노릇을 하고 있다. 이들은 세계를 향해 미국은 너무나 강하므로 어느 누구도 미국에 대항해서 싸울 수 없다고 말한다.

로마 제국에서 미국이 배우는 두번째 교훈은 기술 체계의 중요성을 충분히 인식하는 일이다. 로마인들에게는 놀랄 만한 속도로 군대와 보급품을 옮길 수 있게 했던 이른바 '로마 가도'가 있었다. 로마 군대의 이동과 보급품 공급의 속도는 수천 년이 지난 오늘날에 와서도 따르기 힘들 정도로 빨랐다. 로마 가도는 제국의 힘이 어떤 식으로 다른 자를 먹여살리는가를 보여주는 완벽한 예이다. 처음에 군사 목적으로 이뤄진 공학 분야의 기술 혁신이 로마를 상업적으로도 살찌게 했던 것이다.

로마 가도와 미국의 정보 고속도로

이 같은 로마 가도가 지금은 정보 고속도로 형태로 등장하고 있다. 인터넷 역시 처음에는 미 국방성이 군사 목적으로 개발한 것인데, 지금은 미국 상업의 심장부를 차지하고 있다. 그 과정에서 영어가 이제는 지난날의 라틴어처럼 세계인의 언어가 되고 있다. 로마인들이 일찍이 알아차렸던 것처럼 제국이 어느 한 분야에서 세계의 선두가 되면 다른 분야에서도 지배자가 된다는 것을 미국은 알고 있다.

물론 이것이 전부는 아니다. 제국에 대한 근본적인 접근 태도를 배우고 있는 것이다. 로마는 전쟁과 정복을 통한 '강한 제국주의(hard imperialism)'와 문화와 정치를 통한 '부드러운 제국주의(soft imperialism)'가 동시에 필요하다는 것을 이해하고 있었다. 그래서 로마가 이룩한 가장 위대한 정복은 창끝에서 온 것이라기보다는 피

정복국가 국민들의 혼을 뺏는 데서 왔다. 타키투스(로마 집정관)는 로마에 정복당한 영국인들이 로마인들의 복장 토가(고대 로마 시민이 입었던 겉옷으로 귀족과 자유 시민의 상징이었음)와 목욕탕 및 중앙난방에 열광하고 있음을 목격했다. 이 모든 것이 정복의 상징이었는데도 말이다.

지금 미국은 전세계 국민들에게 비슷한 문화 상품을 제공하고 있다. 토가와 검투 대신 스타벅스와 코카콜라, 맥도널드와 디즈니를 제공하는데, 로마 제국의 동전과 다름없는 달러로 이들 문화를 거래하고 있는 것이다.

뿐만 아니라 제국의 세계 지배에는 직접적으로 힘을 행사할 필요가 없을 때도 있다. 친미 정권들을 동원한 원격조종의 통치도 얼마든지 가능하다. 미국이 좋아하는 것도 바로 이것이다. 이란에 팔레비가 있고, 칠레에 피노체트가 있는 한, 미국은 식민지를 경영할 필요가 없었던 것이다.

로마도 그랬다. 가능한 한 대리통치를 하려고 했다. 그 대표적인 예가 기원후 1세기경, 남부 잉글랜드를 통치한 토기두브누스 왕에 의한 대리통치이다. 잉글랜드 서섹스(Sussex)에는 그의 궁전이 아직 남아 있다. 보존상태가 좋은 궁전의 모자이크식 거실 마루는 이 궁전이 얼마나 화려했는지를 말해준다. 여기서 왕은 아마 신하나 귀족들과 먹고 마시며 담소를 나누었을 것이다.

현지 엘리트를 통한 대리통치

토기두브누스는 잉글랜드 부족장의 아들로 태어나 로마에서 공부했으며, 로마 유학을 마친 뒤 서섹스로 돌아와 친로마 괴뢰정부를 수립했다. 지금 워싱턴의 엘리트 사립학교들이 친서방 아랍의 왕들과 남미 및 아프리카의 미래 대통령들로 가득 차 있는 것과 마찬가지다. 로마도 정복한 땅의 지배계층 자제들을 로마로 데려다가, 로마의 이익을 언제나 가슴에 두고 로마인 대신 로마 땅(식민지)을 통치하도록 교육했던 것이다.

토기두브누스는 유능했다. 기원후 60년 여장부 부디카가 로마 정복에 반대해서 민중 봉기를 일으켰다. 부디카는 클로체스터와 함께 세인트앨번에서 런던까지 진출했다. 그러나 서섹스에는 접근하지 못했다. 토기두브누스가 영국인들로 하여금 같은 영국인에게 대항케 했기 때문이다. 이와 똑같은 일이 지금도 벌어지고 있다. 페르베즈 무샤라프(현 파키스탄 대통령)와 호스니 무바라크(현 이집트 대통령)는 파키스탄 사람과 이집트 사람의 반미 감정에 뚜껑을 닫고 있다.

그러나 이런 방식이 항상 성공하는 것은 아니다. 제국에 대한 반란은 끊임없이 일어났고, 로마 문명의 세례를 받지 못한 야만의 무리들은 자주 국경으로 밀려들었다. 그렇다고 해서 반란분자들이 항상 로마에서 해방되는 걸 목표로 삼았던 것은 아니다. 다만 특권과 로마식 생활의 풍요를 나눠 갖기 위한 경우도 자주 있었다. 그리고 반란 주모자 중 상당수가 로마가 키운 자들이었다. 미국이 키운 이라크의 사담 후세인, 한때 CIA의 협조자로 일했던 오사마 빈 라덴과 같은 자들이었다고나 할까?

로마도 9·11테러와 같은 일을 겪었다. 기원전 80년, 그리스 왕 미트리다테스는 그리스에 사는 로마인을 모두 살해하라고 명령을 내렸다. 그때 학살당한 로마인이 8만 명에 이른다. "당시 로마는 이

마지막 제국 25

사건으로 말할 수 없이 큰 충격을 받았다."라고 뉴캐슬대학의 제러미 패터슨 교수는 말한다. 9·11테러 이후 대부분의 미국 신문들이 "왜 우리가 이처럼 미움을 받아야 하나?"라고 경악했던 것과 비슷하다면 비슷하다.

역사를 신화로 만들다

로마와 미국 사이에 비슷한 것은 이 밖에도 또 있다. 과거를 신화로 만드는 일이다. 워싱턴과 제퍼슨 등 건국의 아버지들을 영웅적인 거인으로 묘사하고, 보스턴 차(茶) 사건과 독립전쟁이 동화(童話)가 되는 등 미국은 과거 역사를 신화로 만들고 있는데, 이것 역시 로마와 비슷하다. 제국은 영웅들의 이야기로 이어지는 신화를 창조할 필요를 느낀다. 위대한 국가가 탄생하는 건 결코 우연이 아니라 '신의 뜻'에 의한 것임을 보여주어야 하기 때문이다.

그리고 미국이 저 높은 곳에서 내리는 일정한 사명을 부여받았다고 확신하는 점도 로마와 비슷하다. 아우구스투스 황제는 스스로 신의 아들이라고 자처하며, 의부 줄리어스 시저의 동상을 세웠다. 미국의 달러화에는 '우리는 신을 믿는다'라는 글이 찍혀 있고, 미국 정치인들은 항상 "신이여, 미국을 축복하소서!"라는 말로 연설을 끝낸다.

미국과 마찬가지로 로마도 여러 인종이 모인 사회였다. 세계 곳곳에서 몰려온 온갖 인종들이 로마 사회를 구성하고 있었으며, 때로는 새로 온 이주자가 황제의 지위까지 오른 적이 있다. 미국에는 아직까지 유색인 대통령이 없었던 데에 반해, 로마에는 북아프리카 출신의 셉티미우스 세베루스 황제가 있다.

고전학자 엠마 덴치에 따르면 로마는 미국식 귀화 로마인들을 많이 포용하고 있었다. 이탈리아계 미국인, 아일랜드계 미국인과 같은 식으로 로마는 로마 시민들이 본래의 성(姓)을 쓰는 걸 허용했다. 티베리우스 · 클라우디우스 · 토기두브누스처럼······.

그러나 미국과 로마 사이에는 큰 차이도 있다. 우선 자기 이미지가 다르다. 로마인들은 자신들을 세계의 주인으로 생각했다. 그러나 미국인들은 아직 그들 자신의 제국주의를 자랑할 마음의 준비가 되어 있지 않다. 또 건국 신화도 다르다. 미국은 자유와 자주의 이름으로 제국주의에 반대하는 반란을 일으킴으로써 세워진 나라다. 미국인들이 세계의 주인으로서 현재의 자신의 역할을 쉽게 받아들이지 못하는 까닭도 여기에 있다.

그리고 마지막으로 다른 점이 또 있다. 제국은 쇠락하고 결국은 붕괴한다. 역사상 모든 제국이 이 길을 걸었다. 그런데 미국은 이 길을 받아들일 수 없는 것이다. 케임브리지대학의 고전학자 크리스토퍼 켈리 교수에 따르면, 앞으로 10년에서 15년 사이에 등장할 미국 최대의 논쟁점은 결국 영토 문제라고 한다. 미국이 영토 중심의 제국이 아니라고 하더라도, 가장 적절한 영토는 얼마인지, 해외 개입은 어떤 방식으로 해야 하는지, 통제는 어느 정도까지 해야 하며 직접 통치는 얼마만큼 해야 하고, 특히 현지 엘리트를 통해서는 얼마만큼 해야 하는지가 될 것이라고 한다. 로마 제국을 짓누르던 질문도 이와 같은 것들이었다.

반미주의자들은 미국이 이라크를 공격해서 영토를 지나치게 확장한 결과에 따라 제국이 해체되는 역사의 길로 접어들 것이라고 믿고 싶어한다. 그러나 이라크 공격은 로마 제국의 역사에서 보면,

제국 해체의 길이라기보다는 간접 통치에 대한 좌절이 커짐에 따라 직접 통치의 길로 접어드는 제2단계의 길이다. 직접 통치라면 어떤 통치가 될까? 그도 아니면 미국은 제국의 긴 여행을 끝내는 지점에 서 있는 것일까? 또 그도 아니면 가장 야심찬 여행길이 벼랑을 만난 것일까? 미래의 역사학자들만이 이 대답을 해줄 수 있을 것이다.

★
제국의 길, 또 하나의 서부 개척

★ ★ ★ ★

필립스 골럽(Phillips Golub)
파리 8대학과 프랑스 유럽문제연구소 교수이며 〈르몽드 디플로마틱〉 편집위원으로 일하고 있다. 자본만으로 이루어지는 세계화에 반대하고 자본 거래, 특히 투기자본의 이동에 일정액의 세금을 부과하자는 '토빈세 운동'을 펼치는 세계시민운동단체 'Attac(금융거래과세 시민연합)'의 국제협력 위원으로 활동 중이다.

9·11테러가 벌어지기 전, 미국 역사학자 아서 슐레진저는 "지금 세계가 아무리 견제와 균형이 없는 미국 중심의 세계라고 하더라도 미국이 고속도로에서 벗어나 위험한 오만의 길로 접어들지는 않을 것"이라고 말했다. 세계 경찰 또는 세계의 심판자 노릇을 단독으로 할 수 있는 나라는 없다는 것이다.■

수많은 미국 지식인들과 마찬가지로 그도 미국의 민주주의와 정책 결정의 합리성을 확신하고 있었던 것이다. 그래서 미국 외교정책에 큰 영향력을 발휘하고 있는 찰즈 윌리엄 메인스와 같은 사람은 "미국은 제국 경영의 능력면에서는 제국주의의 마인드가 없는

■ Arthur Schlesinger Jr, 'Unilaterralism in Historic Perspective', in *Understanding Unilateralism in US foreign Policy*, RIIA, London, 2000.

나라"라고 말했다.▪

 그런데 지금 우리는 현실을 직시하지 않으면 안 된다. 조지 부시 아래에서 새로운 제국주의의 이데올로기가 형태를 갖추어가고 있는 것이 현실이다. 지금의 미국은 카리브 해와 아시아 태평양 지역으로 식민지를 넓혀가던 19세기 말의 미국을 떠올리게 한다. 당시 미국은 세계 열강으로 발돋움하면서 제국주의 열기에 휩싸여 있었다. 언론인과 기업인, 은행가와 정치인 모두가 세계 정복 정책으로 줄달음치고 있었던 것이다.

 미국 시어도어 루스벨트 대통령의 말처럼, 미국 경제 지도자들은 세계 팽창정책을 합리화하기 위해 미국 산업이 세계를 제패하는 데 눈길을 두고 있었으며, 정치 지도자들은 '빛나는 작은 전쟁'을 꿈꾸고 있었다.▪▪

 1895년 제국정책 진영의 지도적인 이론가 헨리 캐봇 로지는 '우리는 19세기에 세계 다른 나라와 같지 않은 정복과 식민 그리고 식민지 확장 기록들을 갖고 있다. 이를 억제해서는 안 된다.'라고 말했다.(앞의 책) 영국의 제국주의 시인 루드야드 키플링을 열렬히 찬양했던 루스벨트 대통령이 믿었던 국가 운명은 단순 명확한 것이었다.

 그는 이렇게 말했다. "나는 미국이 태평양 기슭의 지배적인 강대국으로 떠오르는 것을 보고 싶다. 미국 국민은 비겁하지도 나약하지도 않다. 세계 열강의 위업을 달성하고자 하면서 우리는 우리의 심장이 높이 뛰고 우리의 영혼이 확신을 갖는 그러한 미래를 곧 맞

▪ Charles William Maynes, 'Two blasts against unilateralism', in *Understanding Unilateralism in US foreign Policy*, RIIA, London, 2000.
▪▪ William Appleman Williams, *The Tragedy of American Diplomacy*, Dell, New York, 1962.

이하게 될 것이다."■

미국 언론인 마르스 헨리 워터슨은 당시 미국의 제국주의 팽창 흐름에 대해 1896년에 이렇게 쓰고 있다. "미국은 세계의 미래에 영향을 미치고, 인류의 모든 행위를 제어해야 하는 운명을 짊어진 위대한 제국주의 공화국이다."■■ 오만하나 미래를 내다본 말이다.

문화, 경제, 기술, 군사적으로 지배하다

미국 역사학자들은 19세기 말에 미국이 제국주의 국가로 등장한 것을 미국 민주주의의 한 변형으로 여기고 있다. 미국은 독립전쟁으로 태어나서 영국 식민지배에서 벗어났으며, 유럽 대륙의 절대왕조들에게 대항해서 계몽주의 계획 사업을 수행하는 데에 일정한 구실을 했다.

이런 경험이 제국주의 바이러스에 대한 예방접종이 될 수 있었을까? 아니다. 그로부터 백 년 뒤, 미국이 전지구로 팽창해가는 새로운 시기로 접어들면서 로마 제국이 미국 지식인들의 거울로 떠오르고 있다.

1991년 미국은 세계 유일의 초강대국 지위에 올랐다. 그리고 2001년 9월 이후, 미국은 역사상 유례가 없는 군사 기동력을 자랑하면서 공개적으로 제국의 힘을 확인하고 있다. 1890년대 이후 처음으로 제국주의 언어로 제국주의의 힘을 드러내놓고 과시하기 시

■ Howard Beale, *Theodore Roosevelt and the Rise of America to World Power*, Johns Hopkins University Press, Baltimore and London, 1989.
■■ David Healy, *US Expansionism the Imperialist Urge in the 1980s*, University of Wisconsin Press, 1970.

작한 것이다.

〈워싱턴포스트〉의 칼럼니스트이자 신보수주의 우파의 대변인격인 찰즈 크로터머는 이렇게 말했다. "로마 제국 이후 세계 역사에서 어떠한 나라도 지금의 미국만큼 문화, 경제, 기술, 군사적으로 (세계를) 지배하지 못했다."■ 부시의 열렬한 지지자인 보수주의 평론가 로버트 캐플런에 따르면 "제2차 세계대전에서 미국이 승리한 것처럼 로마는 제2차 퓨닉전쟁에서 승리함으로써 세계 제국이 되었다."는 것이다.

정치적으로 중도파에 가까운 평론가들마저 최근 들어 로마에 관한 말을 많이 한다. 클린턴 정부에서 국방 차관보로 있다가 지금은 하버드대학의 케네디스쿨 학장으로 있는 조셉 나이와 같은 사람까지도 "로마 이후 세계 모든 나라의 위에 서는 한 나라가 그 모습을 드러내고 있다."라는 말을 하고 있다.■■

《제국의 흥망》의 저자인 역사학자 폴 케네디는 여기서 한 걸음 더 나아가 "지금 세계의 조직 체계에서 나타나고 있는 정도의 힘의 불균형은 일찍이 존재한 적이 없다. 팍스 브리태니카(19세기 영국의 식민통치를 일컫는 말)는 느슨하게 운영된 것이었다. 나폴레옹의 프랑스와 필립 2세의 스페인은 강력한 적을 갖고 있었을 뿐만 아니라 세계 힘의 다극구조의 일부였다. 샤를마뉴 대제의 서로마 제국도 서유럽 일부에 국한되어 있었으며, 로마 제국 또한 페르시아 제국과 그보다 더 강대했던 중국의 한 제국과 공존하고 있었다. 그래서

■ 'It take an empire say several US thinkers', 〈The New York Times〉, 1 April 2002.
■■ Joseph S Nye Jr, *The paradox of American Power*, Oxford University Press, New York, 2002.

지금의 미국 제국과 비교할 만한 것이 전혀 없다."라고 말했다.* 그리고 아메리카 파워 서클 안에 있는 사람이든 밖에 있는 사람이든 모두 '미국이 과거 다른 제국보다 더 강대한 힘을 행사하고 있다'는 데에 동의한다.**

지금의 미국을 로마 제국과 비교하고, 미국 신문들에 '제국'이라는 단어가 거의 매일 등장하는 것은 새로운 제국주의 이데올로기가 태어나고 있음을 반영한다. 〈월스트리트 저널〉의 칼럼니스트 막스 부트는 '미국 제국의 경우'라는 제목의 글에서 이렇게 쓰고 있다. "지금 미국이 지난날 영국군이 싸웠던 바로 그곳에서 군사행동을 하고 있는 것은 놀라운 일이지만 결코 우연이 아니다. 이 모든 지역은 서방 군대가 무질서를 진압했던 곳이다. 아프가니스탄과 세계 그 밖의 분쟁 지역에서 세계화된 외국 군의 개입을 큰 소리로 요청하고 있다. 승마 바지와 헬켓 모자를 쓴 영국군 병사들이 제공했던 그런 개입을 말이다."***

디네시 드 수자는 미국 흑인의 타고난 열등성에 관한 이론을 만들어내 일반인들의 주목을 받은 바 있는 후버연구소의 연구원인 극우파 이론가이다. 그는 얼마 전 〈아메리카 제국을 찬양하며〉라는 글에서 "이제 미국인들은 미합중국이 역사상 가장 강대한 제국이 되었음을 인정해야 한다."고 주장하고 있다.****

* Paul Kennedy, *The Greatest Superpower Everr*, New Perspectives Quarterly, Washington, 2002.
** Henry Kissinger, *Does America Need a Foreign Policy*, Simon & Schuster, New York, 2002
*** Max Boot, 'The Case for American Empire', 〈Weekly Standard〉, Washington, 15 October 2001.
**** 〈Christian Science Monitor〉, Boston, 26 April 2002.

미국 제국을 들고 나오는 사람들은 극우파에 한정되어 있지 않다. 제국주의다운 생각들은 학계에도 침투해 있다. 하버드대학 존 올린전략문제연구소 소장 스테판 피터 로젠은 과학적인 첨부 자료를 통해 "압도적인 군사력을 갖고 있으며, 이 군사력을 다른 나라 내정간섭에 사용하는 정치적 단위를 제국이라고 한다. 경쟁자와 싸우는 것이 우리의 목표가 아니라 제국의 지위와 제국의 질서를 유지하는 것이 우리의 목표다."라고 말하고 있다.■

여기서 그가 말하는 질서란, 더 비판적인 또 다른 하버드대학 교수의 지적처럼 미국의 제국주의 목표를 수용케 하는 것을 뜻한다. 자기 나라의 목표에 맞게끔 국제 법제도를 만들어내는(세계무역기구) 한편으로, 자기 나라의 목표에 맞지 않는 것은 그것이 무엇이든 거부하는 것(국제형사재판소, 교토환경협정 등)이 제국인 것이다.

좌파와 우파가 따로 없다

제국의 아이디어는 알렉시스 드 토크빌이 말한 미국 민주주의의 이미지에서 빠르게 벗어나는 것을 뜻한다. 그러나 이 같은 이탈과 모순이 이제는 더 이상 우려의 대상이 되지 않는다. 여전히 양심의 가책을 느끼는 사람들이 없는 건 아니지만 그런 사람들은 갈수록 줄어들고 있다. 그리고 세계 제국과 패권이라는 단어 앞에 '자비롭고' '신사적'이라는 수식어가 붙고 있다. 카네기재단의 로버트 캐건은 이런 글을 썼다. "지금 미국이 보이고 있는 자비로운 세계 패권은 세계를 위해 좋은 것이다. 확실히 그것은 다른 어떤 현실적인 대

■ 'The Future of War and American Military', 〈Havard Review〉, May~June 2002.

안보다 더 좋은 국제 질서가 될 것이다."■

1세기 전 시어도어 루스벨트도 이와 똑같은 말을 했다. 미국을 유럽 식민국가들과 비교하는 것을 거부하면서 그는 "팽창정책은 미국이 국민국가가 된 이래 일관되게 추진해온 것이다. 그러나 여기에 제국주의와 비슷한 것은 전혀 없다. 내가 만난 이 나라의 어느 누구도 제국주의자가 아니었다."라고 말하고 있다(Howard Beale, op. cit.).

워터게이트 폭로와 베트남전 반대로 명성을 크게 날렸던 〈워싱턴 포스트〉의 세바스천 맬러비는 9·11테러 이후 국수주의자가 되었는데 자신을 일컬어 '마음이 내키지 않는 제국주의자(reluctant imperialist)'라고 부르고 있다. 〈포린 에페어〉 2002년 4월호에 기고한 글에서 그는 "지금 세계의 무질서가 미국으로 하여금 제국주의 정책을 추구할 수밖에 없게 하고 있다"라며, 국가 도산, 통제 불능의 인구 증가, 부패와 폭력 등 제3세계 국가들의 어두운 장면들을 묘사하고 있다.

그러면서 그는 제국주의 통치로 되돌아가는 것이 유일한 합리적인 선택이라고 주장한다. 또한 서방 세계의 안보를 위협하는 제3세계 국가들을 직접 통제해야 한다며 "경제지원과 갖가지 형태의 근대국가 만들기 노력과 같은 비제국주의적인 선택은 이제 믿을 만한 것이 못 된다. 신제국주의 논리는 너무나 강력해서 부시 정부가 여기에 저항하기는 어려울 것이다."라고 말하고 있다.■■

■ Robert Kagan, 'The Benevolent Empire', *Foreign Policy*, Washington, summer 1998.
■■ Sebastian Mallaby, 'The Reluctant Imperialist, Terrorism, Failed States, and the Case for American Empire', *Foreign Affairs*, New York, March~April 2002.

부시 또한 여기에 저항할 생각이 없는 것 같다. 그는 제3세계 국가들의 근대국가 만들기에 투자하는 것도, 인도주의적인 개입에도 별로 마음 내켜 하지 않는다. 그 대신 부시는 문명화의 적들과 악의 세력들을 분쇄하기 위해 세계 전역에 미국의 군사력을 신속하게 배치하고 있다. 문명과 야만 및 평화를 끊임없이 말하면서 말이다.

부시가 예일과 하버드에서 무엇을 배웠는지 정확하게 알려진 것은 없다. 그러나 9·11테러 이후 미국의 제국주의 진영 안에서 시저가 되고 있는 것은 분명한 것 같다. 키케로와 시저에 따르면 "가장 난폭한 자를 가장 강력하게, 그리고 가장 성공적으로 패퇴시키면 다른 나라들은 자동으로 로마의 힘에 굴복을 하게 된다."라는 것이다.■

부시와 미국의 신우파들이 전쟁을 통해 다루기 힘든 제3세계 국가의 국민들을 복종케 하고, 불량국가들을 전복시키며, 파산한 옛 피식민 국가들을 미국이 직접 통제함으로써 아메리카 제국을 확실하게 세울 계획임이 분명하다고 나는 보고 있다.

부시 아래에서 미국은 국제적인 협력보다는 무력을 통해 더 큰 번영과 안전을 이루기를 희망하고 있다. 이를 위해 단독으로 행동할 수도 있고, 잠정적으로 연합군을 구성할 수도 있다. 또 폭력의 뿌리가 되는 사회·경제적인 원인들을 해결하기보다는 지구 남쪽 국가들의 사회·정치적 불안에 오히려 기름을 끼얹고 있다. 영토 확장이 아니라 통제력 확장이 미국의 목표다. 그러나 자비로운 제국주의든 마지못한 제국주의든 제국주의이기는 마찬가지다.

■ Cicero, 'On the Consular Provinces', XIII, 32~35 et passim.

미국의 새로운 세계관에 따르면, 제3세계 국가들은 새로운 식민주의 또는 절반의 주권(semi-sovereignty)이란 시대 흐름을 받아들여야 한다는 것이다. 유럽 역시 자기방어 능력과 의지를 잃어버린 의존 지역에 지나지 않으며, 따라서 미국이 내리는 전쟁 결정에 따라야 한다는 것이다. 그래야만 제국주의적인 새로운 국제 노동 분업체제에서 유럽이 설 땅을 찾을 수 있다고 한다. 예를 들어 미국이 폭격을 하고 전투를 벌이면 영국과 프랑스 및 독일은 국경 경찰 노릇을 하고, 덴마크와 스칸디나비아 국가들은 인도주의 차원의 원조를 해야 한다는 것이다."

그들이 단결하게 놔두어서는 안 된다

마이클 이그나티에프의 말처럼, 미국은 영국을 제외한 나머지 유럽 국가들을 크게 믿지 않는다. 따라서 평화 유지 활동계획에서 사실상 이들을 배제하고 있다. 아프가니스탄에서 반소 지하드를 지휘했던 즈비그뉴 브레제진스키는 그래서 "우리들의 가신 그룹들이 단결하는 것을 막아야 한다. 그렇게 해야 우리에 대한 그들의 의존도가 높아진다. 우리의 속국들은 보호해주어야 하고, 야만인들이 뭉치는 것은 막아야 한다."라고 말하고 있다.

찰즈 크로터머는 더욱 거칠게 표현하고 있다. "미국은 냉전에서 승리했다. 폴란드와 헝가리, 체코를 우리의 호주머니에 넣었으며, 세르비아와 아프가니스탄을 분쇄하고, 유럽의 군사적 열등을 부각

▪ Robert Kagan, 'Power and Weakness, Why Europe and the US see the World differently', *Policy Review*, Washington, June~July 2002.

시켰다."■ 9·11테러 이후 대서양을 사이에 두고 미국과 유럽이 긴장하고 있는 것도 이 같은 모욕에서 비롯된 것이다.

그리고 서방 진영 사이에 틈이 벌어지는 것도 미국의 이 같은 제국주의 노선 때문이다. 남아공 작가 마이클 코체의 말을 빌자면, 예전의 모든 제국들이 그랬던 것처럼 미국도 '어떻게 하면 제국이 끝나지 않나' '어떻게 하면 죽지 않나' '어떻게 하면 제국의 시대를 더 길게 연장할 수 있나' 하는 질문들에 부닥칠 것이다.

■ ⟨Washington Post⟩, 20 February, 2002.

★
로마 제국이 다시 태어나다

★ ★ ★ ★

안병진
뉴욕 뉴스쿨포소셜리서치대학 미국정치 Teaching Fellow, 〈Weekly SOL〉 편집위원,

영화 〈블레이드 러너〉의 감독 리들리 스콧이 신작 〈글래디에이터〉를 내놓았다. 〈글래디에이터〉는 1980년대의 〈블레이드 러너〉와는 달리 크게 인기를 끌었다. 그러나 스콧 자신은 별로 기뻐하는 것 같지가 않다.

할리우드의 비평가들이 〈글래디에이터〉의 화려한 웅장함과 남성적 매력만을 추켜 세우고 있기 때문이다. 〈글래디에이터〉는 대작 흥행용 영화이다. 그러나 이 영화에는 로마 제국이 다시 태어나고 있음을 시사해주는 장면들이 자주 나온다. 대중을 경멸하는 검투사, 여러 인종의 그 검투사들은 로마 제국의 이야기이기도 하지만 지금의 미국에 대한 이야기이기도 하다.

영화 이야기를 하는 것은 프랜시스 후쿠야마(미국의 사회학자) 같은 선정주의 학자의 예언서가 난무하는 상황에서 영화 한 편이 우

리에게 훨씬 더 풍부한 영감과 통찰력을 줄 수 있기 때문이다.

그런데 미국의 주류 학계와 인연이 없는 두 권의 책이 이런 상황에서 미국과 더 나아가서는 새로운 세계 질서의 작동방식에 대해 도발적인 화두를 던져 화제가 되고 있다.

안토니오 네그리와 마이클 하트가 함께 쓴 《제국(Empire)》이라는 책과 장 마리 괴헤노의 《국민국가의 종언(The end of the nation-state)》이라는 책이 그런 책이다. 그런데 이 두 책을 쓴 사람들은 똑같이 "이제 미국은 국가가 아니라 제국이다."라는 말을 하고 있다.

네트워크의 지배 질서

특히 괴헤노는 미국을 로마 제국에 비유하면서 로마 제국이 공화정을 대체했던 것과 마찬가지로, 국민국가를 중심으로 한 20세기의 세계 질서 대신 21세기의 새로운 제국의 세계 질서가 들어서고 있다고 말하고 있다.

뿐만 아니라 '아메리카 제국'은 국경이 갈수록 모호해지고, 국민국가의 주권이 분산되고 있다는 점에서도 19세기 대영 제국보다는 느슨한 네트워크적 지배를 특징으로 삼았던 로마 제국과 비슷한 모양을 하고 있다는 것이다.

네그리와 하트 또한 지금 이 시기를 '제국'의 시기로 보고 있다. 동시에 이들은 세계 질서의 중심부와 주변부도 이제는 분명하게 구분되어 있지 않다고 한다. 타임스 스퀘어의 화려함과 할렘의 누추함이 한 도시 안에서 공존하는 것처럼 지금 미국 안에는 제1세계와 제3세계가 공존하고 있다는 것이다. 그리고 제국의 질서는 커뮤니케이션 기술의 발달과 함께 프런티어가 지속적으로 전지구로 열려 있고, 갈수록 팽창해가는 세계지배 시스템이라는 것이다.

실제로 미국은 커뮤니케이션 하부구조를 끊임없이 구축하고 있을 뿐더러 세계무역기구(WTO)와 북미자유무역협정(NAFTA) 등을 통해 전지구 규모의 네트워크 확장 작업을 멈추지 않고 있다.

마이크로 소프트의 빌 게이츠와 휼렛 패커드의 칼 피오리나 회장의 최고 화두 또한 전지구 규모의 네트워크 확장이다. 따라서 제국의 질서를 상징하는 다국적 기업들은 이제 성공을 '규모의 경제'에서 찾지 않고, 정보의 순환과 이를 통한 끊임없는 네트워크 확장에서 찾고 있다. 분산되고 확장하는 네트워크에서 미국의 지배권이 나오고 있는 것이다.

《제국》의 저자 네그리와 하트에 따르면, 새로운 제국은 군사력보다는 인류 보편의 법적·도덕적 규범을 핵심으로 삼고 있기 때문에 지난날 우드로 윌슨 대통령이 주창한 이상주의적 국제 정치가 전면적으로 펼쳐질 물적 조건을 갖추기 시작했다는 것이다.

한 국가가 내놓는 돈보다 더 많은 돈을 국제 시민사회에 내놓고 있는 빌 게이츠 같은 기업가나 국제 인권단체 '휴먼 라이트 와치'와 같은 비정부조직(NGO)들의 움직임이 바로 이 같은 새로운 시대의 작동 방식을 보여준다.

제국의 질서에 따르는 자와 따르지 않는 자

미국이 국가가 아니라 제국이라는 데에는 네그리와 하트 그리고 괴혜노의 생각이 같다. 그러나 제국의 내적 역동성에 대해서는 아주 다르게 진단을 내리고 있다.

괴헤노는 어떠한 저항도 자신의 내적 동력으로 삼을 수 있는 아메리카 제국의 탄력성을 주목한다. 그는 우선, 아메리카 제국에게 저항하는 것이 제국 자체에 얼마만큼 유용하게 작동하고 있는가를 설명하고 있다. 저항이 제국의 지속적인 자기 혁신의 에너지 공급원이 되고 있기 때문이다.

제국 질서에는 저항이 있게 마련이다. 그러나 저항은 제국의 질서를 근본적으로 위협하지 못한다. 새로운 '아메리카 제국'의 세계 질서는 저항과 비순응의 흐름을 새로운 순응의 질서로 포섭하는 유연한 네트워크를 가지고 있기 때문이다.

뿐만 아니라 여기에는 자기 혁신의 자극제를 적당한 시기에 알맞게 제공하는 '전문인 혼란자(Professional disruptor)'들이 있다. 예를 들어 IT 산업의 기술력을 빌어 경쟁자보다 한 발 앞서 내년 여름 유행 색깔을 미리 알아내는 이탈리아 패션 디자이너들과 같은 자들이 있는 것이다.

그런데 네그리와 하트는 미국의 발전을 기업 혁신보다는 기업 혁신을 불가피하게 하는 대중의 욕망과 기호의 발전에서 찾는다. 1960년대의 단조로운 대량 생산 공정이나 시스템에 의한 규율과 통제, 핵가족 제도의 폐쇄성에 더 이상 따르지 않고 더 평등한 의사소통과 더 자유로운 욕망의 흐름을 위한 대대적인 대중의 저항이 없었다면 지금과 같은 인터넷 혁명이라는 새로운 패러다임은 불가능했을 것이라는 이야기이다.

선 마이크로 시스템의 빌 조이, 애플 컴퓨터의 스티브 우즈니악과 같은 온라인 혁명의 초기 멤버들 중 상당수가 68세대라는 것은 우연의 일치가 아니다.

제국을 떠받치는 네 개의 기둥—달러·인터넷·미사일·할리우드

달러와 인터넷, 미사일과 할리우드 문화가 세계 유일의 초강대국 미국을 떠받치는 네 개의 기둥이다. 그래서 지금 미국 사람들은 지난 어느 때보다 미래에 대해 낙관적이며 자신감에 가득 차 있다.

〈월스트리트 저널〉과 NBC 방송이 공동 실시한 여론조사에 따르면, 응답자의 85%가 에이즈와 암 치료가 머지않은 장래에 가능할 것이라고 믿는다. 정치와 경제·사회 분야 전반으로까지 확산되고 있는 미국인들의 이 같은 자신감은 어디에서 나오는 것인가?

어느 누구도 넘보지 못하는 세계적 통화 달러, 컴퓨터와 인터넷 등 신기술의 발전, 할리우드의 문화 경제, '우주 방패'로 상징되는 초현대식 군사력들이 21세기를 여전히 미국의 세기로 만들고 있는 것이다. 더군다나 미국은 정치적으로 단합해 있고, 아메리카 대륙을 지배하고 있다. 유럽연합(EU)은 유럽 대륙을 지배하고 있으나 정치적으로 단합하지 못했고, 일본은 정치적으로는 단합해 있으나 대륙을 갖지 못했다.

미국의 대륙 지배를 가능하게 하는 것은 문화다. 문화라고 하지만 이때의 문화는 코카콜라나 할리우드 영화, CNN을 말하는 것이 아니다. 바로 컴퓨터다. 컴퓨터는 미국의 기술 혁신의 상징만이 아니다. 미국 문화 그 자체이며 이것이 미국의 경제적·군사적 힘의 토대가 되는 것이다. '제국 몰락'의 이야기까지 나오던 미국 경제의 추락한 생산성을 다시 끄집어올린 것도 컴퓨터다. 달러와 컴퓨터, 미사일과 할리우드를 기반으로 하는 '세계 제국' 미국에 무서운 사람들이 권력을 잡고 있다.

이른바 부시 진영 사람들이다. 이들은 자신들을 중도 보수 또는 '따

> 뜻한 보수'라고 말하고 있으나 실제로는 그렇지 않다. 이들은 국내
> 에서는 거칠고 반동적이며, 국제적으로는 다시 돌아온 냉전의 전사
> 들이다.
> 조세 정책은 공공연하게 부자들 편을 들고 소비자와 노동자, 여성과
> 환경 문제에는 적대적이다. 뿐만 아니라 거의 종교적이라고까지 할
> 만큼 자유시장 경제의 브랜드를 휘두르며, 세계 모든 나라에 키가 크
> 든 작든 똑같은 규칙으로 경제형 농구 경기를 벌이자고 한다. 이것이
> 오늘날 우리가 직면한 세계이다.

그런데 네그리와 하트는 괴헤노와 달리 제국 안 저항의 물결과 대중의 자유로운 욕망이 정치에 길들여질 수 없을 것이라고 보고 있다. 길들여지는 것이 아니라 저항의 물결은 결국 제국 안에서 근본적으로 새로운 질서를 추구하는 반제국(Counter-empire)의 새로운 대안 세력으로 성장한다는 것이다.

이들에 따르면 시애틀에서 있었던 세계화 반대 시위 역시 반세계화만이 아니라 대안적 세계화를 모색하는 제국 안에서 일어난 새로운 시대 흐름이라는 것이다.

자본만 세계화할 것이 아니고 노동도 세계화하자는 것이 세계화의 대안적 요점이다. 네그리와 하트의 이 같은 관점은 사업 세계에서도 그대로 드러난다. 예를 들어 음악 사이트 냅스터를 둘러싸고 음반 회사와 무료 사용 옹호자들 사이에 벌어진 논쟁이 그런 것들이다.

19세짜리 소년이 무슨 주의 주장이 있어서가 아니라 '우리 모두

함께 좀더 재미있게 놀자'라는 식으로 만들어낸 음악 파일 공유 사이트가 거대 기업을 전율케 했다는 것은 의미하는 바가 크다.

거대 독점 기업들은 저작권법이라는 외적 강제력까지 동원해가며 냅스터를 차단하려고 했지만 대중들의 자유로운 욕망은 '오픈 냅(Open nap)'을 비롯한 제2, 제3의 사이트를 만들어내며 새로운 출구를 찾고 있다.

★
미국이 파견한 트로이 목마

★ ★ ★ ★

이그나시오 라모네(Ignacio Ramonet)

프랑스의 저명한 언론인. 〈르몽드 디플로마틱(Le Monde diplomatique)〉사장. 파리 7대학과 스페인 마드리드 대학에서 언론학을 강의하고 있다. 세계 다국적 기업과 미국 정보안보기관 전략가들이 2년에 걸쳐 비밀리에 만든 21세기 지구 생존전략 내부 문건을 폭로한 《루가노 리포트》의 저자 수잔 조지와 함께 Attac을 설립, 반세계화운동의 선두에 서 있다. 저서로 《카오스의 지정학(Geopolitique du chaos)》, 《21세기 전쟁들(Guerres du 21e siecle)》 등이 있다.

　

이미 70년 전에 올더스 헉슬리는 오늘의 세계를 읽고 이렇게 말했다.

"선진기술 시대에는 우리의 문화와 사상, 정신세계에 대한 최대의 위험은 증오와 공포의 얼굴을 한 적들에게서 오는 것이 아니라 웃는 얼굴을 하고 있는 적들에게서 올 것이다."

어떻게 우리가 열광하지 않을 수 있을까. 미국은 우리의 가슴과 마음을 뛰게 하고, 우리가 선망의 눈길을 보낼 수밖에 없는 강력한 힘을 갖고 있다. 정치적으로는 민주 혁명 유산을 이어받고 있을 뿐더러 문화 내용도 풍부하다. 전세계 수백만 피억압 민중에게 자유의 여신상은 여전히 희망과 더 나은 미래를 약속하는 상징이다.

미국은 냉전에서 이기고 걸프전에서도 이겼으며, 휴머니즘과 반독재의 깃발을 흔들며 코소보에서까지 이겼다. 세계 유일의 초강대국으로서 영광의 정점에 서서 지금 차갑게 세계를 지배하고 있다. 이런 일이 인류 역사상 전에는 전혀 없었다. 더군다나 오래 계속되고 있는 미국의 호경기는 신이 진짜 미국 편이 아닌가 하고 생각할 정도이다.

 인터넷을 만들고 뉴 이코노미(New Economy, 새 경제학)를 띄운 것도 미국이 아닌가. 세계화의 기본 추동력도 미국에서 나오고 있지 않은가. 전세계 모든 사람들이 미국의 최신 경영 기법과 법제도, 판매와 광고, 기술, 패션을 뒤따르며 미국이 만들어낸 우리 시대의 신화와 영웅들을 숭배하고 있다. 마이크로 소프트에서부터 야후와 월트 디즈니, 몬산토에 이르기까지 미국 기업들은 거의 모든 분야에서 세계 정복을 계속하고 있다.

 그런데 이제 이 모든 것이 무엇을 뜻하는가에 대해 사람들이 의문을 갖기 시작했다. 아메리카 제국의 새로운 얼굴과 이데올로기의 파워 그리고 미국의 설득 전략에 대해 의심을 갖기 시작한 것이다.

상냥한 억압, 달콤한 정복

 어떤 사람을 지배할 때, 지배를 당하는 자가 자신이 지배를 받고 있는 것을 느끼지 못하게 지배하는 것이 지배를 가장 잘 하는 것이다. 식민지 개척자나 피식민지 백성이나 지배가 단순히 힘에만 의존하고 있지 않음을 안다. 군사력으로 정복하기 앞서 가슴과 마음을 먼저 통제하는 것이다. 제국의 영원무궁을 꿈꾸는 자들이 백성의 영혼을 사로잡으려는 이유도 여기에 있다.

 지난날 미국은 대량 학살(아메리칸 인디언)과 인간의 노예화(아프리칸 아메리칸), 영토 확장(멕시코) 그리고 식민지 정복(푸에르토리코)에 관여했다. 그러나 지금은 지난날의 무자비함에 지쳐서 그런지 평화로운 방법으로 사람들의 마음과 가슴을 사로잡으려 하고 있다.

그런데 이상하게도 미국의 이러한 세계 제국 건설 구상이 유럽에서는 별다른 저항을 받지 않고 있다. 다른 무엇보다 정치적인 이유 때문인 것 같은데, 미국이라는 존재 자체가 세계 최초의 민주 혁명의 결과물인 것이다.

그리고 또 역사적인 이유도 있다. 18세기의 영국과 19세기 말의 스페인을 제외하고는 유럽 어떤 나라도 미국과 일 대 일로 전쟁을 벌인 적이 없다. 유럽 국가들과 전쟁을 벌인 것은 고사하고 미국은 오랫동안 자유의 땅이었으며 수백만 유럽 난민과 정치 망명객들을 너그럽게 받아들였다. 더욱이 미국은 두 차례의 세계대전 중 두 번 모두 유럽 편에 섰으며, 파시스트들이나 전쟁광들과의 싸움에서 언제나 결정적인 노릇을 했다. 1989년에서 1991년 사이, 미국은 소련과의 냉전에서 승리하여 베를린 장벽을 무너뜨렸고 동유럽에 민주 정권을 탄생케 했다.

지정학적 입장에서 미국은 다른 어느 나라도 갖지 못한 강력한 힘을 갖고 있다. 미국의 군사력은 핵무기와 우주 항공 및 해군력 등 모든 면에서 압도적이다. 세계 모든 바다와 해협에 함대를 배치하고 있고, 모든 대륙에 군사 기지와 보급 기지, 도청 시설을 갖추고 있다. 미 국방성은 군사 연구 조사비만으로도 프랑스의 전체 국방 예산과 맞먹는 3백10억 달러를 지출하고 있으며, 미국의 군사장비는 경쟁국들에 비해 이미 몇 세대나 앞서 있다.

미국 군대(1백40만 명)는 하늘과 땅 속, 그리고 바다 아래까지 모든 곳에서 엿듣고 추적하며 식별할 수 있다. 그리고 자기 자신은 드러나지 않는 상태에서 거의 모든 것을 볼 수 있고, 낮이든 밤이든 최고로 정확하게 모든 목표물을 파괴할 수 있다.

워싱턴은 또 중앙정보국(CIA), 국가안전국(NSA), 국가첩보청(NRO), 국방정보국(DIA)과 같은 광범위한 정보 기구들을 운영하고 있다. 여기에서 일하는 사람들만 해도 10만 명이 넘는다. 우방국, 적대국 할 것 없이 세계 곳곳에서 미국 첩자들이 하루 24시간 내내 활동하고 있다. 그들은 외교 군사 기밀만이 아니라 산업정보와 과학기술 데이터를 빼낸다.

국제 정치의 방향을 정하는 것도 미국이다. 미국은 위기가 있는 곳이면 어디든 한시도 눈길을 떼지 않는다. 중동과 코소보, 티모르, 대만, 파키스탄, 코카서스, 콩고, 앙골라, 쿠바와 콜롬비아 등 세계 모든 곳과 이해관계를 맺고 있을 뿐더러, 전지구적으로 행동할 수 있는 유일한 국가이기 때문이다. 뿐만 아니라 워싱턴은 다자간 국제 기구에서도 결정적인 영향력을 행사하고 워싱턴의 결정들이 세계의 진로를 정한다. 유엔과 G7그룹, IMF, WTO, OECD, NATO라고 해서 예외가 아니다.

오늘날의 세계에서는 제국의 힘이 더 이상 군사 외교력만에 의존하지 않는다. 미국은 과학에서도 지배자 위치에 있다. 해마다 수만 명의 고급 두뇌들이 세계 다른 나라에서 미국의 대학과 연구소, 실험실과 기업들로 흘러 들어오고 있다. 지난 10년 동안 미국이 19개의 노벨 물리학상(총 26개), 17개의 노벨 의학상(총 24개), 13개의 노벨 화학상(총 22개)을 휩쓴 것도 우연이 아니다.

미국이 세계 경제의 네트워크를 통제하고 있는 건 의문의 여지조차 없다.

1999년 미국의 국내 총생산(GDP)은 프랑스보다 6배나 많은 8조 6천8백34억 달러에 달했다. 달러는 여전히 세계 최고의 화폐이다. 외한 거래의 83%가 달러로 이뤄진다. 뉴욕 증시는 국제 금융시장의 잣대이고 우리가 나스닥 지수에서 보듯 뉴욕 증시가 딸국질만 해도 국제 금융시장이 몸을 떤다. 미국의 연금기금은 세계 모든 기업의 최고 경영자들을 위협한다.

미국은 또 사이버 파워를 이끌고 있다. 기술 혁신과 컴퓨터 산업을 지배하고 있다. 미국은 웹과 정보 고속도로, 신경제의 땅이며, 마이크로 소프트와 IBM 그리고 야후와 아마존, 아메리카 온라인과 컴퓨터 거인들의 고향이다.

그런데도 왜 이 같은 미국의 압도적인 군사, 외교, 경제 및 기술의 힘이 세계 다른 곳에서 거부감과 저항을 불러일으키고 있지 않은 것일까. 미국의 세계 패권이 문화와 이데올로기의 패권까지 쥐고 있기 때문이다. 미국은 세계적으로 존경을 받는 수많은 지식인과 예술인들의 집이다. 그들의 업적은 이제 하나의 상징이며, 이것을 기초로 해서 미국의 세계 지배는 막스 베버가 말하는 이른바 카리스마적 지배의 수준으로까지 나아가고 있다.

미국은 많은 분야에서 어휘와 개념, 의미를 지배하고 있다. 그들의 용어로 그들 자신이 만들어낸 문명의 신제품을 말하도록 우리들에게 강요하고 있다. 무엇보다 먼저, 미국은 그들이 만들어낸 수수께끼를 해독하는 암호를 제공한다. 바로 이 같은 목적을 위해 미국은 수천 명의 분석가와 전문가들이 왔다 갔다 하는 조사 연구소와 싱크탱크를 세웠다. 여기서 자유 시장경제와 글로벌 경제의 이념을 널리 퍼뜨리는 정치 · 사회 · 경제 보고서가 생산된다. 그들이 쓰고 있는 돈은 전세계 매스컴의 주의를 끌 만큼 충분하다. 이렇게 해서 그들의 이념이 세계 곳곳으로 퍼져 나간다.

맨하탄연구소, 브루킹스연구소, 헤리티지재단, 아메리칸기업연구소, 카토연구소와 같은 미국의 중요 '이데올로기 산업'의 공장들은 그들이 주최하는 각종 세미나와 학술회의에 세계 수많은 나라의 기자와 학자, 공직자 그리고 기업체 중역들을 초대하는 데에 결코 돈을 아끼지 않는다. 여기에 초청된 자들은 자기 나라에 돌아가서 그들이 들은 언어를 널리 퍼뜨리는 것이다.

트로이 목마

미국은 정보와 기술의 힘을 휘두르면서 상냥한 억압 또는 즐거운 독재체제를 구축한다. 더군다나 문화산업을 지배함으로써 우리의 상상력까지 가로채고 있기 때문에 미국의 세계 지배력은 한층 더 강력해진다. 미국은 우리들의 뇌를 침공하기 위해 트로이의 목마를 파견하고 있다. 미국이 만들어낸 대중매체 세계의 영웅들이 바로 트로이의 목마다. 할리우드 영화가 전세계를 휩쓸고 있는 데 비해, 미국에서 상영되는 영화 중 외국 영화가 차지하는 비율은 1%가 채 안 된다. 그리고 할리우드 영화에 이어 TV연속물, 만화와 비디오, 패션, 도시 개발 그리고 맥도널드 햄버거와 커피 체인점이 뒤따르고 있다.

소비의 영광을 찬양하기 위한 우리 시대의 새로운 사원 쇼핑 몰에는 밤낮으로 수많은 신자들이 몰려든다. 전지구적인 이들 쇼핑센터의 열기는 로고와 스타, 노래, 우상, 마크, 상표, 휘장, 포스터, 축제 행사들을 통해 사람들의 생활 양식을 똑같게 만든다.

그리고 여기에는 선택과 소비의 자유라는 매혹적인 말들이 뒤따른다. 이것이 광고인데, 미국에서 해마다 지출되는 광고비는 2천억 달러에 이른다. 광고는 이제 상품 자체이기보다 하나의 상징이 되고 있고, 마케팅은 너무나 세련된 나머지 상표나 사회적인 기호만이 아니라 아이덴티티 판매(identity sale)에 목표를 두고 있다. 이 모든 것이 '갖는 것이 곧 존재하는 것'이라는 기본 원칙에 근거를 두고 있다.

이제 우리는 "선진기술 시대에는 우리의 문화와 사상, 정신세계에 대한 최대의 위험은 증오와 공포의 얼굴을 한 적들에게서 오는 것이 아니라 웃는 얼굴을 하고 있는 적들에게서 올 것이다."라고 한 올더스 헉슬리의 1931년의 경고를 다시 한번 더 기억해야 할 시점에 서 있다.

상징의 프로가 된 아메리카 제국은 이제 우리 앞에 언제나 웃음을 띤 매혹적인 모습으로 자기 존재를 드러내고 있기 때문이다. 우리에게 제한 없는 오락과 끝없는 일탈을 제의하면서 이 새로운 최면술사는 우리 마음으로 들어와 우리 것이 아닌 그들의 사상을 우리 마음에 심는다. 미국은 이제 힘과 명령이 아니라 주술과 우리의 자발적인 동의를 통해 우리를 굴복케 하려고 하고 있다. 처벌의 협박이 아니라 우리 자신의 쾌락에 대한 목마름에 승부를 걸면서 말이다.

★
세계 정복 길에 오른 맥월드 문화

★ ★ ★ ★

벤자민 바버(Benjamin Barber)

미국의 저명한 정치학자. 신진보주의(Neoprogressionism)와 밀접한 관계 속에 '뉴시티즌십(New Citizenship)' 운동을 전개하고 있다. 하버드대학에서 박사 학위를 받았으며, 펜실베이니아대학, 프린스턴대학, 뉴욕대학, 영국 에섹스대학, 파리 사회과학원에서 가르쳤다. 지금은 루저스대학의 민주주의 문화와 정치를 위한 월트휘트만(Walt Whitman)센터의 소장으로 있다. 저서로 《모든 사람을 위한 귀족정치(An Aristocracy of Everyone)》, 《지하드 대 맥월드(Zihahd versus MacWorld)》, 《민주주의에 역행하는 세계화와 종교 근본주의》 등이 있다.

　맥도널드 햄버거가 세계를 정복하고, 그래서 탄생한 문화가 맥월드(MacWorld) 문화다. 인류 보편의 소비 사회를 만들어내는 것이 이 문화의 목적이다. 여기에는 종족도 없고, 시민도 없다. 있는 것은 새 인종이라고 할 수 있는 남녀의 잠재적인 고객뿐이다.
　맥월드는 한때나마 문화의 색깔을 띤 적이 있다. 팝 음악, 라틴 리듬, 파리에서는 프랑스 맥주와 함께, 동유럽에서는 불가리아 고기로 만든 빅맥 햄버거, 프랑스어로 말하는 파리의 디즈니랜드 등. 그러나 결국은 MTV와 맥도널드, 디즈니랜드로 상징되는 미국 문화가 트로이 목마처럼 세계 각국 문화에 스며들고 있다. 맥월드에 완강하게 저항하고 있다는 이란의 근본주의자들조차 한 눈으로는 이슬람 성경을 보고, 한 눈으로는 루퍼드 머독의 스타 텔레비전을 보고 있다.

거부하기 힘든 '비디올로기(videology)'

시장이 이미 국민국가의 주권을 좀먹은 지 오래다. 세계적인 거대한 은행과 통상 기구, CNN이나 BBC와 같은 정보 서비스, 다국적 기업의 문화가 민족 문화를 쓸어버리면서 달러라는 이름의 단일 통화와 영어라는 이름의 단일 언어를 요구하고 있다. 뿐만 아니라 이들은 코스모폴리탄적이고 도회적인 생활 방식을 퍼뜨리고 있다. 컴퓨터 프로그래머, 영화감독, 무대기획가, 환경 전문가, 석유업자, 인구통계학자, 회계사, 변호사와 운동선수들이 그 선두에 서 있다. 이들이 바로 전문 업종 종사자들이다.

이 새로운 세계 문화 재산은 물질 형태보다는 미학적인 이미지 형태를 띠고 있으며, '본다(look)'는 것이 일종의 이데올로기가 되고 있다. 상업 갤러리와 이제는 개인 소유가 된 지난날의 '공공시설'들이 오늘날의 새로운 교회가 되고 있다. 이 신흥 이데올로기를 실어 나르는 것이 로고와 스타, 가수와 마크들이다.

힘의 관계는 유혹의 관계로 변하고, 모든 이데올로기는 비디오가 지배하는 이른바 '비디올로기' 앞에서 입을 닫는다. 〈쥐라기 공원〉과 〈타이태닉〉은 영화로서만이 아니라 먹는 것과 입는 것, 듣는 것을 상업화한 기계가 되었다.

맥월드의 보편적인 미국 문화는 이제 저항할 수 없을 정도가 되었다. 일본에서는 버거와 감자튀김이 국수와 초밥을 몰아냈고, 젊은이들은 서로 앞을 다투며 한 마디라도 영어를 더 하려고 한다.

할로윈이 지금은 프랑스의 새로운 축제로 자리잡고 있다. 세계화와 함께 온 단일화(uniformization) 때문에 그런 것만은 아니다. 끊임없는 인종 분쟁과 테러리즘, 종교의 근본주의와 극우파들의 광기, 내전의 현실 앞에서 후쿠야마식의 예언 '역사의 종언'은 들어맞지 않았다.

그러나 작은 전쟁들이 계속되고 있는 한편으로 맥월드의 세계 시장이 만들어낸 동질화(homogeneization)의 결과, 상업주의와 소비만능의 물질주의가 승리하고, 그래서 평화가 찾아오고 있다.

본질적으로 통상 이상으로 세계적이며, 자본주의 이상으로 국민국가의 운명에 무관심하고, 시장 이상으로 국경에 과감하게 도전하는 것이 또 있을까.

이제는 다국적 기업이 국제무대에서 국민국가 이상의 큰 구실을 하고 있다. 다국적 기업은 국경이라는 것 자체를 거부한다. '지구 위의 리복'이라는 광고 문안에 국경 개념은 없는 것이다.

세계 시장에서 무엇을 결정하는 힘은 이제 자본도 노동도 아니고 원자재도 아니다. 정보와 통신 그리고 이를 조정 관리하는 경영이 자본과 노동, 원자재의 3요소를 조작하면서 신경제의 새로운 지렛대로 등장하고 있는 것이다.

세계화는 국민국가의 주권이나 민주주의와 같은 전통 개념들과 어떤 식으로 양립할 수 있는가. 이 새로운 시장의 지배자는 눈에 보이지 않을 뿐더러 '선택의 자유'와 '소비의 자유'라는 화려한 웅변술로 우리에게 다정하게 다가온다. 우리는 시장경제의 이름으로 국가를 약하게 만들어왔다. 그러나 우리의 자유와 이익을 보장해온 것은 국가였지 시장이 아니었다.

국가의 파괴는 우리를 해방시킨 것이 아니라 우리를 세계 기업과 소비 및 물질주의의 굴레로 이끌었다. 그 결과 많은 사람들이 절망했다. 어느 누구도 존엄성을 보장받지 못하고 있다.

시민인가 소비자인가

공기업의 민영화에 찬성하는 사람들은 시장이란 근본적으로 민주적인 것이라고 주장한다. 그러나 이것은 소비자의 개인적인 선택과 시민으로서의 공적인 선택을 혼동하는 데서 나온 생각이다.

27개의 서로 다른 아스피린 중 하나를 선택하는 것과 어떤 건강 의료 시스템을 선택하는 것을 서로 비교할 수는 없다. 그런데도 시장주의자들은 맥월드의 동질화를 거부한다면 맥월드 공급자를 비난하지 말고 맥월드 문화의 소비자를 비난하라고 한다.

미국 상품을 파는 것은 곧 미국의 대중문화와 지적 재산, 이미지, 그리고 미국의 영혼을 파는 것이다. 전지구적 규모로 미국 상품에 대한 수요를 끊임없이 창출하기 위해 온갖 상징과 생활 양식, 할리우드 스타와 국경 없는 에덴동산, 사회과학들을 동원한다.

차를 많이 마시는 곳에서는 코카콜라의 미래가 그렇게 밝지 않다. 그래서 코카콜라는 인도의 차 문화에 선전포고를 했다. 또 긴 시간에 걸쳐 점심을 즐기는 지중해 국가 사람들의 습관은 패스트푸드 보급에 장애가 된다. 그래서 이곳의 신설 텔레비전 채널들은 할리우드 액션 영화에 이어 가족의 가치를 무너뜨리는 프로를 많이 내보내고 있다.

패스트푸드 문화의 경우, 일이 첫번째고 인간관계는 두번째다. 그리고 '빨리 빨리'가 '천천히'를, 단순함이 복잡함을 대신한다. 그것만이 아니다. 기독교와 이슬람교의 검약의 윤리 또한 소비의 경제 논리에 장애가 된다. 이 장애물을 없애기 위한 것이 광고 선전이고 할리우드 영화다. 시장의 주권이 지배하는 맥월드에서 거대 기업 경영자들은 무책임한 시민이라는 비난을 받아야 되지 않을까.

도시의 옛 문화 터가 상업 단지로 바뀌고 있고, 이익 강박증에 시달리는 새로운 인간을 만들어내고 있다. 상업 단지들은 맥월드의 팽창과 함께 테마 공원을 형성한다. 이제 이곳에서는 더 이상 극장도 어린이들을 위한 무료 진료소도, 예배당도, 지나는 사람들이 함께 모여 무엇인가를 놓고 떠들어댈 곳도 없고, 학교도 없다. 있는 것은 긴 가게의 행렬뿐이다. 이곳에서 우리는 시민이기를 포기하고 오로지 소비자로만 존재한다.

맥월드에서는 '독점'이라는 용어 대신 '시너지'라는 용어를 자주 쓴다. 맥월드의 다른 거대 기업군들과 마찬가지로 디즈니는 프로덕션 스튜디오와 테마 공원, 스포츠팀, 출판사, 텔레비전 방송국, 신문 그리고 신도시를 소유하고 있다.

국가와 시장 사이에 시민사회가 존재했던 때가 있다. 아메리카 민주주의의 에너지와 시민들의 열정이 숨겨져 있던 곳도 이곳이다. 국가와 공동 선을 같이하며 공공의 일반 이익을 존중하는 것이 시민사회의 큰 미덕이다. 시민사회는 때로 국가와 시장 사이에서 중재자 노릇도 한다. 그런데 국가의 존재가 희미해지면서 시민사회의 존재 또한 희미해지고 있다.

우리가 국가와 시장 사이에서 제3의 길을 찾지 못한다면 이제 우리는 소비자로만 살아갈 것이고 더 이상 시민이라고 할 수 없을 것이다.

★
21세기의 세계 질서

★ ★ ★ ★

요셉 요페(Joseph Joffe)
독일 지식인 주간신문 〈디 차이트〉 논설위원.

    48에 9개의 0을 더 붙인 숫자(4백80억). 이 숫자는 대서양을 사이에 두고 있는 미국과 유럽 사이의 간격을 단적으로 보여주는 숫자다. 부시 미국 대통령은 올해 국방과 무기의 구입에 4백80억 달러를 추가로 지출할 계획이다. 이 추가예산액은 독일의 전체 국방예산의 두 배 정도에 해당한다. 또한 미국의 전체 국방예산은 3천8백억 달러인 반면에 유럽 나토의 국방비는 1천4백억 달러에 불과하다.

    숫자들, 무미건조한 숫자들. 그러나 이 숫자들은 결코 유럽과 미국 사이에 놓여 있는 힘의 차이만을 보여주는 것이 아니라, 유럽의 기대와 현실 사이에 존재하는 차이를 표현한다. 거대한 인구와 균등한 경제력을 가진 유럽 대륙은 미국에 대해 한편으로는 동등한 파트너로 그리고 다른 한편으로는 진정한 경쟁자의 위치를 차지했었다.

유럽은 공동통화와 공동의 군대를 가지고 있다. 그러나 공동통화인 유로(Euro)는 중심통화가 되지 못했으며, 실제로 예금통화가 되지도 못했다. 3년 전 유로가 탄생한 뒤부터 그 가치를 급격히 잃어버렸다.

그리고 2003년에 6만 명으로 증강될 나토의 유럽 군대는 보조 구실만을 하고 있다. 그들의 구실은 평화를 지키는 것이지, 평화를 쟁취하는 것이 아니다. 여기에는 숫자의 열세 외에도 논리적인 설득력이 부족하고 또한 기술적으로도 부족한 것이 많다.

어느 정도가 진실이고 얼마나 믿을 만한 것인가! 유럽은 초대형 크기의 셔츠를 원했지만, 감당할 수 있는 것은 단지 중간 크기에 불과하다. 이것은 소비에트 제국이 몰락하면서 유럽 역사의 한 계기를 마련한 1989년에서 1991년 사이에는 큰 문제가 되지는 않았다.

유럽은 당시에 군사력이 아닌 다른 무기를 가지고 민간의 파수꾼으로서 이상적인 위치에 있었던 것처럼 보인다. 다시 말해서 번창하는 경제와, 안정된 내정, 절제된 기질을 가지고 중개인 노릇을 훌륭히 수행했다. 그러나 그 사이에 경제는 예전 같지 않고, 폭력이 다시 등장했으며, 군사적인 힘의 단위는 급격하게 상승했다. 그리고 물가 또한 상승했다. 그 결과 미국이 아프가니스탄에 퍼부은 화력과 기술력에 비례하여 유럽의 재무부장관과 군부는 눈물을 흘려야만 했다.

아버지와 다른 부시

부시는 연두교서 연설에서 유럽연합에 대해 어떤 언급도 하지 않았다. 그는 오히려 '동맹 상대' '우방이면서 동맹국' 등의 표현만을

마지막 제국 59

사용했다. 뉴욕 세계무역센터 테러 뒤에 비록 나토가 미국과 동맹 관계를 부르짖었으나, 최전방에서 행동한 국가는 러시아와 파키스탄이었다. 이점은 미국 국방부장관 럼스펠드의 모토인 "임무가 동맹을 규정하는 것이지, 동맹이 임무를 규정하는 것이 아니다."에도 들어맞는다.

이것은 비록 미국의 독선주의를 그대로 반영하는 것은 아닐지라도 '마지막 남은 초강대국'의 독트린이 되어버린 지도권일 수 있다. 친절하게도 폴 월포비츠 미 국방부 부장관은 뮌헨 안보회의에서 이런 미국의 입장을 다음과 같이 표현했다.

"나토는 유럽의 안전과 안정을 보존하는 열쇠이며, 어느 누구도 이 연합의 가치를 의심할 수 없다."

유럽은 테러리즘에 대한 미국의 전세계를 상대로 한 전쟁을 반대할 수 없다. 또한 바그다드를 출발해서 테헤란을 거쳐 평양으로 연결된다는 '악의 축'에 대한 미국의 위협에도 반론을 제기할 수 없다. 그러나 유럽은 이라크의 대량 살상무기나, 이란의 극동 테러집단에 대한 무기 제공이 아무런 위협도 되지 않는다는 입장이다. 그리고 미국은 이른바 세 개의 악의 축이 보유하고 있는 ABC 무기를 제거하려 할 때, 유럽의 '마지못한 협력'은 원하지 않는다.

여기에서 제기되는 흥미로운 질문은 '로마 제국 이후 세계 최강국인 미국이 유럽 없이도 가능한가?'와 '유럽은 미국이 제외되기를 원하는가?'이다.

미국은 그럴 수 없다. 국제적인 동맹국 없이 미국이 어떻게 '악의 삼총사'와 테러를 지원하는 개인 자산가들에게 제재를 가하고, 수출입을 금지할 수 있으며, 그들의 자금줄을 통제하고, 경찰과 첩보

활동을 할 수 있을 것인가? 동맹국 중에서 비군사적인 측면에서 유럽은 매우 중요한 구실을 한다. 이라크에 대해 지속적으로 압력을 행사하고 기술 전수를 거부하는 것은, 그들과 전쟁하는 것보다 훨씬 경제적이고 나은 방법이다. 또한 북한을 표적으로 하기 위해서는 중국과 연합해야 한다.

강력한 국가는 단 하나만 존재한다는 조건으로 부시주의자들은 그들이 원하는 동맹국을 고른다. 하지만 미국의 외교는 상대국의 필요와 약점을 고려했을 때 더욱 효과적이었다. 현 대통령의 아버지인 부시 전 대통령은 이점을 본능적으로 깨닫고 독일 통일이나 걸프전쟁 그리고 소비에트 제국이 몰락할 때 매우 신중하게 동맹국과 외교를 이끌어갔다. 현 부시 미국 대통령은 미국에 대한 적대적인 연합이 성립되는 것을 막기 위해서는 배워야 할 것이 많다.

21세기의 힘은 군사력이 아니다

그러면 유럽은? 역사와 전통이 있는 유럽은 '미국과 더불어? 미국 없이? 미국에 대항하여?'라는 문제에서 벗어나는 새로운 상황을 맞고 있다. 오늘날 세계 정치에 참여하기 위해서는 유럽이 감당할 수 있는 양보다 더욱 수적으로 우세한 군대가 필요하다.

다 떨어진 초대형 크기의 셔츠 속에 중간 크기로 안주하고 있는 유럽은 지난날의 영화만을 회상하면서 새로운 것을 사용할 수 없는 경제적인 소모성 질환과 경직성 그리고 자원을 낭비하는 정신에서 벗어나야 한다.

반대로 미국은 폭탄이 아닌 문화를 기본으로 하는 힘을 키워야 한다. 이러한 문화는 더욱 빠르게 변화할 수 있게 하고, 잘못된 길에서 빠르게 벗어날 것을 약속한다.

　미국 프린스턴대학의 어떤 교수에 따르면 자신의 박사과정 학생 중 80%가 외국인이라고 한다. 왜 그들은 포츠담이나 파리로 가지 않는 것일까? 미국이 경제적으로 침체했는데도 불구하고 무슨 이유로 유럽의 돈이 미국으로 흘러들어가는 것일까? 유럽인들에게 구멍난 미국 경제를 막으라고 강요하는 사람은 아무도 없는데도 말이다.

　만약 유럽의 힘이 지금보다 더 세어진다면, 유럽인들이 공포와 시기 그리고 경이감을 느끼는 거대한 미국과 세계에 대해서 유럽은 더 크게 압력을 행사할 수 있을 것이다. 그러나 21세기의 힘은 위협이나 군사력의 문제가 아니다. 최선의 힘은 오히려 높은 부가가치를 생산하는 경제력과 외부로 뻗어나갈 수 있는 문화에서 나온다. 경제력은 군사력 증강이나 위성 구입에 필요할 뿐 아니라 선거까지 승리로 이끄는 원동력이 된다.

★
미국을 두려워하지 않는 자는 아무도 없다

★ ★ ★ ★

롤랑 조프랑(Rorlin Joffrin)
프랑스 언론인.

　미국을 두려워하지 않는다고 말하고 싶지만 사실은 그렇지 못하다. 미국을 두려워하지 않는 자는 아무도 없다.
　유럽 진보주의자들은 대체로 돈에 지배당하는 걸 거부하고 있고, 월스트리트의 주인들에게 반감을 느끼며, 할리우드 문화에 얼굴을 찡그린다. 미국은 유럽보다 더 불평등하고 거칠며 더 제멋대로라고 말한다.
　그런데도 아메리카 모델은 유럽 모델보다 더 잘 돌아간다. 미국 경제를 말할 때, 흔히 투기 자본주의라고 하고 따라서 부서지기 쉽고 건강하지 않다고 한다. 사실이다. 그러나 땅 위 어느 곳에 미국처럼 성장을 거듭하고 있는 나라가 있는가. 신기술과 미래 산업도 대부분 그들의 것이다. 세계 어느 곳도 미국만큼 활력과 낙관주의가 넘쳐 흐르는 데는 없다.

불평등 사회

미국은 분명히 불평등 사회다. 부자들의 소득은 쉽게 두 배로 늘어나는 데에 비해 가난한 자들은 계속 가난하고 도시에는 여전히 게토가 들어서 있다. 또 감옥은 항상 만원이다.

그러나 완전고용 효과에 힘입어 중산층은 물론이고 최하층의 소득까지 늘고 있고, 범죄율은 떨어지고 있으며, 소수민족들은 서로가 서로에게 통합되고 있다. 미국과 유럽 사이에는 메우기 어려운 도랑이 있다. 그들은 유럽에 반격을 가했고 그들이 이겼다.

더 작은 정부, 적은 세금, 덜 엄격한 법 적용 그리고 더 큰 시장이 있고, 복지제도가 무너졌으며, 아무 때나 해고가 가능하고, 공공 서비스가 급속히 후퇴하고 있는 곳이 미국이다.

바로 이 때문이기도 하고 미국의 성공 때문이기도 하지만, 어떻든 반미 감정이 생겨나는 것은 어쩔 수 없다. 아리스토텔레스의 말처럼 신과 인간 사이에는 우정이 생기지 않는 것이다.

미국은 일종의 민주적인 제국이다. 물리력보다 이데아의 힘을 중시한다. 보편 가치의 메시지, 자유에 대한 약속, 사회적인 성취와 같은 것이 그것들이다.

이것들이 미국의 힘을 구성한다. 미국은 다른 민주 국가들을 공격하지 않는다. 미국의 외교정책은 오만함을 특징으로 삼는다. 그러나 오만함보다는 뭐가 뭔지 확실하지 않은 부분이 더 많고, 때로는 아주 거칠다. 제국은 국가와 다르고 따라서 국가에 얽매이지 않는다. 국가를 정복하는 것이 아니라 개인을 정복해서 제국의 판도를 확장하려는 것이다. 아메리카 대중 문화가 전하는 끊임없는 메시지와 경제적 성공의 신화 등이 그런 것들이다. 이것이 양키 모델인데 양키 모델은 어디까지나 미국의 모델일 뿐 남에게 강요할 수는 없는 것이다. 그런데도 미국은 그들의 모델을 전세계에 심고자 한다.

양키 모델, 유럽 모델, 제3의 길

자본주의에는 여러 가지 모델이 있다. 미국에는 양키 모델이, 유럽에는 제3의 길로 불리는 유럽 좌파의 모델이 있다. 제3의 길은 아메리카 이데올로기에 대해 유럽 모델이, 하나의 개념에 대해 다른 개념이 대항을 한 최초의 시도이다. 제3의 길은 시장경제를 강화하면서 동시에 시장 사회를 거부하고 있다. 국가의 현대화와 공공 서비스 강화, 유럽과 국민 국가를 하나로 묶는 새로운 주권에 근거를 두고 있는 것이다. 시장은 좋은 하인이자 나쁜 주인이라는 것이다.

제3의 길은 세계가 크게 변하고 있음을 인정하는 데에서 출발한다. 개인의 전면 등장과 네트워크 신기술이 승리하면서 새로운 정치 문화를 낳고 있다. 지난 2년 사이에 경제 성장을 지속하면서 유럽 각국의 정부들은 극단적인 신자유주의 충격 요법에서 벗어나는 데에 성공했다. 문제는 경제 개혁에 달려 있는 것이 아니라 이데올로기에 달려 있다. 미국에는 미국의 이데올로기가, 유럽에는 유럽의 이데올로기가 있다.

★
제국의 반란자들

★ ★ ★ ★

우태현
한국노총 정치부장, 한국외국어대학 정치학 박사과정, 〈Weekly SOL〉 백인위원.

　제국은 제국의 지배에 도전하는 반란자들에게 시달리게 마련이다. 로마 제국의 병사들은 바바리안들과 싸우면서 젊은 시절을 바쳐야 했고, 제국의 수도에서는 식민지에서 실려오는 공물과 노예의 분배를 둘러싸고 '있는 자'와 '없는 자'들이 대립했다. 황혼기의 로마는 부의 홍수 속에서 '있는 자'들의 타락과 '없는 자'들과 노예 검투사들의 반란에 시달려야만 했으며, 끝내는 게르만 용병들에게 제국의 운명을 내주었다.

　아메리가 제국은 소비에트 세국이 자기 손재를 포기하는 순간 새로운 도전을 받았다. 승리한 제국의 이데올로기 '역사의 종언'은 그렇게 오래가지 못했다. 페르시아 만에서 반란이 일어났고, 아프리카에서는 제국 병사들의 시체가 야만인들의 수레에 끌려다니는 일이 생겼다. 지난날 제3세계 독재자들을 지원한 것을 비롯, 제국의 정책들이 '블로우 백(blow back)'이 되어 되돌아오고 있는 것이다.

블로우 백은 우리말로 '후폭풍'이란 뜻의 군사용어다. 라이플이나 로켓과 같이 화약 연료가 폭발하거나 또는 추진함으로써 발사되는 화기의 뒷면에 생기는 화염 섞인 폭풍을 말한다. 야전에서는 가끔 블로우 백 때문에 같은 편에 전상자가 생기기도 한다. 블로우 백은 CIA(미중앙정보국) 용어로서, 1953년 모하메드 모사데크 이란 민족주의 정권을 쓰러뜨릴 때부터 사용되기 시작했다. 이를 미국 버클리대학 정치학 교수 찰머스 존슨이 정치 용어로 사용하고 있다. 존슨은 '비밀리에 수행했던 미국의 군사, 외교 정책들이 낳은 예기치 못한 결과들'을 블로우 백이라고 부르고 있다.

빈 라덴은 CIA의 자식

9·11테러의 비극은 대표적인 블로우 백의 결과물이라고 할 수 있다. 미국은 1980년대 아프가니스탄 내전 당시, 소련에 저항했던 탈레반에게 17억 달러 상당의 무기와 군수를 지원했다. 이때 미국이 고용하고 훈련시킨 대리인이 바로 이번 사건의 주범으로 찍히고 있는 오사마 빈 라덴이다. 미국이 지원했던 탈레반과 미국의 심부름꾼이었던 빈 라덴이 지금 아메리카 제국의 최대 반란자로 등장한 것이다.

블로우 백은 중동의 반란자들에게서만 나온 것은 아니다. 중남미의 마약 카르텔, '불량국가들(rogue states)'의 도전, 무기 밀매자, 조직범죄 등 냉전 시기에 미국이 세계 곳곳에 심어놓은 씨앗들의 싹이 트고 있는 것이다. 파나마의 노리에가, 칠레의 피노체트와 같이 미국 국방성과 CIA가 공모하고 지원해서 '더러운 전쟁'을 함께 수행한 중남미 독재정권의 군 장교와 부패한 정치가들도 지금은 블로우 백이 되었다.

이들은 국내 전쟁에 필요한 군자금을 마련하기 위해 마약 밀매에 나섰으며, 마약 판매로 사들인 무기는 민간인 학살과 반독재 민주화 운동가들을 체포, 고문하는 데에 쓰이고 있다. 이들이 생산한 막대한 양의 코카인과 헤로인의 주요 소비국이 미국인 것도 블로우 백의 한 모습이다.

블로우 백이라는 형태로 나타나는 제국에 대한 반란과 또 여기에 대한 응징, 응징에 대한 또다른 반란이 악순환을 하고 있는 것이다. 1986년 레이건 행정부의 리비아 공습은 1988년 2백59명의 승객이 사망한 팬암103 여객기 공중 폭파로 이어졌고, 1998년 케냐와 탄자니아의 미 대사관 폭탄 테러는 라덴의 화학무기 생산공장으로 잘못 보고된 수단의 화학공장과 아프가니스탄의 이슬람 병영에 대한 미국의 무차별 공격으로 이어졌다. 당시 미국은 75만 달러짜리 크루즈 미사일을 80여 대나 퍼부었으나, 수단의 화학무기 공장은 제약회사였고, 아프가니스탄의 이슬람 병영은 민간인 캠프에 불과했다.

미국의 첫번째 딜레마

어떻든 지금 블로우 백은 미국의 첫번째 딜레마가 되었다. 미국은 여기에 종지부를 찍고 싶을 것이다. 그러나 미국은 또 하나의 새로운 블로우 백을 맞고 있다. 빈 라덴이 '피의 반란자'라면, 새로운 블로우 백은 평화적인 반란자들에게서 나오고 있다. 신자유주의와 세계화에 반대하는 자들이 이들이다.

1994년의 멕시코, 1997년의 아시아 외환 위기 때부터 본격화된 이

반란은 유럽과 아시아, 라틴 아메리카를 돌며 지식인 단체와 노동조합, 농민단체, 환경단체, 종교단체들을 네트워크로 연결하고 있다.

이들은 1999년 시애틀 세계무역기구(WTO) 뉴라운드 각료회의, 2000년 9월 프라하 국제통화기금(IMF) 및 세계은행 제55차 연차총회, 2001년 다보스 세계경제포럼(WEF), 2001년 4월 캐나다 퀘벡에서 열린 미주 자유무역지역(FTAA) 정상회담, 2001년 7월 이탈리아 제노바에서 열린 서방 선진 공업국 G7 정상회담에 도전했다. 이들은 신자유주의의 세계화가 인류 전체의 번영을 위한 것이 아니라 미국을 중심으로 한 서방 강대국들의 경제 이익을 보장하기 위한 도구이며, 그 결과 빈부 격차가 갈수록 커지고 있을 뿐이라고 주장하고 있다.

이들은 또 세계화를 통해 미국이 그들의 관행과 제도, 가치와 문화를 세계에 강요하는 것으로 보고 있다. 그래서 이들은 제국의 질서에 반란을 일으키고 있다. 제국에 대한 반란이 변방에서만이 아니라 시애틀과 워싱턴에서도 보았듯이 제국의 심장부에서도 일어나고 있다. 뿐만 아니라 제국이 개발한 신무기 인터넷과 정보 통신이 반란자들의 무기로 전용되고 있다.

'모든 길은 로마로 통한다'. 그러나 역사가들은 로마의 팽창 자체가 로마를 패망케 했다고 말한다. 이것을 알면서도 제국은 무한하게 팽창하고 싶어한다. 무한 팽창의 욕구를 어떻게 통제해야 하며, 변방만이 아니라 제국의 중심부에서도 시작되고 있는 반세계화라는 이름의 반란, 테러와 마약이라는 이름의 블로우 백, 이에 대한 보복의 악순환의 고리 등이 '역사의 종언' 이후 우리 앞에 새로 드러나는 21세기 세계 새 질서의 현실이다.

★
미국의 라이벌은 누구인가?

★ ★ ★ ★

세르게이 카자노프(Sergei Kazanov)
러시아 세계전략 전문가.

지금 세계에서 미국에 맞설 자는 아무도 없다. 미국이야말로 유일한 초강대국이다. 그러나 러시아의 국제문제 전문가들은 언제까지나 미국이 이 자리를 지킬 수는 없을 것으로 보고 있다. 중국과 인도, 이슬람 국가들이 그들의 때를 기다리고 있다는 것이다.

아버지 부시가 1990년 백악관을 떠나던 날, 아들 부시에게 들린 소리가 '역사의 종언'이었다. 그런데 그 사이에 세상이 변했다. 세계가 미·소 양국 체제의 붕괴로 받은 충격에서 벗어나면서 미국이 세계의 유일한 중심이 되는 국제 정치가 사실은 아주 허약한 체제임을 깨닫기 시작한 것이다.

미국의 중동 정책은 실패로 끝났고, 여전히 계속되는 발칸 반도의 대혼란은 미국이 과연 신세계 질서를 수립하고 이를 경영할 능력이 있는가 하는 의문을 낳았다. 지금 미국이 당면하고 있는 경기

후퇴는 미국의 어깨에 실린 짐이 감당하기 어려울 정도로 무거운 데에서 오는 체제 위기의 첫 신호일지 모른다.

미국은 변화에 적응하지 못하고 있다. 지난날 그토록 분명했던 여러 가지 동기가 지금은 희미해졌다. 뿐만 아니라 열광적으로 '적을 찾아' 나섰으나 적에게 행사하는 힘이 그다지 굉장하지 않다. 이라크를 때려도 국제사회가 대단한 반응을 보이지 않는 것이다. 그 대신 제3세계 국가들은 자기들 나름대로 결론을 이끌어내어 군비 확대의 길로 나서고 있다.

더군다나 경제의 세계화에 대한 저항이 이제는 정치 분야로까지 확산되고 있다. 이른바 '글로벌리즘'이 빠른 시일 안에 지역 분쟁 해결의 결과물을 만들어내지 못하고, 신자유주의라는 단기 마약 처방을 받는 국가들에게 경제 안정을 가져다주지 못할 경우에 더욱 그러할 것이다.

양극 체제가 무너진 뒤에 나타나는 세계 질서의 부분적인 재편은 지난 어느 때보다 단순하지 않고, 그만큼 위험하고 비용이 많이 든다. 동방의 '힘의 공백'은 중국과 인도가 바라는 것인지 모른다. 워싱턴이 이 두 나라를 특별히 주시하고 있는 것도 까닭이 없지 않다. 유럽의 경우, 바르샤바 조약기구가 붕괴되자 처음에는 미국의 영향력이 강해졌다. 그러나 유럽은 재빨리 하나로 뭉쳐 특히 동구권에서 그런 것처럼 미국과 정치·경제적으로 경쟁하고 있다.

부패로 얼룩진 러시아만이 이제는 더 이상 과거와 같은 '악의 제국' 노릇을 하지 못할 따름이다. 그러나 러시아가 망했다고 하더라도 미국이 지정학적으로 러시아의 과거 친구들을 완전히 장악할 것 같지도 않다. 이점에서 불가피하게 세계 지도를 다시 그려야 할 것 같다. 세계 지도를 다시 그린다면 여기서 가장 득을 보는 것은 중국과 이슬람 국가들이 될 것이다.

★
제국 전개, 야심

★ ★ ★ ★

김상준
경희대 NGO 대학원 교수, 〈Weekly SOL〉 편집위원

근대국가 주권 이론의 기초는 16세기 프랑스의 장 보댕과 17세기 영국의 토마스 홉스에 의해 이루어졌다. 장 보댕은 주권(sovereignty)이란 결코 '나누어 가질 수 없는 것'이라고 했다. 토마스 홉스는 잘 알려진 것처럼, 근대국가의 주권은 누구도 감히 겨룰 수 없고 범접할 수도 없는 최강의 괴물 리바이어던이 되어야 한다고 했다. 국가 주권은 상호 충돌하는 시민의 이해 관계를 초월하는 초강의 존재여야 한다는 주장이다. 이러한 근대국가 주권의 불가분리성과 초월성은 그뒤 현대사에서 민족주의, 국민국가, 제국주의의 역사적 현실에서 확실한 진리로 자리를 굳혔다.

3백 년 넘게 진리로 군림하던 보댕과 홉스의 주권 이론이 이제는 흔들리고 있다. 2002년 8월 26일부터 9월 2일까지 남아공화국 요하네스버그에서 열렸던 '지속 가능한 발전을 위한 지구 정상회담

(World Summit on Sustainable Development, WSSD)'에 모인 백여 명의 정부 수반과 178개국 대표단은 세계의 빈곤 퇴치, 소비·생산 패턴의 변화, 자연자원의 보전·관리, 민주주의와 인권 등에 관한 172개 사항에 관해 협의했다. 합의한 사항들에 대해서는 앞으로 10년 동안 그 이행 과정을 기록하기로 하였다.

즉 예전의 고전적인 주권 이론에 따르면, 전적으로 개별 국가가 관할했던 정치, 경제, 사회, 환경에 관한 모든 의제들이 국가 간의 협의와 감독 대상으로 바뀐 것이다.

WSSD에 참가한 국가 수반들 중에서는 독일의 슈뢰더나 프랑스의 시라크와 같은 서유럽의 수반들이 2만 여 참석자들에게 강렬하고 세련된 인상을 주었다고 한다. 그 이유는 이 수반들 자신이 지구와 관련있는 의제에 대해 깊은 관심과 폭넓은 지식을 갖고 있었기 때문이다.

이들은 또 지구 전체의 지속 가능한 발전을 위한 의제를 앞서 제창하고, 합의한 내용과 제약 사항을 모범적으로 준수할 의지가 있다는 것을 확약했다. 또한 다른 국가와 시민단체들에게 자신들 나라가 그러한 국제적 합의를 잘 준수하는지 철저히 감독해달라고 오히려 요청했다.

국제협력에 관해 보수적이고 미온적인 태도를 지켜온 미국을 중심으로 뭉친 비(非) 유럽연합 OECD 그룹인 'JUSCANZ(Japan, USA, Canada, Australia, New Zealand)'의 입장에 대충 동조하면서, 선진국과 개도국의 요청 사이를 오가는 애매한 태도를 취했던 우리 정부의 처신에 비추어보면, 이들이 보여준 모습은 확실히 진취적이었다.

그 국가 수반들의 이러한 주장을 정치인들의 그렇고 그런 화려한 말꾸미기에 불과하다고 보는 것은 사태의 부차적인 면만을 지적하는 것일 뿐이다. 국가는 이미 국가를 넘어 진행되고 있는 초국가적 사태에 직면하고 있다.

  자본과 기업만이 국가의 테두리를 넘어 전세계로 확장하고 있는 것이 아니다. 노동과 인구, 지식과 문화가 이미 국경이라는 테두리를 흔적도 없이 넘어 전세계로 확산, 확장하고 있다. 이에 따라 환경, 빈곤, 인권, 건강 등의 문제도 마치 지구의 대기가 국경을 넘어선 인과율에 따라 움직이듯 국가의 범주를 넘어서는 전세계적인 인과관계에 따라 발생하고 있다.

  이번 WSSD에서 국가 수반들이 과시한 초국가적·전지구적 사고방식은 그렇듯, 이전의 국가 울타리를 넘어서 진행되는 현상을 사실상 인정한 것이다. 이러한 현상에 대해 더 진취적인 태도를 취하느냐, 보수적인 태도를 취하느냐는 작은 차이일 뿐이다. 결국 고전적인 배타적 국가주권론은 제한적 주권론, 합의적 주권론, 협력적 주권론에 자리를 내어주는 상황이 되고 있다.

새로운 무한 권력을 추구하는 자들

  미국을 이러한 흐름에서도 예외인 초강대국이라고 보는 견해가 있다. 미국의 주권은 여전히 배타적이라는 것이다. 경제적 지구화는 전세계의 맥도널드화, 코카콜라화일 뿐이고, 정치적 지구화란 미국식 정치체제로 전세계를 통합하자는 것이며, 문화적 지구화란 전세계를 할리우드화, CNN화 하자는 것에 불과하다는 비판도 그러한 견해의 하나다.

이는 다만 비판적 견해에 한정되지 않는다. 미국 안에도 그러한 주장을 하는 세력이 있다. 미국의 강경 보수파, 매파라고 불리는 세력이 그들이다. 그들은 소련과 미국이 블록을 나누어 지배·통괄했던 냉전체제의 붕괴를 미국 단독으로 지배·통괄하는 유일체제로 전환하려고 한다.

헌팅턴의 '문명 충돌론'도 그러한 발상의 교묘한 지적 표현일 뿐이다. 분할과 지배와 통제를 위해서는 적이 필요하다. 이제 소련과 공산주의 블록이 몰락한 상황에서 새로운 적을 만들 필요가 생긴 것이다.

'문명 충돌론'이 암시하고 있는 제1의 주요 적은 이슬람 문명이고, 제2의 예비 주요 적은 중국을 중심으로 한 동아시아 문명권이다(여기서 일본은 제외된다). 헌팅턴의 이른바 문명적 대결 구도란 문명과 야만, 정통과 이단의 대립을 전제로 한다. 즉 기독교 문명과 비기독교 문명의 대립이 그것이다. 헌팅턴의 구도에서 미국은 기독교 문명의 지도자가 된다.

'악의 축'이 비롯되는 곳

부시가 이른바 악의 축(The axis of evil)을 설정한 것은 바로 이러한 문명의 대립 구조에 깊이 뿌리를 두고 있다. 헌팅턴이 분명히 밝혔듯이, 그의 문명 단위 구분의 핵심에는 종교의 차이가 있다.

부시의 '악의 축'에서 '악'은 단순히 세속적인 의미의 '나쁜' '불량한' 이라는 의미를 훨씬 넘어서는 종교적 의미를 담고 있다. '악'(evil)이란 영혼의 타락, 존재론적 위협을 상징하는 파멸의 심연을 말한다. 전통 종교에서 악은 불신자, 이단자, 이교도를 가리킨다.

자신의 신을 경배하지 않고 공격하고 도전하는 세력은 철저히 박멸해야 하는 대상인 것이다.

이 말살의 지상명령은 인간주의와 인도주의라는 값싼 인간의 논리, 세속의 논리를 초월한다. 과거 냉전시대에 소련과 미국은 서로를 악의 세력, 악의 제국이라고 불렀다. 그러한 근본적인 증오와 배타의 신념을 기초로 미국과 소련은 무소불위의 냉전 권력을 구축할 수 있었다.

미국의 강경파, 매파들은 이러한 유사 종교적 대립과 배타가 가져다 주는 무한 권력의 맛을 뚜렷이 기억하고 있다. 소련이 몰락한 '후기 공산주의(post-communist)' 상황에서 이들은 무한 권력 추구를 포기하는커녕 이를 오히려 확대하고 절대화하려 한다.

제국주의의 외부

2000년 《제국》이라는 책을 펴낸 네그리와 하트의 논리에 따르면, 부시와 미국 내 매파의 이러한 행보는 '제국'이 아닌 '제국주의(imperialism)'의 그것에 불과하다. 네그리와 하트는 '제국'에는 외부가 없는 반면, '제국주의'는 항상 외부를 만들고 외부를 배타하고 외부를 침략한다고 주장한다.

국가와 국경은 제국주의 시대에는 지상(至上)의 기준이지만 제국의 시대에는 국가와 국경은 절대적이지 않다. 네그리와 하트는 현재 상황은 제국의 형성기이며, 제국주의 시대는 이미 지나갔다고 주장한다. 부시의 제국주의적 미국은 미국의 가치와 비미국의 가치라는 절대적 대립 선을 치고, 그 선 밖에 침략 대상인 '외부'를 만들어내려 한다.

이미 국가와 국경의 절대적 지위가 흔들리고 있는 상황에서 미국이 제국주의 노선을 추구하는 것은 시대착오다. 9·11테러 이후 미국에서 폭풍처럼 드높아진 애국주의를 부시 노선에 대한 일방적인 지지라고 해석하는 것 역시 편견이다.

미국의 보통 시민들은 어찌 보면 한심할 정도로 국제 감각이 없다. 그들이 꼽을 수 있는 미국 외의 나라 수는 보통 10개국에서 많아야 20개국을 넘지 못한다. 그렇게 기억하고 있는 나라들일지라도 세계지도에서 찾아보라고 하면, 그중 반 이상은 제대로 찾지 못한다.

이러한 미국 보통 사람들의 생각으로는 그저 미국이 모든 세계이고 미국 밖의 세상은 옛날 세상, 즉 '구'세계에 불과하다. 그리고 그들은 미국은 이들 구세계에 대해 항상 좋은 일만 해왔다고 생각한다. 그러나 9·11테러의 충격은 이들에게 '왜 우리를 미워하는가'라는 의문을 던져주었다. 세계를 다시 보는 자성의 씨앗 역시 주어진 것이다. 미국에도 협력적 주권론, 협력적 문명론을 주장하는 세력이 있음을 아울러 보아야 한다.

옛말에 '고장난명(孤掌難鳴)'이라 했다. 시대착오적인 제국주의 노선 추구는 그에 걸맞는 짝이 있어야 한다. 똑같이 배타적 문명주의, 배타적 국가주의, 배타적 민족주의를 추구하는 세력이 존재해야 하는 것이다.

현재는 이슬람 강경파가 그러한 배역에 꼭 맞는 구실을 해주고 있다. 미국의 제국주의적 강경파는 이들 세력을 최대한 이용하고 있다. 바둑에 '꽃놀이패'라는 말이 있다. 두면 둘수록 자신에게 이익이 되는, 상대방이 응수하지 않을 수 없는 수를 말한다.

지금 미국에게 빈 라덴과 후세인이라는 수가 바로 꽃놀이패다.

물론 후세인과 빈 라덴에게도 자신들이 노리는 바가 있다. 미국과 대립함으로써 이슬람 민중들에게 자신을 위대한 영웅이나 순교자로 각인시키고자 한다. 더 나아가 미국의 막강한 군사력을 끌어들여 아랍 민중의 분노를 파도처럼 불러일으키려고 한다. 그들은 내심 그러한 아랍 민중의 봉기가 봉건적이고 부패한 친미·친서방 정권들을 쓸어주기를 바라는 것이다.

밑에서부터의 지구화

비동시적인 것의 동시적 공존. 이 문제는 급격한 지구화의 물결 속에서 더욱 날카롭고 고통스럽게 부각되고 있다. 아직 개화하지 못한 이슬람 시민사회는 지구화의 추세에 호흡을 맞추어야 하는 동시에 독립적인 민족국가, 국민국가의 확립을 추구한다. 따라서 호메이니의 이란 혁명을 과거 회귀적인 종교혁명이라고만 보는 것은 편견이다.

분명 호메이니의 이란은 종교적 근본주의, 정교일치의 신정(神政) 정권이라는 과거 회귀적인 모습을 띠고 있다. 그러나 그러한 경로를 통해서만 이슬람적 근대국가는 자기완성의 길을 가는 것이다. 과거 칼빈의 제네바 신정국가가 근대국가로 가는 경유지가 되었던 것처럼…….

그러나 빈 라덴과 후세인이 아랍 민중, 아랍 시민사회가 진실로 바라는 바를 정확히 읽고 있다고 말하기는 어렵다. 이란에서는 이미 근본주의적 신정주의가 아닌 민주적 개혁파가 민중의 지지를 받고 있다.

바로 이런 길을 통해 이란은 더 민주적이고 평등하며, 종교적 근본주의에서 천천히 자유로운 정치체제로 접근해가고 있다. 따라서 배타와 대결을 추구하는 근본주의 노선만이 아랍 민중의 다수가 바라는 미래라고 보기는 어렵게 된 것이다.

고전적 주권론이 이미 상대화되기 시작한 현 상황에도 고전적 주권 확립을 목표로 세우고 있는 세력이 있는가 하면, 그러한 비동시성을 이용하여 제국주의 패권을 굳건히 하는 데 매진하는 세력도 존재한다.

네그리와 하트가 '제국'이라고 이름 붙인 현재 상황은 패권주의적·제국주의적 야심을 가진 다양한 세력들이 존재하는 가운데 큰 흐름은 국가 주권 간의 전지구적 협력과 공존의 추세로 진행하고 있음을 지적하고 있다.

문제는 이러한 '위에서부터의 흐름'과 함께 지구 시민사회의 '밑에서부터의 흐름'이 강력한 생명력을 발휘해야 한다는 점이다. 이러한 밑에서부터의 변화의 힘이 없다면 '제국의 상황'이란 다국적 상층 엘리트 간의 매끄러운 지배 질서를 구축하는 것 외에는 아무것도 아니기 때문이다.

★
제국(帝國)과 후국(侯國)

★ ★ ★ ★

이그나시오 라모네(Ignacio Ramonet)

프랑스의 저명한 언론인. 〈르몽드 디플로마틱(Le Monde diplomatique)〉 사장. 파리 7대학과 스페인 마드리드대학에서 언론학을 강의하고 있다. 세계 다국적 기업과 미국 정보안보기관 전략가들이 2년에 걸쳐 비밀리에 만든 21세기 지구 생존전략 내부 문건을 폭로한 《루가노 리포트》의 저자 수잔 조지와 함께 Attac을 설립, 반세계화운동의 선두에 서 있다. 저서로 《카오스의 지정학(Geopolitique du chaos)》, 《21세기 전쟁들(Guerres du 21e siecle)》 등이 있다.

제국은 연맹국을 갖지 않는다. 다만 후국(侯國)만을 거느릴 따름이다. 이것은 역사적인 사실인데, 이 사실을 유럽연합(EU) 정부들은 잊고 있는 것 같다. 이라크와의 전쟁에 서명하라는 압력을 받고서야 유럽 국가들은 자신들이 주권국가가 아니라 이제 위성국으로 굴러 떨어지고 있음을 알았단 말인가.

9·11테러 이후, 국제정치에서 무엇이 달라졌는가를 둘러싸고, 그 동안 사람들은 많은 질문을 했다. 그런데 지난 9월 부시 미 행정부가 '미국의 새로운 국가안보전략'을 발표했다. 이를 통해 이제 우리는 그 질문들에 대한 답을 얻었다.

지금 세계 지정학적 구조물의 맨 꼭대기에는 미국이라는 유일한 초강대국이 올라서 있다. 미국은 역사상 유례가 없는 힘과 영향력을 갖고 있으며, 필요할 경우에 언제라도 '예방 응징'을 비롯, 홀로 행동한다. 미국은 어떤 위협이 제기되면 그 위협이 일정한 꼴을 갖추기도 전에 위협에 대응하는 행동을 취한다.

부시 독트린은 1941년 히틀러의 독일이 소련에게 일본이 진주만에서 미국에게 그러했던 것처럼 위협에 사전 대응하는 '예방 전쟁'의 권리를 재설정하고 있다. 부시 독트린은 또 어느 한 주권국가는 다른 나라의 내정에 특히 군사적으로 간섭하지 않는다는 1648년 웨스트팔리아 협정에서 수립된 국제법의 기본 원칙 중 일부를 파기하고 있음을 보여준다(이 기본 원칙은 1999년 나토의 코소보 개입으로 이미 휴지가 되었다).

이것은 제2차 세계대전 종식과 함께 수립되고 유엔이 관리하던 국제 질서에 종지부가 찍히고 있음을 뜻한다. 베를린 장벽 붕괴(1989) 뒤에 이미 우리가 보고 있듯이, 미국은 세계에서 지도자 위치를 차지하고 있다. 얼마 전까지만 해도 '아메리카 제국'이라고 말하면 반미주의자로 취급했다. 그러나 지금은 아니다. 부시 행정부의 매파들이 일상으로 입에 담고 있는 언어가 바로 '아메리카 제국'이다.

유엔은 이제 중심에서 변방으로 밀려나 미국의 결정에 고개를 숙이는 존재가 되었다. 제국은 어떤 법에도 따르지 않으며, 법을 만드는 것이 제국이기 때문이다. 제국의 법은 곧 인류 공통의 보편의 법이 되고, 필요할 경우에 무력을 사용해서라도 모든 사람들에게 이 법을 지키라고 하는 것이 제국의 사명인 것이다.

이 같은 구조의 변화를 인식하지 못하면서도 이미 유럽 지도자들(영국, 이탈리아, 스페인, 포르투갈, 네덜란드, 덴마크, 스웨덴)은 봉건

제후처럼 아메리카 제국의 요구에 반응하고 있다. 그 과정에서 그들은 국가 독립과 주권 및 민주주의를 포기하고 있다. 그들은 파트너와 하인, 우방과 봉건 신민을 가르는 선을 이미 넘어섰다.

그들이 바라는 것은 미국 승리의 날에 얻게 될 한 방울의 이라크 석유다. 겉으로 무슨 말을 하든 이라크 전쟁의 진짜 이유가 석유라는 것은 모든 사람이 다 알고 있는 사실이다. 만약 부시가 세계에서 두번째로 큰 석유 매장고에 접근할 수 있다면, 세계 석유시장은 완전히 달라질 것이다. 미국의 보호국으로서 이라크는 원유 생산량을 두 배 이상 늘릴 것이고, 따라서 원유 값이 폭락할 것이며, 따라서 미국 경제가 활기를 되찾을 수 있을 것이다.

이것은 또 다른 전략적 가능성의 길을 열어줄 것이다. 첫째 미국이 증오하고 싶어하는 국제기구인 석유수출국기구(OPEC)와 회원 국가들, 특히 리비아, 이란, 베네수엘라에 일격을 가할 것이다. 미국과 친한 멕시코, 인도네시아, 나이지리아와 알제리는 어떤 식으로든 이 일격에서 벗어날 것이다.

둘째, 미국이 이라크 석유를 지배하게 되면 미국은 과격파 이슬람의 천국으로 알려진 사우디아라비아와 일정한 거리를 유지할 수 있을 것이다. 딕 체니 미국 부통령의 말처럼 중동 지도가 새로 그려질 터인데, 사우디아라비아는 분열해서 사우디아라비아 최대의 석유 매장지이자 주민 대다수가 이슬람 시아파인 하사 지방에는 미국의 에미레트 보호국이 들어설 것이다.

바로 이점에서 이라크에 대한 전쟁은 이란과의 전쟁을 알리는 전조일 수 있다. 이란은 이미 부시 대통령에 의해 '악의 축'의 하나로 규정되어 있다. 이란의 석유는 새로운 제국의 시기에 첫번째로 벌인 전쟁에서 거둬들인 동화와 같은 전리물에 또 하나의 부를 추가해줄 것이다.

　이 위험한 모험에 유럽이 반기를 들 수 있을까? 그렇다. 그러면 어떻게? 유엔 안보리에서 두 표의 거부권(영국과 프랑스) 행사로……. 그리고 워싱턴이 제국 확장에 동원하려는 군사기구(나토)를 봉쇄함으로써……. 나토의 사용 여부는 유럽 정부들이 투표로 정하는 것이다. 이 두 가지 상황에서 유럽은 신하가 아니라 파트너로 행동해야 한다.

★
제국의 끝

★ ★ ★ ★

윌리엄 그레더(William Greider)

미국의 저명한 정치 기자. 프린스턴대학을 졸업한 뒤 〈워싱턴 포스트〉 편집부국장, 〈롤링 스톤〉 편집장 등 신문 방송에서 35년 동안 일했다. 〈워싱턴 포스트〉 시절, 레이건 정부의 예산국장 데이비드 스톡크만이 어떤 식으로 레어거노믹스에 실망하게 되는가를 추적한 기사를 써서 큰 반향을 일으켰다. 1985년 PBS 특파원 때 제작한 다큐멘터리 〈베이루트에 돌아와서(Return to Beirut)〉로 에미상을 받았다. 지금은 미국 진보적인 주간신문 〈내이션〉의 칼럼니스트로 활동하고 있다.

부시 정부는 이른바 실패한 국가들을 침공·점령하고, 그 정권을 교체할 권한이 미국에 있는 것처럼 말한다. 그러나 이런 권한은 분명히 국제법에 위반되며, 제국에만 주어지는 권한이다. 문제는 제국이든 아니든 과연 미국에게 이를 수행할 힘이 있느냐 없느냐 하는 것이다.

부시 정부의 최대 약점은 돈이다. 채무자의 약한 입장으로는 제국을 유지할 수 없다. 채권자가 조만간 플러그를 빼버린다면 어떻게 될까? 지난 세기 초에 영국이 그러했는데, 이제 미국이 그렇게 되려고 한다.

지속적인 무역 적자 때문에 미국의 재정적인 지위는 갈수록 약해지고 있다. 미국의 세계 경영 야심이 말하자면 저당 잡혀 있는 꼴이다. 개인도 그렇지만 국가도 한 번 채무자가 되면 여기서 벗어나기 힘들다.

민간 투자자와 유럽 및 일본 정부가 미국의 채권자들이다. 지금으로서는 이들 중 어느 누구도 미국과 혼란한 관계가 되고 싶지는 않은 것 같다. 지금 그대로가 그들에게 결코 불리하지 않기 때문이다. 돈을 빌려주는 대신 그들은 세계 최대의 소비시장에 자유롭게 접근해서 엄청난 무역 흑자를 누리고 있을 뿐더러, 그들의 시장점유율은 갈수록 높아지고 있다. 그들이 본국으로 따가는 투자로 번 열매도 크다.

그러나 역사는 채권국들이 필요할 경우에 언제든지 미국에 대해 지렛대를 행사할 수 있음을 보여준다. 미국의 채무 부담이 감당하기 힘든 수준에 도달하든지 채권국들이 미국의 군사 모험을 막으려고 할 경우가 그런 시점일 수 있다. 어떻든 미국으로서는 굴욕적인 시점일 것이다.

채무국 미국의 약점

어떤 상황에서 미국의 옛 친구들이 워싱턴과 월스트리트에 일격을 가할지는 아무도 모른다. 그런데 얼마 전 미국은 큰 타격은 아니지만 일격을 맞았다. 사우디아라비아(정부가 아니라 부유한 민간 투자자들)가 미국 금융시장에서 2천억 달러를 빼내간 것이다. 무슨 까닭이었는지 정확히는 알 수 없으나, 부시 정부가 사우디아라비아를 이슬람 테러리즘의 배후로 몬 데 대해 투자자들이 분노했기 때문이라는 말이 있다.

리야드의 한 투자 상담자는 〈파이낸셜 타임스〉 기자에게 "미국

경제와 미국의 외교정책을 신뢰하는 사람이 이제는 거의 없다."라고 말하고 있다. 미국 증시와 채권시장에서 2천억 달러 정도 빼내가는 것으로 미국 경제가 결정적인 타격을 받지는 않을 것이다. 만약 사우디아라비아의 돈이 아니고 그것이 아시아와 유럽 돈이었다면 미국 경제를 전면적으로 뒤흔들었을지 모른다.

위기를 알리는 요소들은 여럿 있다. 그런데도 이 문제를 본격적으로 거론하지 않는다. 미국의 순외채가 금년에 2조 5천억 달러에 달할 전망이다. 이것은 미국 국내총생산(GDP)의 25%에 해당한다. 15년 전만 해도 미국은 순외채는 없었다. 그런데 이것이 해마다 늘어 3년 안에 GDP의 50%에 해당하는 3조 5천억 달러에 달할 수도 있다.

이 같은 어두운 전망에 대처하기보다 부시 팀은 거의 습관적으로 채권국들의 세계관을 비웃으며 미국의 강함을 길게 설교하고 있다. 채권자에게 모욕을 가하는 채무자를 과연 현명하다고 할 수 있을까?

미국이 근본적으로 약하다는 것은 미 국민들이 피부로 느끼는 것과 다를지도 모른다. 지금과 같이 지속적으로 번영하는데 무슨 약함이냐고 할지 모르고, 당국의 목소리와도 어긋난다. 그러나 지금 미국이 서 있는 곳이 흐르는 모래 위라는 것은 사실이다. 이미 우리는 무릎 위까지 모래 속으로 빠져들고 있다.

약해지는 미국의 세계 경제 지배권

깊게 흐르는 역사의 물결로 보면 미국의 경제 지배권은 지난 수십 년간 계속 약해져 왔다. 제2차 세계대전 뒤 일본과 독일을 비롯한 여러 나라들이 번영을 되찾고 세계 수준의 생산자가 되었다. 이로써 미국의 경제적 지위는 상대적으로 약해졌고 지배력도 약해졌다. 이것은 부분적으로 미국 스스로가 자초한 것이기도 하다. 비공산권을 이끌며 세계 무역을 활성화하고 미국의 다국적 기업을 통해 자본과 기술을 확대하며, 냉전 시기에 군사비를 늘려 해외시장의 수요를 높여왔다.

그 결과 전후 경제질서는 크게 성공을 거두어 경제력이 주요한 선진 공업국들 사이로 분산되고, 금융과 생산의 세계화와 더불어 이들 나라의 경제가 더욱더 상호의존적이 되었다. 상호의존 자체가 문제가 되는 것은 아니다. 상호의존성이 더욱 평화로운 지구를 위한 건강한 기반을 제공해주기 때문이다. 문제는 미국이 아무런 변화도 일어나지 않은 것처럼 행동하고 있다는 데에 있다.

권력과 부담을 나누는 세계 관리체계로 재구성하는 대신, 미국은 여전히 모든 일을 혼자 다 하려고 한다. 따라서 미국이 치러야 할 대가도 크다. 군사비 지출과 무역 적자가 갈수록 늘고 있는 것이다.

채무국으로서 상황이 불가피한 것이 아닌데도 미국의 통치 엘리트들은 과거의 영광에 매달린 채 새로운 현실에 적응하려고 하지 않는다. 미국 지도층이 새로운 경제 현실에 눈을 떴다면 미국이 지금처럼 계속 무역 적자 행진을 하지 않아도 됐을지 모른다. 그리고 세계화가 미국에 부정적인 측면도 갖고 있나는 것을 유권자늘에게 알려야 했다. 그러나 미국의 엘리트들은 유일 초강대국의 노릇을 그만둘 생각을 하지 않고, 세계 경영 자체에 만족하고 있다.

보수당, 민주당 할 것 없이 미국 대통령들은 또 한 차례의 무역협정을 통해 관세와 무역 장벽을 없애기만 하면 미국 문제가 해결될 것으로 믿었다. 그러나 역사는 지난 30년간 그와 반대되는 방향으로 움직여왔다. 새로운 협정이 체결될 때마다 수출입 간의 차이가 더욱더 커져온 것이다.

엘리트들은 무역 적자도 채무 증가도 별것 아니라고 말한다. 상품과 자본이 자유롭게 이동하는 것이 모든 자에게 이익을 가져다준다는 것이다. 그럴 수도 있다. 당신이 세계 여러 나라에 발을 딛고 있는 미국의 다국적 기업이라면 미국의 채무는 별것 아닐 수도 있을 것이다. 그러나 미국의 대외 대차대조표에 운명이 걸려 있는 국내의 시민들에게는 부채상환 의무는 별것일 수밖에 없다.

갖가지 이유로 미국의 주요 파트너들은 현재의 판을 어지럽힐 생각이 없다. 미국의 세계 패권의 그늘 아래에서 그들은 세계 시장점유율을 높이고 있다. 사석에서는 그들도 미국 경제가 계속 퇴조하고 있다고 말한다. 그러나 공석에서는 이런 말을 하지 않는다. 미국인들이 계속 모든 것이 잘되고 있다는 환상을 가져주길 바라는 것이다. 미국이 혼자 모든 짐을 지고 경비를 부담하라는 식이다.

지난날 미국도 그랬다. 미국은 대영 제국이 빚더미 속에서 침몰하는 것을 알면서도 국제 문제에서 영국의 지도력을 부추겼다. 영국의 힘은 1914년부터 이미 기울기 시작했는데도 미국은 제2차 세계대전 뒤까지 계속 영국에 금융 지원을 하면서 영국으로 하여금 어리석은 지도자가 되게끔 했다.

그러다가 1956년 수에즈운하 사건이 터지자 미국은 영국에 대고 있던 지원의 플러그를 빼버렸던 것이다. 영국이 수에즈운하를 침공하자 여기에 불만을 품은 미국은 런던에 대한 IMF 차관을 봉쇄함으로써 파운드화 가치를 떨어뜨렸다. 영국은 이 경제 압력에 결국 굴

그들이 누구인지는 모른다. 그러나 그들은 실패했다

장 마리 뱅상 인터뷰

유럽의 대표적인 지식인으로 유럽 좌파 정권의 이론적·철학적 토대를 제공한 정치학자로 꼽힌다. 파리 8대학의 부총장을 지낸 뒤 현재 정치학과장으로 재직 중이다. 줄곧 개인의 삶에서 차지하는 국가의 역할과 책임을 추구해왔으며, 40여 권의 저서와 수백 편의 논문을 통해 서구의 사회복지이론을 학문적으로 정립해왔다. 주요 저서로서는 《프랑크푸르트학파의 비판이론》, 《위기에 선 제5공화국》, 《마르크시즘 이후》, 《막스 베버 또는 미완의 민주주의》, 《또 하나의 마르크스》 등이 있다.

그가 주장하는 바람직한 국가상은 합리적인 자본주의 국가이다. 이는 자본주의의 경제적 효율성을 인정하되 국가의 사회보장 역할을 강조한 것이다. 그에 따르면 국가 독점 자본주의도 문제이지만 미국식 자유시장경제도 약육강식의 자유방임형이어서 바람직하지 않다는 것이다. 뱅상은 프랑스의 몇 안 되는 한국 전문가로서 1997년부터 '한·유럽 지식인 포럼' 의 유럽측 회장을 맡고 있다.

"세계 제국(L'empire mondial) 미국에 도전을 했다고는 하나 미국의 위치는 이번 테러로 더욱더 강화될 것이다. 달라진 것은 아무것도 없다. 달라진 것이 없기 때문에 패권주의와 여기에 저항하는 폭력의 악순환도 계속될 것이다."

왜 미국에서 테러가 발생했다고 보나?

테러는 본질적으로 미국의 패권주의 체제에서 비롯되고 있다. 탈 냉전 이후 10여 년 동안 미국은 어느 누구에게도 도전을 받지 않은 채 이른바 세계 질서를 좌우하면서 냉전 분위기를 확산해왔다. 유럽만이 미국의 패권주의에 제동을 걸 수 있지만 불행히도 유럽은 미국의 질서에 따르고 있다.

미국이 주도하고 있는 새 세계 질서에서 소외되고, 자기 자신들을 미국이 주도 중인 세계화의 희생자로 여기는 자들이 미국을 향해 증오의 칼을 가는 것은 어떻게 보면 당연한 일이다.

오사마 빈 라덴과 이슬람 원리주의자들이 테러의 배후로 지목을 받고 있는데?

이번 사건은 1970년대 서독의 극좌파 테러 집단 바더마인호프를 연상케 한다. 바더마인호프 그룹은 테러를 서독 정부에 대한 공격이라고 생각했지만, 서독 국가를 파괴할 수도 없었고, 국민을 위축시킬 수도 없었다.

아랍 국가들만이 세계화의 희생자들이 아니지 않나. 그런데 왜 아랍의 이슬람권만이 이처럼 뜨거운 반응을 보이는가? 새뮤얼 헌팅턴이 말하는 '문명 충돌' 때문이 아닌가?

헌팅턴의 시각은 근본적으로 인종주의적인 시각이다. 헌팅턴과 같은 자들은 중동 지역을 끊임없는 전쟁과 폭력의 땅으로 표현한다. 그러나 오늘의 중동 문제는 지난 30여 년 동안 이어져온 미국의 특별한 중동정책 등 역사의 산물이다. 문명론이 아니라, 정치·역사적 시각을 가져야 한다.

제2차 세계대전 전 중동 지역 전역이 영국과 프랑스에 분할 점령당해 있을 때 사우디아라비아만이 주인이 없는 상태였다. 석유가 발견되지 않았던 탓이다. 이 틈새를 파고 들어 미국이 사우디아라비아를 장악했다. 미국에 대한 사우디의 종속은 이때부터 시작됐다. 냉전 시기에 미국은 사우디아라비아를 근거지로 삼아 이슬람 원리주의자들을 지원했는데, 바로 이들이 미국을 테러했다는 것은 역사의 아이러니가 아닐 수 없다.

세계 최빈국 아프가니스탄이 미국을 상대로 전쟁을 치른다는 것은 자살행위와 다름이 없다. 이 역시 오랜 원한 때문인가?

미국은 소련과 대치 중이던 90년대 초, 아프가니스탄의 여러 정파 가운데서 가장 반동적인 탈레반을 지원했다. 파키스탄과의 관계와 카자흐스탄 및 우즈베키스탄을 비롯한 중앙 아시아의 원유 때문이었다. 빈 라덴이 CIA를 위해 일한 사실을 간과해서는 안 된다. 그래서 이번 테러에는 미국의 책임 또한 전혀 없다고 할 수 없다.

테러범들이 월스트리트를 공격 목표로 삼았다는 점에서 어떤 상징적인 의미가 있지 않나. 월스트리트의 주인은 유대인이다.
뉴욕은 국제 금융의 상징이지 시오니즘의 상징은 아니다. 테러범들이 세계무역센터를 공격 목표로 삼은 것은 세계의 중심에서 자신들의 의지를 나타내 보이고 싶었기 때문일 것이다.

미국의 세계 패권정책이 어떤 영향을 받을까?

국제 질서에서 바뀐 것은 아무것도 없으며, 미국의 위치는 오히려 더 강화될 것이다. 미국은 현재 서구 강대국들로 구성된 '세계 제국(L'empire mondial)'의 중심이다. 미국은 9·11의 비극을 거치면서 서구는 물론 국제사회 전체를 자기편으로 끌어들이고 있다.
그러나 이번 테러가 다른 한편으로는 미국 중심의 세계화에 대한 반성의 계기가 됐고 세계화에 충격을 주었다는 시각도 있다.
전혀 그렇지 않다. 미국의 국가 위신이 약간 손상됐을 따름이다. 미국 중심의 세계화에는 아무런 타격도 주지 못했다. 더 중요한 사실은 이번 테러가 다른 많은 현안들을 잊게 했다는 점이다. 미국의 군사작전 준비상황 외에는 다른 뉴스들이 없다. 세계화의 문제점을 지적해온 많은 사람들의 노력이 무위로 끝나지 않을까 우려된다.

세계화에 반대하는 세계시민 운동이 영향을 받을 수밖에 없다는 말인데…….

아메리카 패권주의에 반대하는 노력들이 장애에 부딪칠 것이다. '반미=테러 범 동조'라는 등식이 한동안 지구촌을 휩쓸지 모른다. 실제로 9·11 이후 미국과 유럽에서 반 세계화 시위가 자취를 감추고 있다. 이번 테러는 세계의 중심을 노린 상징적인 행위였을 뿐, 현실적인 문제는 아무것도 해결하지 못했다. 테러 범들이 올바른 정치적 판단력을 갖고 있지 않았기 때문이다.

미국이 아프가니스탄의 탈레반 정권을 상대로 전쟁을 벌인다면 그 전쟁이 생각만큼 쉽게 끝날까?

우선 '전쟁'이라는 말 자체가 적절치 않다. 미국인들은 벌써 일상으로 되돌아갔고, CNN은 미식축구와 프로야구 소식을 전하고 있다. 파리의 지하철과 거리, 백화점에서도 폭탄 테러가 있었지만 어느 누구도 '전쟁'이라고 말한 적이 없다. 규모의 차이가 있다고 하더라도 테러라는 점에서는 본질적으로 다른 것이 없다. 미국이 전쟁을 말하는 것은 사태에 대한 과장이다. 누구를 상대로 하는 전쟁인가.

또 아프가니스탄과의 전쟁은 쉽게 끝날 수 없는 특성을 갖고 있다. 이슬람교도 전체를 분노하게 할 수도 있는 전쟁이기 때문이다. 프랑스에만 3백만 명의 이슬람교도가 있고, 영국, 독일, 미국에도 상당수가 있다. 미국의 공격이 시작되면 반미시위는 전 이슬람권으로 확산될 것이다. 미국은 '테러만이 문제'라면서 그에 대한 승리에 집착하고 있다. 그러나 테러도 그렇지만 이에 대한 보복 전쟁 또한 세계 차원의 갈등구조를 바꾸지 못할 것이다.

아버지 부시 대통령은 10년 전 걸프 전쟁 당시 '새로운 세계 질서(New world order)'를 선언했다. 그러나 그가 선언한 새 세계 질서는 이루어지지 않았다. 그래서 '새 세계 무질서'를 말하는 사람들까지 있다. 아들 부시 대통령이 아버지 대통령이 하지 못한 일을 할 수 있을까?

혼란은 오랫동안 계속될 것이다. '눈에는 눈'이라는 식의 미국의 의지가 국제 질서에 위기를 증폭시키고 있다. 지금 당장은 아니더라도 가까운 시일 안에 미국의 세계 리더십이 위기에 빠질지 모른다. 아버지 부시 대통령이 선언한 새 세계 질서라는 것이 없었듯이 아들 부시 대통령에게도 갈수록 더욱 혼란스러운 세계 질서가 기다리고 있을 것이다.

공화당의 부시 정권이 들어서면서 한국의 보수파들이 힘을 얻고 있고, 동시에 햇볕정책도 위협을 받고 있다. 테러와의 전쟁이 남북관계에도 영향을 미칠 것으로 보는가?

특별히 영향을 받을 것 같지는 않다. 미국은 지금 한반도에 개입할 여유가 지금 없다. 또 미국은 지금 북한이 미국에게 직접적인 위협 요소가 된다고 생각지 않는다. 결국 남북 화해는 남북 당사자들의 의지에 달린 문제일 것이다.

복해서 영국군은 철수하고 수상은 불명예스럽게 사임했다. 이를 계기로 영국인들은 오랜 환상에서 깨어난 것이다.

대영 제국의 경험

  물론 미국이 영국과 똑같은 길을 걸을 것이라고 말하기는 어렵다. 그러나 영국의 경험은 권력에 취한 미국 정치인들에게 하나의 경고는 될 것이다. 일본의 경우, 미국과 무역협상을 하면서 몇 년 전 대미 무역의 흑자 규모에 상한선을 정하겠다고 약속한 적이 있다. 그러나 당시 도쿄의 금융 전문가 리처드 메들리는 내게 일본이 아시아에서 자급자족 체제를 구축해서 미국 없이도 살아갈 날이 올 때까지 계속 미국으로 하여금 세계 패권국이라는 환상을 갖게 하는 전략을 쓰겠다고 말했다.

  이점에서는 유럽연합(EU)도 마찬가지일 수 있다. 그들이 유로 경제체제를 구축하는 순간, 언제 미국에 대해 금융 지렛대를 갖다댈지 알 수 없다. 올 여름 사우디아라비아가 미국 금융시장에서 철수한 것이 하나의 힌트일 수 있다. 부시의 전사들이 계속 아메리카 일방주의를 고집할 경우, 미국의 채권국들이 세계 질서와 평화를 지키기 위해 이제 금융 지렛대를 행사할 때가 됐다는 결론을 내리지 않으리라는 보장이 없다.

  제국의 환상에서 깨어나 지금까지와는 다른 더 나은 사회를 건설하는 데에 힘을 집중해야 할 때다.

2장 아메리카 슈퍼 파워
America Super Power

★
아메리카 슈퍼 파워, 무엇을 위해?

★ ★ ★ ★

필립 불레 제라쿠르(Phillip Boullet Géracoure)
프랑스 언론인.

　인류 역사상 지금의 미국만큼 강대한 나라가 없었다. 미국은 이제 세계 유일의 초강대국이다. 미국에 맞설 자가 없으며, 세계의 중심이 워싱턴 한 곳으로 몰리고 있다. 그런데 미국은 무엇을 바라고 있는 것일까. 미국이 세계를 정복하면 세계에 평화가 온다는 '팍스 아메리카나'를 실현하고 싶은 것일까. 아니면 세계 모든 나라의 정치·경제 구조를 미국식으로 바꾸고자 하는 것일까. 그도 아니면 단순히 절대적인 세계 지도력을 즐기자는 것일까.
　여기에 대해 미국 스스로도 아직 답변하지 못하고 있는 것 같다. 거대한 제국의 힘을 갖고 있으면서도 그 힘을 어디에 써야 할지 확실히 알지 못하는 것이다. 그래서 오만함과 주저, 우유부단함이 함께 있다. 보스니아 내전과 미국의 코소보 개입에서 드러나듯이, 이제는 적도 없고 친구도 없으며, 전방도 없고 후방도 없으며, 승리도 없고 패배도 없고 그리고 진정한 끝도 없는 이상한 현실이 미국을 이렇게 만들고 있다.

코소보 전쟁이 한창일 당시, 〈뉴욕 타임스〉는 이 전쟁에 참가하고 있는 미국 병사들의 캐리커처를 실었다. 그런데 그 밑에 실려 있는 사진 설명이 서로 달랐다. 어떤 병사는 '평화의 수호자'로 묘사되었는가 하면, 다른 병사들은 '세관원' '민주주의 상담원' '위기 관리인' '세계 경찰' '난민 구호원' 등으로 묘사됐다.

팍스 아메리카나와 '팍스 로마나'를 동일한 것으로 생각하는 사람들이 많다. 그러나 팍스 로마나를 말할 때 우리는 로마 쪽이 아니라 로마에게 정복당한 페니키아 쪽 시각을 가져야 옳지 않은가 하는 생각이 든다. 베를린 장벽이 무너진 지 10년이 훨씬 지난 지금, 미국은 해외에 갖고 있던 군사 시설을 50% 줄였다. 1997년에 미국의 병력 수는 현역이 1백40만 명이었는데 그중 16%가 해외 주둔군이었다. 그런데 이것이 1990년에는 2백만 명과 30%였다.

경제 전선의 병사들을 뺀 숫자

물론 여기에 세계 시장 정복에 나선 경제 전선의 병사들은 빠져 있다. 클린턴 대통령 재임 시절, 미국은 2백40개의 무역협정을 체결했으며, 대외 통상에 힘입어 미국 경제가 지속적으로 성장해온 게 사실이다. 경제와 외교 정책은 따로 떨어져 있지 않다. 미국의 아프리카, 코카서스 정책에서나 중국을 향한 포용 정책에서도 이점이 분명하게 드러난다.

미국의 군사력은 강대하다. 그러나 동시에 한계도 적지 않다. 베트남 전쟁과 냉전 종식, 소말리아에 대한 군사 개입 후로 미국 사람들은 자기 아이들이 먼 이방에서 목숨을 거는 싸움을 하는 것을 원하지 않는다. 대단히 값비싼 최첨단 신무기를 선보이고 있지만, 코소보에서 그랬던 것처럼 이런 최첨단 신무기들이 진짜로 정교한 것인지는 여전히 의문이다.

《문명의 충돌》을 쓴 새뮤얼 헌팅턴 같은 사람은 미국이 정말로 '심각하게' 군사 개입을 할 작정이라면, 폭격기를 띄우고 미사일을 쏘아대는 것으로 만족해서는 안 된다고 말하고 있다. 이것만으로는 '큰 것'을 얻을 수 없다는 것이다. 그래서 헌팅턴은 다음과 같은 세 가지 목표를 세워야 한다고 촉구하고 있다. 국제기구를 통한 미국 행동의 합법화, 연합국 군대의 동참, 미군 희생자가 나오지 않을 것 등이 그것이다.

말하자면 아직 우리는 새로운 물결의 팍스 로마나와는 동떨어져 있다. 헌팅턴의 말처럼 지금 세계는 세계의 중심이 여럿인 다극 세계와 세계의 중심이 하나인 일극 세계 사이의 중간 지점에 서 있다고 할 수 있다. 단 하나뿐인 초강대국과 여러 개의 주요 강국들이 단일-다극 체제를 빚고 있는 이상한 시대를 지나고 있는 것이다.

최후 통첩부터 먼저 한다

문제는 미국이 미국의 세계 패권을 보장하는 일극 체제를 바라고 있으며, 현실 세계에서 실제로 그러한 것처럼 행동하고 있는 점이다. 보편 가치를 지키기 위해서라는 명분 아래 미국은 머리와 손으로 세계 무대를 지배하려 하고 있다. 이 같은 태도가 미국을 갈수록 더 다원주의와 협상의 미덕에서 멀어지게 하고 있다.

그런데 현실은 미국이 홀로 움직일 수는 없다. 유엔 안보리에서 차지하는 위치로 보아 미국은 세계 평화에 대한 노력을 조정·지휘할 수 있다. 그런데도 실제로는 카터 전 대통령의 한탄처럼 이런 노력을 게을리하고 쉬운 길로 치닫고 있다. 문제가 생기면 국제 사회의 포럼으로 전술적인 지지를 얻어내기보다는 압도적인 군사력으로 최후 통첩을 하고, 항복하지 않으면 곧바로 응징으로 들어가는 것이다.

이런 태도는 워싱턴의 대외 정책에 좋지 않을 뿐더러 우리 모두에게 좋지 않다. 미국이 힘있고 정직하며 한쪽으로 치우치지 않는 분쟁 조정자의 길을 걷지 않는 것은 우리 시대의 불행이다.

★
부시 독트린

★ ★ ★ ★

최병권

〈Weekly SOL〉 발행인. 서울대(정치학과)와 독일 쾰른대학에서 공부하고,
〈조선일보〉 파리 특파원, 〈문화일보〉 논설위원을 지냈다. 저서로 《세계시민 입문》,
《한국의 선택》, 《대안은 열린 애국주의다》 등이 있다.

    2002년 10월 4일, 미국 대통령의 세계 전략 기본 원칙들을 밝힌 '부시 독트린'이 나왔다. 1823년의 '먼로 독트린' 이후 180년 만의 일이다. 먼로 독트린이 남북 아메리카는 미국의 것이니 따라서 유럽 열강들은 아메리카 대륙에 곁눈길하지 말라고 요청한 것이었다면, 부시 독트린은 아예 지구 전체를 이제는 미국의 것이라고 간주하는 것이다. 지난 시기에 유럽 열강들의 제국주의적 야심을 경고했던 미국이, 지금은 전세계적으로 홀로 '선(善)'을 행하겠다고 부시 독트린을 통해 엄숙히 선언하고 있다.

    이제 미국이 세계 문제를 떠맡는 데 있어서 '제국주의자(imperialist)'는 아니지만 '제국적(imperial)'이며, 따라서 미국의 국가 이익에 대한 어떠한 도전도 허용하지 않는 한편 '미국적 국제주의(American internationalism)'를 통해 '자유롭고 열린 사회

(free and open societies)'를 지원하기 위해 미국의 군사 · 경제력을 총동원할 것임을 부시 독트린은 다짐하고 있다. 그리고 대량 파괴 무기를 개발 중인 적대적인 국가 또는 테러리스트 그룹들에게 미국이 사전 선제공격(pre-emptive action)을 가한다는 전략이 부시 독트린의 핵심을 이루고 있다.

이제 전세계는 네그리가 말했듯이 더이상 외부가 없는 하나의 제국(empire)으로 변해가고 있는 것으로 보이며, 미국은 통합된 네트워크의 취약성을 보완하기 위해 위기를 예방하는 제국적 경찰 노릇을 더욱더 노골적으로 자임하고 나섰다. 이들에게는 사전 선제 공격 논리가 가지는 법적 · 윤리적인 문제점보다는 제국의 위기를 관리하는 것이 더 중요한 과제다.

스티븐 스필버그가 감독한 미래 영화인 〈마이너리티 리포트〉의 예방적 경찰이 현실에서는 더이상 미래의 이야기가 아니다. 부시 독트린을 만들고 있는 중에 다른 한편으로는 미국 정보기관들이 테러리스트들의 의도를 미리 읽는 기계를 개발하고 있다는 소식은 부시 독트린에 부시 정부 노선의 전체적 변화가 반영되어 있음을 말해준다.

2000년 대선 캠페인 기간에 부시는 민주당의 지나친 개입주의 외교를 비판하고 먼 이국땅에서 수행하는 미군의 '국가 건설(nation building)' 임무에 조소를 보냈다.

이는 냉전 이후 제한적 형태로나마 개입주의 정책으로 걸프전을 벌이고 임기 말에는 인도주의적으로 개입했던 자신의 아버지인 부시의 외교노선보다 훨씬 더 고립주의적 노선이라고 평가될 수 있다. 하지만 집권 뒤에 발생한 9 · 11테러 이후 부시의 외교노선은 클린턴 전 정권보다 훨씬 더 개입주의적인 방향임을 밝히고 있다.

이때 부시의 선제공격 독트린은 클린턴의 후반기 외교노선이나 2000년 대선 기간에 발표한 고어의 전진적 개입(forward engagement) 노선처럼 21세기 제국의 특성을 파악한, 외교적이고 근본적 분쟁 예방에 초점을 둔 헤게모니적 개입주의 노선이 아니라, 힘과 일방주의를 기초로 한 냉전적인 군사적 개입주의 노선임을 노골적으로 표방하고 있다.

미국이 세계를 정복하면 세계에 평화가 온다는 팍스 아메리카나(Pax Americana)는 여전히 한물간 주장이다. 제국의 가치와 미덕을 지배하면서 가르친다는 점에서 로마 제국과 대영 제국, 소비에트 제국의 그것과 크게 다른 점이 없다. 뿐만 아니라 이와 같은 생각은 새로운 것도 아니다.

루스벨트에서 케네디와 새 세계 질서에 이르기까지, 미국 정치인들은 '선을 위한 전지구적 변화'를 이루기 위해 끊임없이 노력해왔다. 부시의 선제공격 독트린은 이러한 전통적 담론을 적극적으로 활용하면서 그 어느 때보다 공세적으로 미국 중심의 세계 질서를 창조하려고 하고 있다.

그런데 문제는 부시의 독트린이 매우 편향적이고 단순한 국제관을 기반으로 하고 있다는 점이다. 미국과 이스라엘의 국가 이익은 분리할 수 없는 것으로 되어 있고, 우유부단한 유럽 국가들 중에서는 터키와 영국만이 '좋은 놈들(good guys)'로 되어 있다. 부시 독트린에서 '나쁜 놈들(bad guys)'은 중국과 북한, 시리아, 이란, 이라크들이다.

여기서 긴장이 비롯되고 있다. 미국은 이슬람 세계에서도 자신들이 선을 위한 파워이기를 바라는지 모른다. 그러나 패권주의적인 이스라엘과 국민들에게서 외면당하는 사우디아라비아 왕가에 대해 계속조건 없는 지지를 보내고 있다. 이슬람 세계가 미국의 야망과 아젠다에 의심의 눈길을 거둘 수 없게끔 되어 있는 것이다.

그러나 더 크게 긴장케 하는 것은 부시 독트린의 핵심 부분이다. 옛 슈퍼 파워 그룹에서 최후의 승자가 된 미국에게는 유엔과의 관계나 국제조약에서 협상의 틀을 뛰어넘는 초월적인 힘이 허용되어야 한다는 것이다.

쿠바 미사일 위기 때 미국을 위해 큰 야망을 품었던 대통령 존 F. 케네디는 유엔을 극적으로 잘 활용해서 당시 가장 위험했던 이 위기를 잘 넘겼다. 그런데 부시 독트린은 제국의 통치를 효과적으로 수행할 수 있는 유엔의 구실을 짧은 안목으로 얕보면서 위기를 관리하는 경찰의 기능을 제국의 내재적 무기인 국제법보다 중시하고 있다.

이는 이라크뿐 아니라 이후 미국 정부가 불량국가로 낙인찍은 모든 집단을 예방 차원으로 관리하는 과정에서 갈등이 심화될 것임을 예고한다. 예방 차원에서 박멸 당할 운명에 처한 집단들이 미국 세계 경찰보다 한 발 앞선 선제공격의 유혹을 느끼기 때문이다. 이것이 부시 독트린에서 가상 걱정되는 부분이다.

앞으로 부시 독트린이 일시적으로 작동하다 사라져갈지 아니면 오랜 기간의 미국 외교노선의 뼈대가 될지는 네그리가 지적했듯이, 제국의 질서에 새로운 대안적 질서를 지향하는 다중(multitude)의 역할에 달려 있다고 하겠다.

이러한 다중의 형태는 〈마이너리티 리포트〉에 등장하는 한두 명의 영웅보다는 〈블레이드 러너〉나 〈매트릭스〉 등의 영화에 등장하는 자유로운 개인들의 네트워크적 연합 형태를 취할 것이다.

★
미국의 매파, 그들은 무엇을 꿈꾸는가

★ ★ ★ ★

안병진
뉴욕 뉴스쿨포소셜리서치대학 미국정치 Teaching Fellow. 〈Weekly SOL〉 편집위원.

얼마 전에 지미 카터 미국 전 대통령은 노벨 평화상을 수상함으로써 전임 대통령 중 가장 큰 영광을 누리고 있다. 하지만 어떤 점에서는 지미 카터 못지않은 영광을 누리고 있는 이는 바로 로널드 레이건 전 대통령이 아닌가 생각한다.

왜냐하면 비록 개인적으로는 불행하게도 치매라는 질병으로 고통받지만, 역사적인 측면에서는 현재 부시 행정부가 그가 재임 초기에 꿈꾸었던 군사적 개입주의 유산을 계승하고 있기 때문이다. 그것도 그가 키운 신보수주의 각료들 주도로 말이다.

냉전의 절정기에도 이루지 못했던 이 강경 노선이 냉전 뒤의 사회에서, 그것도 대법원 판결로 겨우 집권해서 통치기반이 미약하기 그지없는 부시에 의해 이루어지고 있다는 사실은 역사의 지독한 모순이 아닐 수 없다. 레이건이 키운 매파들의 내력과 냉전 후의 질서에 대한 그들의 상황 인식을 살펴보자.

매파의 이론가들

현재 부시 행정부 안에서 매파 정책을 주도하는 핵심은 이론가인 국방부 부장관 폴 월포비츠, 그를 후원하는 국방부장관 도널드 럼스펠드, 럼스펠드의 고문인 리처드 펄 등을 들 수 있다. 그리고 바깥에서 이들에게 지원사격을 끊임없이 퍼붓는 논객으로 〈위클리 스탠다드〉의 윌리엄 크리스톨, 로버트 케건과 〈월스트리트 저널〉의 맥스 부트 등이 대표적이다.

또한 보수주의 이론을 체계적으로 공급하는 미국기업연구소, '새로운 미국의 세기를 위한 프로젝트' 등의 연구소가 이들의 뒤를 튼튼히 뒷받침하고 있다. 물론 이러한 연구소들은 한국에도 잘 알려진 록히드마틴 같은 거대 군수업체의 막대한 지원을 받고 있다.

이들 견해의 기본적 공통점은 미국의 힘을 제약하는 국제협약이나 다자간 동맹을 지극히 불신하고, 군사적 힘을 적극 사용해서라도 미국의 도덕적 가치와 이익을 지키는 도덕적 개입주의를 좋아한다는 점이다.

이들의 이러한 입장은 지금까지는 현실적 계산과 동맹외교를 더 중시하는 공화당 내 전통적 흐름에 눌려 크게 목소리를 내지 못했다. 전통 흐름을 대표하는 사람이 콜린 파월 국무장관인데, 그는 90년대 부시 정권뿐 아니라, 인도적 개입주의를 전면에 내건 클린턴 정권시절에도 큰 영향을 끼쳤다.

이들 신보수주의 매파들이 영광을 누렸던 시절은 레이건이 군축에 적극적으로 참여하기 전으로, 리처드 펄이나 폴 월포비츠 등이 레이건 행정부에서 상당한 영향력을 발휘한 바 있다. 이들은 키신저 같은 현실주의자들의 데탕트 정책에 격렬히 반대하고, 소련 제국에 대해 더욱 공세적 입장을 취할 것을 요구해왔다.

이들이 이런 주장을 하는 건, 소련을 생존을 먼저 생각하는 합리적 행위자라고 판단하는 현실주의적 가정에 반대하는 입장을 바탕으로 한다. 그들이 보기에 소련은 앞으로 미국 군사력을 앞질러 세계 지배를 시도할 악의 제국이며, 따라서 월포비츠가 이끄는 그룹 중 일부는 당시 소련과 핵전쟁까지 치를 것을 적극적으로 검토할 정도였다(이들은 이러한 논쟁과정에서, 그뒤 소련이 미국과의 경쟁에서 무너진 결정적 요인이 군사력 때문이 아니라 경제적 낙후성 때문이었음을 전혀 이해하지 못했음을 드러냈다).

그들의 강경한 군사적 관점은 그뒤 부시 정권의 걸프전 수행과정에도 이어진다. 이들은 콜린 파월 등이 후세인을 쿠웨이트에서 몰아내는 과제로 제한하는 것에 격렬히 반발하며 후세인 척결을 목표로 삼아 전쟁을 확대할 것을 주장하기도 했다.

1992년에는 월포비츠 주도로 새로운 〈국방 계획 지침서〉를 발간하며, 잠재적 위협이 되는 '불량국가'들을 선제 공격할 것을 주장하여 당시 큰 논란을 일으키기도 하였다.

북한 등 '불량국가'를 선제 공격하라

이렇듯 호전적인 군사주의적 개입을 좋아하는 매파들은 그뒤 조지 부시 현 대통령 취임 전부터 '새로운 미국의 세기를 위한 프로젝트' 연구소 등을 통해 이라크 등에 대한 강경한 견해를 퍼뜨려왔다.

하지만 2000년 대선과정이나 부시 취임 초기까지만 해도 이들의 호전적 주장은 일부 시대착오적 냉전광과 군수산업체의 몸부림 정도로만 여겨졌다. 특히 이라크 침공에 대한 그들의 병적일 정도의 집착은 행정부 안에서 거의 동조를 얻지 못했다.

정작 이들의 후원인이 되어야 할 럼스펠드 국방장관은 미사일 방어체제를 최우선 아젠다로 삼았고, 체니 부통령은 국내 문제로 골머리를 썩이는 상황이었다. 더구나 9·11테러가 발생한 상황에서도 많은 이들이 이라크와 전쟁으로 확전되는 것에 대해서는 회의적이었다. 우선 콜린 파월 등이 강력하게 확전에 반대했고, 부시도 처음에는 매우 조심스러운 행보를 취했기 때문이다.

하지만 월포비츠 등의 집요하고 효과적인 캠페인은 그뒤 서서히 부시의 귀를 장악하기 시작했다. 예를 들어 9·11테러 일주일 뒤에 '새로운 미국의 세기를 위한 프로젝트' 같은 연구소는 이라크와 전쟁할 것을 강력하게 요구하며 이른바 바람을 잡았고, 〈뉴욕 타임스 매거진〉 2002년 9월 22일자에 따르면, 부시가 참석한 고위급 백악관 회의에서 월포비츠는 서열을 무시해가며 확전 필요성을 강력히 주장하여 부시의 마음을 잡는 데 성공한다.

이들은 부시 설득뿐 아니라 대국민 홍보전에서도 세련된 말로써 성공적으로 이슈를 만들어가고 있다. 예를 들어 월포비츠는 연이어 개최되는 다양한 포럼에서 극우적이고 광신적인 말을 자제하는 대신에 민주당의 영웅인 존 케네디의 쿠바 위기 해결을 자주 인용한다.

또 온건파 콜린 파월이나 조셉 리버만 민주당 상원의원의 말을 인용하면서 자기들 언어의 대중성을 강화하는 영민함을 보이고 있다. 마치 그들의 스승이었던 중도 우파 레이건이 민주당 뉴딜의 영웅인 프랭클린 루스벨트를 자주 인용하였듯이 말이다.

이들은 최근 돌발적으로 터진 북한 핵 위기 사태에서도 그간 보여온 북한 정권에 대한 증오감을 자제하고, '악의 축'으로 몰아가는 대신에 이라크전의 초점을 잃지 않기 위해 마치 자신들이 민주당원인양 연일 북한과 이라크의 차이를 강조하고 있다.

이러한 매파들의 공세적 캠페인 결과, 이제 워싱턴의 논쟁은 테러전 대 이라크전의 우선 순위에 대한 원칙적 대립이 아니라, 이라크 전쟁을 수행하는 방법론으로 옮겨가 버렸다.

문제는 이 매파들의 일관되고 효과적인 캠페인에 대항하는 민주당의 무능과 무원칙이다. 이를 가장 상징적으로 보여주는 모습이 부통령이었던 고어의 갈팡질팡하는 태도이다. 한편으로는 부시의 군사주의 우선 경향을 비판하면서도 다른 한편으로는 마치 월포비츠의 대변인처럼 걸프전 당시에 전쟁을 더욱 확대했어야 한다는 식으로 말하고 있다.

고어의 이 같은 분열증적 모습은 현재 민주당의 혼란을 명백하게 보여준다(지금은 대부분의 평론가들이 잊었지만 2000년 선거에서 '전진적 개입'이라는 '예방 외교' 노선을 체계적으로 제시했던 그의 모습과 사뭇 대조적이 아닐 수 없다).

더구나 민주당 지도부들은 중간선거를 앞두고 원칙보다는 보수 여론의 눈치를 보는 데 급급하면서 지리멸렬한 상태다. 이 과정에서 민주당의 많은 전략가들은 재빨리 매파들의 노선에 합의해주어서 쟁점을 국제외교에서 국내 경제 문제로 돌리자고 주장하기도 했다. 이는 이들이 얼마나 원칙에 무감각해졌는지를 명백하게 보여주는 증거다.

매파의 득세와 한반도의 운명

9·11테러 이후 현재까지 미국의 정세는 매파의 득세와 민주당의 동요로 집약될 수 있다. 지난 94년 클린턴의 민주당 정권에서 일촉즉발의 전쟁 위기를 경험하다가 지미 카터의 막바지 중재로 한반도 전역이 잿더미가 될 위기를 모면했던 한국 국민으로서는 미국 내 매파의 득세가 무엇을 뜻하는지에 대해 심각한 눈길을 보내야 할 때다.

94년과 달리, 미국 내 매파들이 득세한 상황에서 이제 전임 대통령 지미 카터나 빌 클린턴의 막바지 역할에 또 다시 기대할 것이 아니라, 평화를 염원하는 모두의 지혜와 힘을 모으지 않으면 안 된다. 이땅에서 또 한 차례 대량 파괴의 엄청난 전쟁이 일어나는 것을 바라지 않는다면 말이다.

★
테러와의 전쟁, 그리고 제왕적 대통령

★ ★ ★ ★

필립스 골럽(Phillips Golub)

파리 8대학과 프랑스 유럽문제연구소 교수이며 〈르몽드 디플로마틱〉 편집위원으로 일하고 있다. 자본만으로 이루어지는 세계화에 반대하고 자본 거래, 특히 투기자본의 이동에 일정액의 세금을 부과하자는 '토빈세 운동'을 펼치는 세계시민운동단체 'Attac(금융거래과세 시민연합)'의 국제협력 위원으로 활동 중이다.

아프가니스탄 전쟁이 공화당 대통령 조지 부시를 많은 논란의 여지를 남겼던 대선 뒤의 위기에서 벗어나게 해줄 것인가. 아무튼 부시에게는 9·11테러의 국가 위기가 적절하게 일어난 셈이고, 그 결과 그는 강력한 권한과 이 권한에 대한 정당성을 부여받았다.

베트남 전쟁 직후부터 미국의 우파들은 제국주의 복귀를 꿈꾸어 왔다. 1980년대의 '보수개혁'은 신자유주의 경제를 넘어 애국주의를 되살리고, 미합중국 군대의 영광과 명예를 회복했으며, 사이공 함락과 '워터 게이트' 사건의 여파로 입법부와 사법부에 빼앗겨버린 권력을 행정부가 되찾도록 해주었다.

군사비 지출은 민주당 지미 카터 대통령 때부터 늘어나기 시작했지만, '작은 정부'를 간판으로 내걸었던 로널드 레이건(1981~1989) 대통령은 미국 역사상 평화롭던 시기에 가장 강력하게 군사력을 키웠다. 그리고 그 후계자인 부시의 아버지 조지 H.W. 부시 (1989~1993) 대통령은 탈냉전 뒤의 정치적 상황에서 국가 안보장치의 총체적인 재작동 프로그램을 추진했다. 그러나 이들 중 어느 누구도 그 논리를 끝까지 밀고 나가지는 못했다.

그런데 정치적으로 왜소하고 무기력할 것 같던 한 대통령이 이 논리를 끝까지 밀고 나가기 시작했다. 9·11테러와 지난 10년 사이에 미국이 벌여 승리를 거둔 세 차례의 전쟁 중 마지막이라고 할 아프가니스탄 전쟁 결과, 얼마 전까지만 해도 주 지사에 불과했던 사람이 미합중국의 시저로 자처하기에 이른 것이다.

레이건이나 그의 아버지 부시도 이런 성과는 거두지 못했다. 〈워싱턴 포스트〉는 다음과 같이 말하고 있다.

"9·11테러와 아프간 전쟁으로 미국 대통령의 권력이 크게 강해졌다. 지금의 미국 대통령은 워터 게이트 이후 미국의 모든 대통령을 능가하는 강력한 권력을 장악하고 있다. 그의 권력 장악력은 루스벨트 대통령과 견줄 만하다."

장악력, 적절한 말이다. 전쟁은 언제나 내면과 외면의 양면성을 띤다. 아리스토텔레스는 폭군에 대해 말하면서 "신하들에게서 한가로움을 빼앗기 위해, 또 그들에게 끊임없이 우두머리가 필요하다는 것을 심어주기 위해" 가끔 전쟁을 일으키는 자라고 말하고 있다.

부시는 물론 폭군은 아니다. 다만 이견과 논란의 여지가 너무나 많았던 선거에서 이겨 승리에 대한 설득력이 약한 승자였을 뿐이다. 그리고 적대감에 불을 지핀 것도 그가 아니다. 또 미국의 힘을 다시 확인하고 개인의 정치력을 재창출하는 수단을 그에게 준 것도 그가 아니라 전쟁이다.

전쟁은 외부적으로 미국의 군사기술력의 우위를 다시 한번 과시할 수 있도록 해주었고, 아버지 부시와 클린턴이 이라크에서 그렇게 했듯이, 냉전 뒤에도 군사력의 항구적인 필요성을 강조하면서 세계 전략 구도를 재편할 수 있도록 해주었다. 그리고 내부적으로는 부시로 하여금 국가안보 정부를 부활하고, 그 권위를 확신케 했으며, 입법부와 사법부의 견제에서 벗어날 수 있도록 해주었다.

지난 해 9월 말, '미국 애국법(USA Patriot Act)'에 찬성표를 던짐으로써, 스스로 특권의 많은 부분을 포기한 상하 양원(그중에 상원은 민주당 의석이 많음)의 자발적인 굴복 덕택에 부시 대통령의 집행부는 전례 없이 막강해졌다.

예를 들어, '불법' 체류자에 대한 은밀하고도 제한 없는 구금이 가능해진 것이나, 지난 11월 13일부터 발효된 '대통령령(Exesutive Order)'으로 특별 군사재판소를 설치한 것 등이다.

9·11테러 다음날 체포된 1천2백 명 이상의 사람들은 자신들이 무슨 죄로 고발당했는지도 알지 못한 채 12월 말까지 감금되어 있었다. 구금자나 그 가족은 수사기록을 볼 수 없었다. 의회나 대법원과 어떤 협의도 없이 설립된 특별 군사재판소는 행정부 독단의 비밀 증언과 증거를 근거로 그렇다고 확인된 '테러리스트들'과 '전범들'을 감금하고, 심판하고, 처형하는 자격을 부여받았다.

또 재판 장소와 재판과정, 기소, 식방, 심판, 법정의 구성도 비밀에 부쳐진다. 보통 군사재판 과정과는 달리, 피고는 사형을 언도받아도 항소할 수도 없다.

〈뉴욕 타임스〉가 지적했듯이 이것은 분명히 법치국가의 근본 원칙에 대한 모독이며, '비정상적인 법률체계'다. 1996년 오클라호마

시 폭탄 테러의 장본인 티모시 멕베이 같은 테러리스트를 포함해서 미국 시민들은 일반 재판을 받는다. 그러나 미국에 거주하든 그렇지 않든 외국인에게는 특별 군사재판이 적용될 것이다.

말하자면 정부는 법치국가 안에다 철저하게 전지구적 규모로 개입하고 수사력을 미칠 수 있는 비법률 제도를 만든 것이다. 그런 식으로 미 국방성은 전쟁을 수행할 것이고, 죄인을 가려낼 것이며, 사법권을 휘두를 것이다.

독재적 권력 장악

행정부는 또 미국인의 공공생활에 간섭할 여지를 크게 넓혔다. 사실 대법원의 최종 심판권을 회수하고, 의회를 무기력 속에 가두면서, 부시는 미국 민주주의의 중심인 3권 분립을 심각하게 흔들어 놓고 있다.

이 같은 일은 미국 역사상 참으로 유례가 없다. 냉전이 최고조에 달했을 때도 이만큼 멀리 나간 적이 없다. 분명 그는 마녀사냥, 검열, 블랙리스트, 민권운동 탄압, 정부의 비밀과 거짓, FBI의 엄청난 권한, 내외적인 비합법적 작전 등을 고무, 격려하고 있다.

그러나 이른바 제한전이라는 한국 전쟁이나 베트남 전쟁도 대통령직과 국가 안보장치에 의해 조종당하는 비정상적인 사법권을 만들어내지는 않았다. 공화당의 열렬한 지지자인 어느 우파 논설위원의 강한 표현에 따르면 여기에서 '독재적 권력 장악'이 시작되고 있다는 것이다.

버클리대학의 첼머스 존슨 교수도 비슷하게 진단한다. "우리는 아마도 돌이킬 수 없는 잠재적 군사 쿠데타를 목격하고 있는데, 그 결과 국가가 옛 동독처럼 밀고자의 나라로 달라질지 모른다."라고 말하고 있다. 그만큼 멀리 갈 것도 없이, 아무튼 미국의 민주 정치 전통과 아주 반대되는 부시의 안보 최우선 정부는 전쟁이 계속되는 경우에만 제도가 될 수 있을 것이다.

바로 이것이 9 · 11테러를 새 세계 전쟁의 시작이자 21세기의 '진주만'이라고 주장하면서, 공간과 시간의 제한 없이 테러리즘에 대항하는 전지구 차원의 투쟁을 선언한 미국 대통령의 연두교서에 숨겨진 진정한 의미일 것이다.

공간의 제한 없이, 아프가니스탄 전쟁에 이은 '제2의 국면'이 시작될 것 같다. 처음에는 중동과 근동, 아시아, 아프리카와 라틴 아메리카 국가들 중 테러리스트들을 숨겨주고 있다고 짐작하는 나라들을 상대로 펼쳐질 것이다. 그렇지 않아도 이미 미국의 테러 대책 '전문가'들이 필리핀에서 활동 중인데, 그들의 활동 영역은 곧 소말리아로 넓혀질 것이다. 이를 위해 미국이 베르베라 항을 사용할 수 있도록 두 나라 사이에 협상이 진행되고 있다. 이어서 '제3의 국면'으로 넘어갈 것인데, 작전은 더 위험한 적 이라크를 상대로 펼쳐질 것이다.

시간의 제한 없이, 날이 갈수록 미 행정부는 테러와의 전쟁은 끝이 없을지 모른다고 계속 말하고 있다. 오사마 빈 라덴을 제거한 뒤에 전세계에 흩어져 있는 알 카에나 조직에 초점을 맞출 것이다. 그러나 잇따라 알 카에다를 대신할 새로운 조직이 나타날 것이다. 증세를 없앴다고 해서 결코 병을 고쳤다고 할 수는 없기 때문이다.

악몽 같은 비전을 믿는다면, 테러와의 전쟁은 50년 동안, '우리가 죽고난 훨씬 뒤까지' 지속될 것인데, 이 말은 9 · 11테러 뒤에 워싱턴 가까이에 있는 벙커에 숨어 지낸 체니 부통령의 입에서 나온 것이다. 또한 지난 40년 동안 계속된 냉전처럼 '모든 국력'이 총동원 될 것이다.

일관되고 한결같은 이 연설은 세계 여론을 겨냥한 것만큼이나 미국 여론도 겨냥하고 있다. 그리고 동시에 국민 동원령을 항구화, 합법화하려 하며, 확고부동한 우두머리 아래로 국민을 모이게 하려 한다.

그러나 그는, 보이는 전쟁인 아프가니스탄 전쟁 뒤, 점점 나빠지는 경제상황에 불만을 드러내는 유권자들을 비교적 빠른 시간 안에 마주해야 하는 위험에 처해 있다. 지금으로서는 정부가 개입하는 경제는(몇몇 순진한 사람들은 마침내 그것을 통해 세계화된 시장의 제약에서 벗어나 자유로워지고 '정치의 회귀'를 알아챘다고 믿는다) 오로지 공화당 대통령직의 자연스런 보루인 대기업과 군·산 복합체만 이롭게 했다.

따라서 미국 정부는 항공회사들에게 1백50억 달러를 직접 보조했고, 소급 적용되는 세금 혜택으로 모든 기업에 2백50억 달러를 간접 보조한 셈이다. 그리고 국방성에 2백억 달러를 직접 이체하는 등 직·간접 보조 형태로 몇 백억 달러를 쏟아부었다.

그에 비해, 증가하고 있는 실업자들(노동인구의 5,6%)과 봉급자들에게는 어떤 행동도 취하지 않았다. 공화당 하원의원 리처드 아메이가 말했듯이, "실업수당은 미국 정신과 일치하지 않는다."는 식이다.

그렇게 해서 수많은 미국인들이 지금부터 2002년 총선과 2004년 대선 때까지 직장을 잃는 군중의 대열에 합류할 것이다. 그의 행동으로 미뤄보건대 부시는 안보 최고의 정부와 사회보장 최하의 정부를 바라는 것 같다.

두려움만이 가능케 해줄 지속적 동원력 없이는 부시는 아마 방향키를 잡기 어려울 것이다. 어쩌면 그는 아프가니스탄 전쟁에서 너무 서둘러 승리했다. 그는 곧 제왕적 대통령직에 피곤해질지 모른다.

★
위험한 '애국 게임'

★ ★ ★ ★

페트리시아 윌리엄(Petricia William)

미국 노스이스턴대학을 졸업하고 콜럼비아대학 법대 교수로 재직 중이다. '법과 빈곤에 대한 서부지역'의 자문 변호사, 위스콘신대학 법대 및 뉴욕 뉴스쿨 교수, 스탠포드 대학 '여성과 성 연구소' 연구원을 지냈다. 미국 좌파 시사 주간신문 〈내이션〉의 칼럼니스트로도 활동하고 있다. 저서로《인종과 권리의 연금술(The Alchemy of Race and Rights)》,《인종의 패러독스(The Paradox of Race)》등이 있다.

    9·11테러 공격의 잔인함을 겪은 미국 사회는 충격과 공포 뒤에 필연적으로 따르는 장기간의 시험에 직면하기 시작했다. 극에 다다른 혼돈의 순간에 우리에게 닥친 일치(unity)를 유지해야 하는 시험에 부딪혔고, 공포와 무질서의 시간에 우리의 존엄성과 문명을 유지해야 하는 시험이 눈앞에 닥쳤다. 그러나 무엇보다도 우리는 우리의 헌법과 '권리장전(Bill of Rights)'이 보장하는 권리와 자유를 보존하는 시험대에 서게 되었다.
    미국이 현재의 비상사태를 이겨내기 위해 취하는 범상치 않은 조치들에 대해 문제를 제기하는 사람은 거의 없지만, 부시 행정부의 많은 새로운 법령과 정책은 논쟁의 소지가 적지 않다.
    국제 조약 및 협정 무시, 전쟁에 관한 대중매체 기사에 대한 엄격한 통제, 시민들의 컴퓨터에 대한 은밀한 감시와 조사, 광범위한 소수인종 파악, 비시민권자 장기간 구금, 테러 정보제공자에게 곧바로 시민권 발급 제안, 증거에 따른 법률 적용은 물론 항소권도 없이 다만 사형을 부과할 수 있는 군사 법정의 적에 대한 비밀 재판권 부여 등이 그것이다.

이들에 대한 법률을 검토하기 위한 공식 토론 기회는 이러한 조치들의 절박한 필요성에 묻혀버렸다. 전쟁의 급박함이 신속함을 필요로 했다. 이는 한편으로 부시 대통령이 항상 일을 단호하게 한꺼번에 처리하는 것을 좋아하기 때문일 것이다. 지금까지 부시는 무슨 사건에서든 사법부의 간섭은 물론 의회의 입김도 제한하는 한편, 행정부의 권력을 최대한 확대하려고 시도해왔다.

위기를 맞은 헌법

전반적으로 미국은 역사상 굉장히 심각하게 헌법이 위기를 겪고 있다고 할 수 있다. 첫번째, 정보가 총괄적으로 통제됨으로써 다양한 의견을 표명하는 언론이 권력의 전횡을 완화시킬 것이라는 헌법의 기대가 무너지고 있다.

우리는 우리 이름으로 전장에서 일어나는 것들에 대해 알아야 할 필요가 있다. 더군다나 최근 몇 주간 벌어졌듯이, 국내에서조차 평화적인 반대자가 위험 인물이나 반애국 인사로 분류된다면 자유 언론의 제1수성안은 손상되지 않을 수 없다. 사회적 공포의 정도에 따라 채색된 싸움에서 우리는 인권이 제멋대로 파기되는 것을 묵과할 수 없다.

전쟁 언어에는 항상 몽환상태에 이르게 하는 것이 있는데, 여기서 전쟁은 평화의 빛깔만을 띠고 있고, 평화를 팖으로써 전쟁의 길로 초대한다.

두번째 측면의 헌법의 위기는, 부당한 탐색과 압류 때문에 우리의 역사적 자유가 침식당하는 것이다. 영토안보청(Office of Homeland Security)의 신설과 이른바 미국 애국법(USA Patriot Act)은 정보기관과 법 집행기관의 기능을 합치는 유례 없는 결과를 가져왔다.

정보에 대한 더욱 노골적인 용어인 염탐(spying)을 사용하면, 이것이 무엇을 의미하는가가 분명해질 것이다. 법 집행기관이 지금은 비시민권자는 물론 시민권자들까지도 불안하게 하면서 우리를 염탐할 수 있다는 것이다.

키신저 시절에 국가 안보회의에서 일했던 국방 전문가 모턴 핼퍼린에 따르면, "만약 정보기관이 당신이 외국 정부의 지시를 받고 있다고 판단하면 그들은 당신을 도청할 수 있고, 당신 집을 수색할 수 있으며, 당신 집에 침입할 수 있고, 당신의 하드 드라이브를 복사할 수 있는데, 이 모든 일들은 당신이 모르는 상태에서 이루어질 수 있다."라는 것이다.

그에 따르면 "역사적으로 미 행정부는 누구든지 정부의 정책에 이의를 제기하는 사람은 외국 정부의 지시를 받은 것이라 판단하여 즉각 대적 첩보활동을 통해 조사를 하고는 했다."라는 것이다.

세번째로 불안한 헌법에 대한 염려는, 오랜 기간 미국에 거주한 영주권자들을 적절한 법 절차 기회조차도 빼앗으면서 군사법정에 세우고자 하는 부시 대통령의 행정명령에서 비롯된다. 그는 테러리즘과 연계된 것으로 의심이 가는 비시민권자들을 일반 법정이 아닌 폐쇄된 군사법정에 세우고자 한다. 군사재판은 항소의 권한을 박탈한 채로 누구든지 혐의가 확인되면 사형을 집행할 권리를 갖는다. 미국 공영라디오 방송과 〈워싱턴 포스트〉, 그리고 ABC 뉴스가 실시한 여론조사에 따르면 미국인의 65%가 이러한 조치를 전적으로 환영한다고 한다.

법무부장관 존 애쉬크로프트 또한 군사재판제도를 옹호하며, "미국에 대해 범죄를 저지른 외국 테러리스트들은 미국 헌법의 보호를 받을 자격이 없을 뿐만 아니라 받을 가치도 없다."라고 주장했다. 이 발언이 우리를 우려케 하는 것은 한두 가지가 아니다.

'테러범'이라고 유죄 판결을 받지 않은 혐의자에 대해 이처럼 말하는 것은 판결에 앞서 유죄를 추정하는 것에 지나지 않는다. 유죄로 판명될 때까지는 범인이 아니라는 것은 누구나 아는 제도로, 이는 분노에 사무친 보복을 금하고 부주의한 치명적인 실수를 막기 위한 최후의 법적 장치다.

한 나라 최고의 법 집행자가 전쟁 범죄자들은 기본적인 헌법의 보호를 받을 자격조차 없다고 선언하는 것은 매우 우려할 만한 일이 아닐 수 없다. 적절한 절차를 제공하는 이유는 범죄자로 추정되는 자가 보상으로써 권리를 누릴 자격이 있기 때문이 아니다.

권리는 이러한 식으로 얻어지지 않는다. 권리를 권리답게 하는 것은, 우리가 누구에게서 생명과 자유를 얻기 전에 완전하고 공평하며 국민 합의의 과정을 제도화함으로써 이루어진다. 어쨌든 부시의 새로운 명령은 미국 헌법뿐만 아니라 다른 민주 국가들의 법률을 무시하는 것이다. 또한 대부분의 군사재판에서도 수용하는 규정을 넘어서는 것이기도 하다.

'준법의 사치'를 원하지 않는다

 이 법령이 공포된 뒤 군사재판에 대해 많은 대중이 지지했다. '새로운 대량 살상무기를 지닌 새로운 종류의 적과 싸워야 하는 우리는 우리 대통령과 정부를 믿어야 한다.'고 말이다. 이러한 모든 것을 인정한다면 우리는 이 정부가 흉악한 범죄를 저질렀다고 짐작하는 시민권자들조차 미국 시민으로 보호해야 할 가치가 있다고 생각하는지 궁금하지 않을 수 없다.

 FBI에 따르면, 여러 상원들의 사무실에 탄저균을 살포한 테러리스트는 아마도 외로운 한 미국의 미생물학자일지도 모른다고 한다. 아직 우리는 FBI가 의심하는 수천 명의 미생물학자들을 검거하지는 않았지만 미국 정부가 이들을 군사재판에 세울 것인가가 궁금하지 않을 수 없다.

 왜냐하면 이 전쟁이 국경이 없는 전쟁이라면, 이 공포의 비밀 재판을 확실히 국내에도 확대, 적용해야 하기 때문이다. 이러한 논리가 모든 대량 살상행위에 적용된다면 담배회사의 대표 CEO들은 벌벌 떨고 있어야만 할 것이다.

 한편 적절한 변호인의 조언을 받을 권리의 중요성조차도 무시당하고 있다. 법무장관의 정책은 연방정부 직원이 테러 혐의자와 변호사의 대화를 들을 수 있도록 허용하는 것이다. 부시가 말하는 군사재판은 피고인이 변호사를 선임할 권리조차도 인정하지 않으려 하고 있다. 한편 이러한 것에 대해 대중 누구도 반대하지 않는 형편이다.

 또한 군사재판은 신속하고 공정하며 공개적이어야 할 재판권을 위협하고 있다. 천 명 이상의 이민자가 체포·구금되어 있는데 이

중 대략 8백 명은 신원이 밝혀지지 않은 상태이며 그들이 저지른 범죄 내용도 공개되지 않은 상태이다.

공식적인 재가가 나지 않았음에도 불구하고 고문이 갑작스럽게 정당성을 얻어왔다. 라디오 프로그램에 전화를 걸어 사람들은 '준법의 사치'를 원하지 않는다고 말할 정도다. 고문을 반대하는 국제 규정이 있음에도 불구하고 한 전직 법무부 직원은 고문을 허가받지는 않았지만 긴급상황에서는 사용할 수 있다고 주장했다.

하버드 법대의 앨런 더소위치 교수는 시간이 촉박한 상황에서는 제한된 '고문 위임장'을 사용하자고 제안하고 있다. 무엇보다도 놀라운 것은 최근의 CNN 여론조사에 따르면, 45%의 미국인들은 테러와 관련된 정보를 얻기 위한 고문은 반대하지 않겠다고 한다.

새로운 전쟁의 위기는 이해하지만 이러한 무법적인 정의의 태도는 인권이 침해당하던 사회에서나 있었던 일이 아닌가 우려된다. 냉소주의, 폭동, 그리고 유혈 참사를 가져온 것은 습관이다.

항상 급박한 상황에서 행해지는 고문의 편리성은 도시의 재난을 남겨 놓았다. 술집에서 있었던 말다툼에 관련되었다는 혐의로 두 명의 뉴욕 경찰에게 두들겨 맞은 애브너 루이마의 경우도 있었고, 소련에서의 솔제니친의 경우, 조사관이 듣고 싶어하는 말을 거부하거나 그 말을 하지 않은 사람들에게 가해진 것은 신체적·정신적 압박이었다.

인권 유린의 정도가 심한 시대 및 나라의 사람들은 아무것도 모르기 때문에 모든 것에 의심을 품었다. 죽음은 결코 우연한 사건이 아니었다. 모든 인명의 재난은 미스터리였고, 미스터리는 유령을 만들어내며, 결국 새로운 형태의 테러로 이어진다. 이러한 종류의 예방

책이 드러내는 문제는 우리가 독심술을 쓸 수 없다는 사실이다.

고문은 모두가 알 권리와 명백해 보이는 것에 대한 확신을 봉쇄하는 것이다. 자기 자신은 감출 것이 없다고 주장하며 고문을 정당화하는 자들은, 결코 지속적인 감시 대상이 되어보지 않았고, 결코 시달려보지도 않았으며, 단지 생김이 다르다는 이유로 누명을 쓰거나 두려움의 대상이 되어보지 않았던 사람들이다.

인간의 정신은 끊임없이 창의적이다. 사람들은 공포 때문에 적을 실재하는 것처럼 만들어낸다. 충격과 비극 그리고 공포로 불붙은 우리의 망상적 창조성은 지금 아주 지나칠 정도다. 우리는 모두 숨을 깊이 들이쉬고 실재 적을 처벌하는 대신에 우리의 공포에 합치하는 사람들만을 처벌하려는 일에 신중해야 할 것이다.

이 모든 것은 왜 우리가 증거물과 증거의 기준 그리고 증언의 교차 심문 등 어려운 과정에도 불구하고 주어진 규칙을 항상 준수해야 하는가에 대한 이유이다. 맹목적으로 슬픔에 잠겨있을 때, 절대적 정의와 영원한 자유라는 이름으로 도덕적 사고의 힘든 작업을 벗어버리기가 쉽다.

역사가 시작된 이래 "네가 무엇인가 하지 않으면, 너의 형제가 죽는다."라는 말이 유혈 사태를 부르는 힘이었다. "만약 우리와 함께 하지 않으면 우리의 적이다."라는 것은 현대사회의 위험한 분노에 대한 대응방식이 아닐 수 없다.

미국인이 맞닥뜨린 가장 중요한 인권 문제는 사형제도를 재고하는 것이었다. 또한 지금처럼 인신 보호영장 청구권마저도 기꺼이 던져버려야 하는 상황은 거의 상상조차 하지 못 했다. 간절히 바라는 것은, 드러나지 않은 정보를 근거로 무책임하게 무고한 사람을 죽이는 권력을 아무에게도 주지 않도록 우리 모두 더욱 현명해지는 것이다.

우리는 전에도 끔찍한 전쟁 범죄가 세계에서 일어나는 것을 보았다. 제2차 세계대전은 우리가 잊지 말아야 할 교훈을 남겨 놓았고, 뉘른베르크가 우리 모델이 되어야 한다. 미국과 미국의 우방국들은 국제재판소 설치에 대해 진지하게 생각해야 할 것이다. 우리가 해야 할 가장 위대한 일은 이처럼 가슴이 아플 때 우리 정신을 지키는 일이다.

우리가 테러에 저항하는 가장 좋은 방법은 복수와 원한의 끊임없는 승부 싸움에서 벗어나는 데 필요한 적합한 원칙을 상기하는 것이다.

★
아듀, 자유의 여신

★ ★ ★ ★

이그나시오 라모네(Ignacio Ramonet)

프랑스의 저명한 언론인. 《르몽드 디플로마틱(Le Monde diplomatique)》 사장. 파리 7대학과 스페인 마드리드 대학에서 언론학을 강의하고 있다. 세계 다국적 기업과 미국 정보안보기관 전략가들이 2년에 걸쳐 비밀리에 만든 21세기 지구 생존전략 내부 문건을 폭로한 《루가노 리포트》의 저자 수잔 조지와 함께 Attac을 설립, 반세계화운동의 선두에 서 있다. 저서로 《카오스의 지정학(Geopolitique du chaos)》, 《21세기 전쟁들(Guerres du 21e siecle)》 등이 있다.

1989년 11월 9일 베를린 장벽이 무너지고 1991년 12월 25일 소비에트가 해체됐을 때, 우리는 민주 정부와 법치국가 그리고 인권의 시대가 올줄 알았다. 그런데 2001년 9월 11일에 테러가 발생함으로써 모든 것이 달라졌다.

테러와의 '정의의 전쟁'이라는 이름 아래 민주와 법치, 인권의 이념이 잊혀지고 있다. 아프가니스탄과 전쟁하기 위해 워싱턴은 지난날 그들이 비난해 마지않던 파키스탄의 무샤라프 장군, 우즈베키스탄의 독재자 카리모프와 서슴없이 손을 잡았다.

그리고 미국 국내에서는 9·11테러 다음날부터 '예외의 정의'가 자리잡기 시작했다. 존 애쉬크로프트 법무장관은 '애국 법'이라는 이름으로 테러방지법을 제정해서 테러 의심이 가는 자는 모두 무기한 체포·구금하고, 국외로 추방하며, 그들의 전화와 인터넷을 도청·감청하고 편지를 뜯어보며, 영장 없이도 가택을 수색할 수 있는 권한을 위임받았다.

이에 따라 지금까지 최소한 1천2백 명의 외국인이 비밀리에 체포됐으며, 그중 6백 명 이상은 변호사의 도움은 물론 재판마저 받지 못한 상태에서 구금당하고 있다. 그리고 관광 비자로 미국에 머물고 있던 16세에서 45세까지의 남녀 5천 명에 대해 중동지역 출신이라는 한 가지 이유만으로 조사를 벌일 계획이다.

부시 대통령은 지난 11월 13일, 테러 혐의가 있는 외국인들을 다룰 군사법정을 새로 설치했다. 그리고 비밀 재판이 군사기지와 항해 중인 군함에서도 열리고 있고, 군 장교들만으로 짜여진 위원회에서 선고 판결이 내려지고 있으며, 사형선고에도 만장일치가 더 이상 필요하지 않을 뿐더러 항소도 허용하지 않고 있다.

피고와 변호사 간의 대화는 모두 도청당하고 있으며, 사법 절차는 비밀리에 진행되고 재판의 구체 사항들은 공표되지 않고 있다. 연방수사국(FBI) 고위 관계자들은 일부 테러 피의자들을 몇몇 독재정권의 우방국들에게 넘겨 '더욱 거칠고 효과적인' 방법으로 심문을 받도록 해야 한다는 제의마저 하고 있다.

심지어 큰 언론 매체들까지 '고문의 복귀'를 공공연하게 요구하는 실정이다. 그 대표적인 예가 CNN 시사해설가 터커 칼슨의 말이다.

"고문은 물론 좋은 것이 아니다. 그러나 테러는 더 나쁘다. 어떤 상황에서는 고문이 최소한의 악이 될 수 있다."

또 〈시카고 트리뷴〉의 스티브 채프만은 이스라엘과 같은 민주 국가도 고문을 주저하지 않으며, 팔레스타인 구금자 85%가 고문을 당했다고 말했다.

부시 대통령은 외국 지도자 암살을 금지한 CIA의 1974년의 결정을 뒤집고, CIA에게 알 카에다의 두목들을 물리적으로 제거하는 데에 어떤 수단을 동원해도 좋다고 허가를 내렸다. 제네바 협정들을 무시한 채, 아프가니스탄 전쟁은 이런 정신상태에서 수행되었다.

항복한 알 카에다의 단원들도 제거됐으며, 협상과 투항을 통한 해결책을 거부한 채 도널드 럼스펠드 미 국방장관은 탈레반과 함께 싸운 아랍인 죄수를 모두 사살하라고 명령을 내렸다. 이렇게 해서 칼라에 요새에서의 반란진압과 토라보라 장악 때 4백 명 이상의 아랍인들이 학살당했다.

해외에서 수행하는 군사작전에 관한 한 어떠한 사법 조치도 적용되지 않는다는 입장으로 워싱턴은 국제형사재판소(CPI) 설치안에 대해 적대적이다. 미국 상원이 1심만을 거쳐 ASPA법(미군 보호법)을 서둘러 통과시킨 것도 이 때문이다.

이 법은 미국 시민이 CPI에 회부될지도 모르는 상황이 벌어질 경우, 미국 국민을 구출하기 위해서는 어떤 나라를 군사적으로 침공할 수도 있다는 극단적인 조치마저 허용하고 있다.

테러와의 전세계적인 전쟁을 위해 영국, 독일, 이탈리아, 스페인, 프랑스 같은 나라들도 그들의 테러 단속법들을 강화하고 있다. 법과 공공 질서의 수호자들이 불안해하고 있는 것이다.

그런데 개인의 인권과 자유를 존중해왔던 서방 사회의 총체적인 움직임이 갑자기 정지하고 있다. 한 마디로 경찰국가가 되고 있는 것이다.

★

부시의 원리주의를 위한 네 편의 영화

★ ★ ★ ★

얀 디스텔마이어(Gan Distermeier)
독일 〈디 차이트〉 기자.

"여보게, 지난 밤에 〈람보II〉를 보았어!"

흥분한 레이건 대통령은 1985년 7월 베이루트 인질사건이 끝난 직후에 이렇게 말했다.

"이제 나는, 그런 일이 또 발생할 경우에 어떻게 해야 하는지를 알았지."

람보는 카우보이 대통령의 외교정책에 하나의 전형이 되었다. 리처드 닉슨 대통령은 완고한 미국 장군의 영웅적 행위를 다룬 〈패튼 대전차군단〉을 자신의 임기 동안 항상 상연하게 했다.

이렇게 전해 내려오는 이야기 중 어느 정도가 꾸며진 것인지 알 수는 없지만, 대통령이 좋아하는 영화는 그 대통령의 임기와 정치적인 상황에 대해 많은 부분을 말해주고 있다.

영화가 대통령에 대해 무언가를 이야기해줄 수 있다면, 할리우드는 지금 막 뚜껑을 연 조지 부시시대에 대해서는 무엇을 말하고 있을까?

실제로 새 정부의 처음 몇 달 동안에는 대통령이 제일 좋아하는 영화가 되기 위해 여러 편의 영화들이 경쟁하고 있는 것처럼 보인다. 아마 최고의 가능성은 미미 레더가 연출한 구원의 환상을 담은 영화 〈이 아름다운 세상을 위하여(Pay It Forward, 2000)〉가 가지고 있는 듯하다.

우선 이 그 영화에서는 모든 것이 비정상이며, 인간들은 직업도 없이 불행에 허덕인다. 마약에 중독된 폭력적인 아이들, 파괴된 가족관계, 학교 폭력과 돈 없이 혼자 아이를 키우는 엄마의 상황이 보인다. 라스베이거스의 한 학생인 트레버(할리 조엘 오스먼트)의 말을 빌리자면, '모든 것이 다 엉망진창이기 때문에' 세상은 변하지 않으면 안 된다.

결국 세상이 어떻게 변하는가는 폭넓은 세금 인하가 국가의 보건후생사업과 사회 빈민구제의 미래라고 생각하는 정치에 우선으로 해당하는 말이다. 따라서 레더의 영화 〈아름다운 세상을 위하여〉에서 보여주는 모든 불행에 대한 해답은 자립자조다.

만약 모든 사람들이 세상 사람들에게 도움을 주고, 이 사람들이 다시 다른 사람에게 도움을 준다면, 모든 것이 좋아질 것이라는 이야기다. 국가가 세운 사회체계는 사치스러운 것이다. 도움을 주는 것과 일하는 것은 원한다면 누구나 할 수 있다. 최대 다수의 최대 행복 원리가 구원의 약속으로 등장하는 것이다.

'이 운동은 LA에 도달했다.' 구세주와 같은 트레버의 희생적인 죽음은 복지예산의 국가 자금을 종교 단체에 흘러들어가게 하겠다는,

이미 이루어진 부시의 선거공략을 상기하게 해주고 있다.

영화나 TV에 등장하는 지나친 폭력 장면을 공격하는 부시의 선거공략을 우리는 요즘 영화관에서 볼 수 있는 한 어설픈 대중매체의 소극(笑劇)에서 재발견할 수 있다.

영화 〈15분(15 Minutes, 2001)〉은 불법으로 이민을 온 동유럽인들이 '폭력적인' 미국 대중매체의 잔인한 목적을 위해 어떻게 이용당하는가를 설명하고 있다. 존 헤르츠펠드의 이 영화는 이것으로 대중매체가 끼치는 나쁜 영향에 대한 문화 비관주의적인 불안과 과거의 '불량국가'들에서 온 '불법체류자'들에 대한 불안이라는 두 가지 현실적인 불안을 공개하고 있다.

〈15분〉에서 러시아인과 체코인들은 "내가 일하기 위해 미국에 왔다고 생각하느냐, 천만의 말씀"이라는 말과 함께 연쇄살인을 시작한다. 이 사람들은 미국의 행복의 원리를 찾지 못하고 결국에는 그 대신 정당한 사형을 받게 된다.

영웅들에게서 태어나는 인종 차별주의

부시 원리가 국내 정치에서 실제로 잘 진행되려면 트레버와 같은 모범들이 더 많이 필요하다. 곧 상연될 〈맨 오브 오너(Men of Honor, 2000)〉와 〈타이거 랜드(Tiger land, 2000)〉는 최악의 조건에서도 자신의 인간성을 시켜내는 올바르고 정직하며 영웅적인 미국 군인 상을 조각해내고 있다.

망설이고 있는 듯한 앨 고어와 함께 하는 공개 선거전에서 조지 부시는 힘있게 "우리 군대는 전쟁을 하고, 전쟁에서 이기기 위해 훈련 받았다."라고 언급했다. 적어도 그는 해군 잠수요원 칼 브레셔와 사병 로란드 보즈와 같은 영웅들을 신뢰할 수는 있을 것이다.

조엘 슈마허는 "나도 거기에 있었다!"라고 외치며 흔들거리는 카메라 기법의 사실성으로 1971년 베트남 전쟁에서 새롭게 태어난 과거의 모든 미국 청년상을 담은 영화 〈타이거 랜드〉의 메가폰을 잡았다. 개인적으로 불만에 가득 찬 로란드 보즈는 미군 훈련소 타이거 랜드에서 진정으로 자기 군대의 완벽한 지도자가 되어간다.

이야기는 간단하다. 베트남 전쟁은 잘못된 것이었는지도, 이곳저곳에 미친 사람과 비겁한 자들만 존재했었는지도 모른다는 것이다. 그러나 확신할 수 있는 것은 모범적인 영웅들의 아름답고 자랑스러운 모습들은 남아 있다는 것이다. 이미 훈련소 입구에 있는 '보병들의 출생지'라는 푯말은 그곳에서 영웅들이 태어난다는 것을 말해주고 있다. 스탠리 큐브릭의 영화 〈풀 메탈 재킷(Full Metal Jacket, 1987)〉을 완전히 뒤엎는 것은 거의 상상할 수도 없다.

〈타이거 랜드〉는 진정한 지휘는 '강함'에 의해서 그려진다고 설명한다. 여기서 말하는 '강함'은 보즈와 같이 타고난 지도자가 온갖 비난에도 불구하고 자기 운명을 개척해나아가는 정신적인 힘과 굳건한 자기 확신감을 뜻한다. 이러한 의미에서 부시 역시 선거전에서 지도력에 대해 언급했다. 이러한 의미에서 그는 교토의 환경보존정책을 거부했으며, 취임 뒤 몇 주도 채 안 되어서 이라크를 공습함으로써 강함을 증명했다.

끝으로 〈맨 오브 오너〉는 베트남을 저당잡지 않고, 50년대 60년대의 한 해군 영웅의 생애를 다룬 영화로서 그 때문에 작품성이나 모방성에서 〈타이거 랜드〉를 능가한다. 최초의 흑인 해군 잠수요원 칼 브레셔에 대한 이야기는 걸프전쟁 영웅 콜린 파월이 최초의 흑인 외무장관이 된 이야기와 들어맞는다.

바로 이러한 배경에서 〈맨 오브 오너〉의 화제는 어떻게 이 영화가 해군의 인종 차별을 다루고 있고, 마스터 빌리 선데이(로버트 드 니로)를 그리고 있으며, 브레셔를 거부해야만 하는가가 더 분명하게 나타나고 있다.

브레셔가 자신의 피부색의 불리함을 가지고 승부를 거는 것처럼 그는 사고를 당한 뒤 의족을 가지고도 자신의 의무를 다하기 위해 즉시 마비된 다리를 자른다.

선데이는 "도대체 너를 그렇게 끈질기게 만드는 것이 무엇이냐?"라고 묻는다. 우리는 이미 그 자신이 바로 해답이라는 것을 알고 있다. 보편적인 문제로서 인종 차별주의를 전혀 언급하지 않으면서 이 영화에서 칼 브레셔가 인간적으로 인정을 받는 것처럼, 이것은 빈곤의 문제가 피부색이나 혈통의 문제가 아니라 개인 의지의 문제라는 조지 부시의 동정적 보수주의와 일치한다.

여기서도 역시 모든 부당함과 모든 체계적인 실수는 개인에게는 환영할 만한 도전일 뿐이라는 새로운 행복의 원리가 작용하고 있다.

★
21세기 미국의 새로운 세계 군사전략

★ ★ ★ ★

마이클 클라르(Micael Klare)

미국 햄프셔대학 '평화와 세계 안전문제 연구소(PAWSS)' 교수이며 미국 군비통제협회 및 미국과학자연맹 국가위원회 위원으로 일하고 있다. 국방정책과 무기 거래, 안보문제에 대해 많은 글을 써왔다. 저서로 《불량국가와 핵 불법화(Rogue States and Nuclear Outlaw)》, 《아메리칸 슈퍼마켓(American Supermarket)》, 《끝없는 전쟁(War without End)》 등이 있다.

조지 부시 대통령과 도널드 럼스펠드 국방장관이 세우고 있는 미국의 군사전략은 전의 전략과 차원 자체가 다르다. 혁명적인 21세기 전략이 수립되고 있는 것이다.

이 새 군사전략은 세 가지의 기본 원칙을 전제로 세워지고 있다. 첫번째가 미국이 세계의 중심이라는 생각이고, 두번째가 언제 어디서든 어떤 상황 아래에서든 전지구적 규모로 미국의 군사력을 행사할 수 있어야 한다는 생각이며, 세번째가 미국 군사력은 항구적으로 세계 다른 어느 나라보다 우월해야 한다는 생각이다.

이 모든 것이 물론 완전히 새로운 것은 아니다. 미국의 역대 다른 행정부도 비슷하게 생각하고 있었다. 그러나 이를 전략적인 새로운 사고로까지 구체화한 적은 없다.

미군의 해외 주둔 목적이 달라지고 있다. 미국의 국가 이익 수호가 전면에 떠오르고, 민주주의 수호 등의 구호는 이제 더 이상 잘 들리지 않는다. 소련의 위협과 같은 것이 사라진 이상, 국가 이익을 서방 진영 공동의 안보 이익에 종속시킬 필요가 없어졌다는 것이다. 부시 대통령은 미국이 세계 문제에 계속 개입할 것임을 분명하게 선언하고 있다.

그러나 미국의 무력 개입은 미국의 국익을 위한 것이지 다른 무엇을 위한 것이 아니라는 것이다. 페르시아 만 원유 수송로 확보, 대만과 이스라엘 안전 보장, 라틴 아메리카의 마약 거래 단속 등이 여기서 말하는 미국의 국가 이익이다. 따라서 여러 나라 군인들로 구성되는 국제 평화유지군 파견과 같은 것들에는 이제 별 관심을 두지 않는다.

달라지는 미군의 해외 주둔 목적

미사일 방어시스템(MD)에 대해서도 말로는 미국만이 아니라 동맹국들에게도 유익한 것이라고 하고 있으나, 실제는 그렇지 않다. 미국 자체 방어를 21세기 군사전략에서 최우선으로 하고 있다. 예측할 수 없는 행동을 하는 이라크와 북한과 같은 나라가 그 대상 국가다. 말하자면 미국은 더 이상 국가 방어에 수동적이거나 신중하게 앉아 있지 않겠다는 것이다. MD 구상에는 더 공격적이고 능동적인 역할이 그 안에 담겨 있다.

미국의 새 군사전략 청사진에서 두번째로 중요한 부분이 세계 구석구석에까지 미국 군사력을 행사하겠다는 점이다. 지금 미국 군사전략가들은 대규모 장기전이 벌어질 것이라고는 예상하지 않는다. 그 대신 세계 여러 곳에서 짧고 치열한 소규모 전투가 동시다발로 벌어질 것에 대비하고 있다. 이를 위해서는 신속하게 군비를 수송해야 하는데, 냉전 때 사용했던 중무기는 신속한 수송이 불가능하다는 것이다. 여기에 문제가 있다. 그래서 우주에 군사 선단을 띄우고, 또한 항공모함 대신 각종 형태의 정교한 유도 미사일을 장착한 눈에 안 띄는 작은 '병참' 함대를 갖자고 하고 있다.

공군은 이 계획에 가장 영향을 덜 받고 있다. 이미 명령만 떨어지면 세계 어디에든 빠른 시간 안에 폭격기든 전투기든 보낼 수 있기 때문이다. 물론 여기에는 지금보다 더욱 효율적인 공중 급유 시스템과 장거리 화물 수송기 편대가 필요하다. 부시 대통령은 지난 2월 13일 다음과 같은 선언을 했다.

"지상군은 더욱 가벼워질 것이고, 공군은 정해진 목표물을 정확하게 폭격할 수 있는 정확성을 도입할 것이다. 그리고 해군은 새로운 방식으로 함대 간의 정보를 연결하는 한편, 상륙작전 능력을 극대화할 것이다."

부시 행정부는 이 모든 것 중에서 특히 동북아 전쟁을 수행하는 능력을 강화하는 데 단호한 태도를 갖고 있다.

새 전략의 세번째가 미국의 군사 우위를 오래도록 지키는 일이다. 지금 미국의 군사력은 압도적이며, 이 같은 우위가 앞으로 몇십 년 간은 계속될 것이다. 그러나 부시 행정부가 바라는 것은 이 정도가 아니다. 미국의 절대적인 군사적 우위를 21세기 내내 유지하겠다는 것이다. 어떠한 강대국도 어떠한 강대국 동맹도 미국과 미국의 친구들을 위협하지 못하게 하겠다는 것이 부시의 21세기 군사 전략이다.

이를 위해 미국은 과학기술의 우위를 최대한 활용할 작정이다.

과학기술을 통한 '군사혁명'을 일으키겠다는 것이다. 목표물을 향해 스스로 날아가는 유도 탄환, 군사 위성 개량, 무인 군사 우주선, 로봇이 제어하는 대포 시스템, 저단위 핵 탄환, 그리고 MD와 같은 것들을 갖겠다는 것이다.

 반격의 기회를 줄이면서 언제 어디서든 적들에게 타격을 가하겠다는 것이 이 모든 구상의 기본 생각이다. 부시 정부의 이 같은 청사진은 세계의 앞날에 분명히 중대한 의미를 가질 수밖에 없다. 그래서 이제는 미국이 먼저 결정, 행동하고 유럽 지도자들에게는 다음에 통고를 한다는 방식이 나오고 있다. 대등한 입장의 군사 동맹은 없다는 것이다.

 러시아 및 중국과 관계를 개선하려는 노력 또한 크게 후퇴할 것임이 틀림없다. 말하자면 지금 부시는 매우 위험한 도박을 하고 있다. 어느 한 나라가 절대 우위의 군사력을 항구적으로 가지려고 했을 경우에 걷잡기 힘든 군비 경쟁이 일어났던 것이 지난날의 역사이기 때문이다.

★
미국의 새 외교정책 – 그들이 옳다면 옳은 것인가?

★ ★ ★ ★

필리스 베니스(Phyllis Bennis)

워싱턴 정책연구소(IPS) 연구위원이며 이스라엘의 가자지구 점령에 항의하는 미국 시민단체의 공동의장이다. 지난 25년 동안 유엔에서 중동 문제 분석가로 활동해왔다. 1999년 미국의 경제 제재가 이라크 국민들의 삶에 어떤 영향을 미치고 있는지를 이라크를 방문, 조사 보고했다. 저서로《미국의 외교정책과 9·11 위기(U.S Foreign Policy and 9·11 Crisis)》,《태풍을 넘어(Beyond the Storm)》등이 있다.

2001년 전과 후의 미국의 외교 정책이 달라졌다고들 한다. 그렇지만 미국 외교 정책의 골격, 세계 지배와 통제라는 제국의 정책은 변하지 않았다.

9·11테러 뒤에 달라진 것이 있다면, 정책을 정당화하는 논리가 달라졌을 뿐이다. '반테러'와 '자기 방어'가 미국 외교 정책의 두 기둥이 되었다. 이 틀은 냉전시대의 반공주의, 아버지 부시의 신세계 질서를 대체할 뿐 아니라, 클린턴 외교정책의 뿌리인 상호주의(multilateralism)의 가면을 쓴 세계 개입주의를 대체하고 있다.

'자기 방어' 논리는 '반테러'와 충돌하고 있다.

"우리를 비난하지 말라. 우리도 역시 미국이 아프가니스탄에서 하고 있는 것과 같은 자위활동을 하고 있을 뿐이다."

러시아는 체첸 문제, 중국은 이슬람 접경지역 문제, 파키스탄과 인도는 카시미르 문제, 터키는 쿠르드족 문제, 이스라엘 샤론 수상은 팔레스타인 점령지구에서 저지른 가혹 행위 등의 문제에서 상대적으로 자유로워졌다.

제국의 역사는 2천 년 전이나 지금이나 같다. 그리스는 자신의 황금기를 구가하기 위해 밀로스를 점령했으며, 점령지에는 아테네의 민주주의를 적용하지 않았다고 투키디데스가 일찍이 말한 바 있다. 로마 제국, 오토만 제국, 러시아 제국, 대영 제국, 그리고 유럽 각국에서도 법과 규범의 본토 적용 기준과 점령지의 적용 기준이 달랐다.

새로운 세기가 오면서 지금까지 들어본 적이 없는 큰 힘이 워싱턴으로 모였고, 이제는 워싱턴의 차례가 된 것이다. 그러나 미국의 보통 사람들은 자신들이 제국의 정복자라고 생각하지 않는다. 그들은 우선 대외정책에는 큰 관심이 없다. 대외정책이 선거의 쟁점으로 떠오른 적도 별로 없다.

다만 그들은 막연하게 미국은 가난한 나라를 돕고 민주주의를 수출하고 있다고만 생각한다. 미국의 대외정책이 부메랑이 되어 자신의 앞마당에 재난으로 떨어질 것이라고는 상상도 하지 않는다. 9·11 사태가 이런 순진한 발상을 바꾸어 놓았으리라는 생각은 잘못이다.

테러에 대항하는 전쟁으로서 아프가니스탄과 치르는 전쟁을 전폭 지원하는 것은 상상적 무사안일의 상실에 따른 개인적인 방어본능이다. 만일 '우리가 그(빈라덴)를 쫓아내면 나 또는 내 가족이 안전할 것'이라는 생각이 밑바닥에 깔려 있을 뿐이다.

9·11테러 백 일 뒤에 실시한 여론조사 결과는 미국의 대외정책

에 대한 평가가 미국의 안과 밖이 전혀 다르다는 것을 보여준다.

〈워싱턴 포스트〉에 따르면 미국을 뺀 5개 대륙의 기자와 엘리트들은 미국이 점점 일방주의(Unilateralism) 외교 노선으로 치닫고 있다고 응답하고 있다. 반면 미국인 가운데 70%는 테러와의 전쟁을 동맹국들과 함께 수행하고 있다고 답변하고 있다.

'상호주의'와 '일방주의'는 클린턴 정부와 부시 정부의 외교정책의 기본 성향을 달리 표현하고 있다. 클린턴 정부는 상호주의를 외교정책의 뼈대로 삼았다. 그러나 말과 실제는 다르다. 많은 사람들은 정부가 유엔 분담금을 내지 못하거나 조약을 비준하지 못하는 것은 의회 때문이라는 클린턴의 주장을 믿었다. 그러나 핑계야 무엇이든 실제 유엔 분담금을 내지 않았으며 중요 협약도 채택하지 않았다.

부시는 더 솔직하고 직설적일 뿐

부시는 클린턴 시기의 수사법을 벗고 직설적인 방식을 택했다. 그는 계류 중인 조약을 거부했으며 미군이 어떤 곳에서도 평화유지군으로 참가하지 않겠다고 선언했다.

부시 외교팀은 미국은 세계 수준의 주도권을 장악할 수 있을 뿐 아니라 자기 것으로 만들 수 있다는 것, 즉 미국이 옳다면 옳은 것이 되게 할 수 있다는 방향으로 나간다는 점에 동의하고 있다.

그러나 큰 틀에서는 동의했지만 방법 문제를 둘러싸고는 이견을 보였다. 부시 내각에 대한 2001년 상원 청문회 과정에서 이견이 드러났다. 미국 국무성 장관인 콜린 파월과 국방성 장관인 도널드 럼스펠드와 부장관인 폴 월포비츠는 서로 견해차를 보였다.

파월이 '동의'를 강조한 데 비해 우파 강경론자인 월포비츠는 '일방적인 군사력'을 최우선으로 내세웠다. 그들은 미국은 동맹국의 견해를 참고할 필요가 없는 감히 도전할 수 없는 초강대국이라는 점을 내세웠다.

처음부터 부시는 대담한 일방주의 정책으로 나갔다. 그는 지구 온난화에 대한 교토조약을 받아들이지 않았고, 러시아와 맺은 요격 미사일 조약도 철회하려고 하였다. 그는 언론통제법을 강화했으며, 미국의 자금을 받는 보건기구에서는 낙태에 관한 언급조차 하지 못하게 했다.

처음에는 동요가 일었다. 언론계 인사와 전문가들은 부시가 국제 문제에 무지하다는 것을 자랑스럽게 드러내고 국제적 개입을 단호하게 철회하는 것에 우려를 나타냈다. 그렇지만 부시도 부통령 딕 체니도 주위의 논전에 대해 개의치 않았고, 자신들의 일방주의 경향을 분명히 할 뿐이었다.

부시의 일방주의는 클린턴의 접근과 수사적으로는 다를지 모르지만 실제 내용에서는 크게 다를 바 없다. 부시의 보좌관들은 클린턴의 입장과 아주 비슷한 입장을 취하고 있다.

이라크에 대한 태도

북한 및 중국과 더불어 이라크 문제는 처음부터 부시의 보좌관들 사이에 가장 쟁점이 되는 문제로 떠올랐다.

파월 국무장관은 경제적 · 군사적 봉쇄정책을 제안했다. 월포비츠 그룹은 이라크의 반정부 세력에게 하는 군사 지원을 늘리자고 주장했다. 그들은 후세인 정권 전복을 목표로 런던에서 활동 중인

이라크 국민의회(INS, London based Iraq National Congress)를 미국 지상군과 비행기로 지원하여 40만 이라크 군을 군사적으로 격파해서 이라크를 해방시키려고 한다.

9·11테러 이후 이라크 문제는 9·11테러 문제와 연결되었다. 행정부 차원을 떠나 의회는 물론 매스컴의 관심의 대상이 되었다. 이라크 정부가 테러와 직접 관련이 있다는 물증이 없는데도 사담 후세인과 정치적 이슬람주의에 대한 반감 때문에 이라크와의 전쟁을 테러와의 전쟁으로 여기게끔 만들었다.

새해가 되면서 이라크에 대한 확전 소문이 유엔 주위에 맴돌았다. 2002년 후반기에는 유엔 안전보장이사회가 '만일 이라크가 신무기 사찰에 응하지 않을 경우에 무력을 사용하는 것이 정당하다'는 유엔 결의를 발동해서 동맹국들과 함께 이라크를 침공한다는 것이었다. 그리고 12월에 열린 총회에서 이라크의 행동이 미국 안보를 위협하는 수위를 높인 것으로 여긴다는 의안을 통과시킴으로써 새로운 전쟁의 기반을 만들었다.

1967년 '6일전쟁' 이래 미국의 중동정책은 놀라울 정도로 일관성이 있다. 중동정책의 세 기둥은 그때나 지금이나 여전히 석유·이스라엘·안정성이다. 이 세 가지 중 어느 것이 우위에 서는가 하는 것은 시기에 따라 다르지만 세 가지는 항상 변함이 없다.

클린턴 집권 시기에는 이런저런 이유로 이스라엘의 비중이 가장 높았다. 부시 정권의 첫번째 관심은 이스라엘보다는 석유에 있다. 그들은 개인의 가업이나 가산 형성과정이 거대 정유회사와 긴밀하게 관련되어 있는 사람들이다. 그들이 정유업을 지원하는 것이 아니라 그들 자신이 정유업자나 마찬가지다.

딕 체니는 공직을 떠났을 때 이라크 석유산지에 핵심 인프라를 지원하는 할리버턴 오일 서비스 회사의 대표이사로 있었다. 콘돌리자 라이스는 쉐브론의 부사장으로 몇 년 동안 일했다.

미국 공무원들과 미국 정유회사들은 아프가니스탄을 통과하는 송유관의 권리 문제를 두고 탈레반 정권과 정상적으로 협상을 해왔다. 당시에 핵심 연결고리였으며 전 UNOCAL 정유의 컨설턴트(전문 상담인)이자 레이건 시대의 국방성 관리를 지낸 잘마이 칼리자르는 2002년 1월 카불에 들어선 새 아프가니스탄 정부와 상대하기 위한 부시의 특별 대리인으로 임명되었다.

칼리자드의 상대는 UNOCAL 정유의 컨설턴트인데 그는 다름아닌 미국이 내세운 새 아프가니스탄 정부의 대통령인 하미드 카르자이였다.

부시 정부가 석유 우선 정책을 쓴다는 것은 두 가지 의미를 가진다. 첫째 이스라엘과 팔레스타인 간의 협상과정에서 미국이 최소한만 개입한다는 것이다. 두번째는 사우디아라비아에서의 이슬람 극단주의의 등장을 무시한다는 것이다. 왕정의 억압과 사우디아라비아의 기대 소득 저하에 대한 출구로 이슬람 극단주의를 선택하며 추종하는 것에는 개의치 않고 오로지 왕국에서 멀리 떨어져 있는 미군들의 안전만 가끔 챙기겠다는 것이다.

놀라운 것은 아랍 세계에서 미국의 가장 믿음직한 동맹국인 사우디아라비아가 아랍 세계의 반미 무장을 위한 길을 제공했고, 그것이 미국의 첩보망 아래서 이루어졌다는 점이다.

2001년 초까지만 해도 유엔에 대한 신망은 높았다. 미국의 지배에 도전하려는 정부들이 유엔을 독립적인 기구로 사용하려는 횟수가 늘어났다. 부시 행정부가 전례 없이 일방주의로 몰아가자 유럽의 수반들이 격노했다는 것은 놀라운 일이 아니다. 프랑스인들은 미국을 '하이퍼 파워'로 묘사했다.

부시 행정부가 상호주의와 국제법 및 유엔을 무시하는 것이 분명해졌다. 미국이 유엔에 치르지 않은 분담금이 무려 13억 달러에 달한다. 그러나 9·11사건 후부터 유엔의 독립 가능성은 사라졌다.

9·11테러 이후 24시간 안에 개최된 안전보장이사회에서도 무력 사용을 인준하지 않았고, 유엔 사무총장이나 유엔의 어떤 외교관도 유엔 헌장에서 아프가니스탄 전쟁을 허용한다고 주장하지 않았지만, 사실상 이사회의 인준도 필요하지 않았다.

부시 행정부는 자기 방어를 위해 무력을 사용할 수 있다는 유엔 헌장 51조가 아프가니스탄 전쟁을 정당화한다고 주장했다. 그러나 실제 51조는, 공격받고 있는 나라가 안전보장이사회가 조치를 취할 때까지 무력을 사용할 수 있다는 뜻이다. 예를 들면 미국 국방성이 세계무역센터 폭격 직전에 제트기를 쏠 수 있다는 뜻이다.

그러나 워싱턴은 유엔의 반응을 요청하지도 않았고, 미국의 반응에 대한 유엔 이사회의 인준도 요청하지 않았다. 9월 12일 이사회는 만장일치로 9·11테러를 비난하는 1368 결의안을 통과시켰다. 모든 가능한 조치를 취할 태세가 되어 있다고 했지만 무력 사용을 인준하지는 않았다.

결의안은 무력 사용을 전제로 하는 유엔 헌장 7장에 의해 채택된 것이 아니다. 인준도 없이 9·11테러 이후 몇 주 동안 전세계에 걸쳐 민간인 피해가 예상되는 곳에 책임이 입증되지도 않은 상태에서 군사를 배치했는데, 그것은 엄밀히 보면 국제법과 유엔 헌장에 위배되는 것이다.

부시 행정부가 소말리아에서 교훈을 얻었는지는 확실치 않다. 만일 부시와 그 측근들이 주의를 기울여보면 소말리아 사태를 통해 유엔을 앞장 세우는 것이 낫다는 것, 군사적 접근이 최선은 아니라는 교훈을 얻었을 것이다.

1990년대 초에 유엔의 소말리아 특사 무하마드 사크나운은 내전 뒤의 소말리아 사회를 재건하는 데 필요한 창의적이고 독창적인 계획을 들고 들어갔다. 미국의 군사전략가들이 이를 반대했고, 소말리아 개입을 군사화했다. 국방성은 군대를 유엔 감시 아래에 두지 않고, 단독으로 미군을 모가디슈에 파견했다. 1993년에 미군이 곤경에 빠진 것은 바로 국제적으로 인정받지 못한 군대였기 때문이며, 결과적으로 18개의 군 특공대와 수백 명의 소말리아 시민의 죽음을 몰고 왔다.

그러나 2001년 후반에도 유엔은 부시 행정부의 전략적 고려 대상에서 제외되었다.

틈이 벌어지는 유럽과 미국

2001년 역사의 전면에 나선 것은 유럽과 나토였다. 유럽통합에 대해서는 주의를 기울였지만, 나토의 군사동맹은 부시 행정부와 우호적인 관계를 맺었다.

그러나 미국은 나토와의 관계도 협력적이라기보다는 전략적이다. 초기에 부시 행정부는 발칸에서 나토가 이끄는 군사력에서 빠지겠다고 협박했다. 9·11테러 이후 부시의 국방성은 아프가니스탄 파병을 위해 보스니아와 코소보에서 미군을 빼낼 가능성을 검토

하는 데 문제를 느끼지 않았다.

이번에는 유럽도 그다지 반대하지 않았다. 9·11테러 이후 나토 헌장 제5조를 문제삼아 미국을 공격하는 것이 곧 모든 나토 동맹국을 공격하는 것이라고 여기게 만든 것은 유럽인들 자신이었다.

9·11테러 이후 유럽 정부들은 재빨리 부시의 '동맹'이 되었다. 그러나 유럽 수반들의 조건 없는 지지는 일반 유럽인들의 정서와는 맞지 않았다. 독일 녹색당은 전쟁 지원 문제를 두고 심하게 분열했다.

프랑스 조스팽 총리도 프랑스가 전쟁 상태에 있는 것은 아니라고 선언함으로써 대통령과 뜻을 달리했다. 아일랜드 사람들도 불만을 나타냈으며, 이탈리아에서는 5만 명의 반전 시위자들이 그보다 훨씬 적은 수가 참석한, 정부가 지원하는 군중대회에 응답했다.

연말이 되면서, 부시 행정부가 테러 용의자로 지목한 사람들을 군사법정에 세울 것과 사형 언도를 고집하면서 유럽과 미국이 확연하게 나누어지기 시작했다. 유럽인들은 테러 용의자들을 포함한 어느 누구도 사형제도를 택하는 본국으로 송환하는 것을 금지한 유럽연합의 인권협약을 강조하고 있다.

분명 부시 행정부는 유럽이 아프가니스탄을 재건해줄 것을 바라고 있다. 더 넓게 유럽연합 주도를 수용할 것인지 또는 유럽연합 자체가 그런 독립된 행동을 원할 것인지는 아직 쟁점으로 남아 있다.

9·11사태 직후, 부시와 보좌관들은 어떻게 대응할지를 선택했다. 그들이 선택한 건 군사적 대응이었고, 모든 미국인과 세계인을 위해 전쟁을 하자는 것이었다. 유엔의 비준과 관계 없이 강요당한 동맹군과 함께 전쟁을 일으키자는 것이었다.

다른 대안도 있었지만 모두 거부당했다. 다른 대안은 테러를 인간성에 반하는 범죄로 규정해서, 범법자들을 찾아 정의를 회복하는 세계적 연대를 만들고, 미국 대외정책에 들어 있는 여러 가지 잘못된 것들의 근본 원인을 찾아내는 노력을 시작하는 것이다.

미국 대통령은 미국과 미국인들은 테러분자들과는 분명히 다르다는 점을 입증하고, 누구도 그러한 목적을 추구하는 데 억울하게 희생당하지 않게 해달라고 호소했어야만 했다.

9·11테러로 미국 정부는 국제형사법을 위반하는 것이 잘못이라는 것을 깨닫고 앞으로는 국제형사법정과 유엔을 지원하겠다고 다짐했어야만 한다. 그러한 지원을 통해 유엔은 새로운 사법기관을 정비하여 다른 공격에 대비하는 방법을 강구할 것이다. 유엔에 예방외교부를 새로 만들어 그런 공격을 다시는 하지 않도록 했어야 했다.

분노의 소용돌이에서도 '왜?'라고 질문했어야만 했다. "왜 '그들'이 '우리'를 미워하는가?"라는 공통된 질문에 답변했어야만 했다. 로버트 피스크가 말했듯이, '왜 여기 미국에 있는 우리들은' 굴욕당한 사람들을 대변한다는 사람들의 잔인함과 사악함에 맞닥뜨릴 수도 있으리라고 상상도 하지 않았는가를 물어야만 했다.

그런 선택들은 거부당했다. 내려진 선택은 전쟁이었다. 아프가니스탄에서 군사적 승리가 끝을 볼 무렵부터 동맹의 연대감은 줄어들기 시작했다. 2001년 말에 상호주의자와 일방적 군사 행동파인 파월-월포비츠 사이의 분리는 아직 결정되지 않은 상태이다.

나약하고 정당성 없는 대통령에게 9·11테러는 신뢰를 회복하고, 우파 공화당의 오랜 의제를 실행하게 만들어주었다. 부시 대통령 재임 1년은 외교의 자리에 군사의 힘을, 조약을 거부하고 그것을 집행한 기관에도 힘을 실어주었다. 전세계에 무소불위의 제국의 법을 실현하고자 하는 공화당 우파의 오랜 희망 사항을 현실로 이루어주었다.

★
우주 항공모함, 제국의 경제 이익을 지킨다

★ ★ ★ ★

칼 그로스만(Karl Grossmann)
뉴욕주립대학(NYU) 언론학 교수.

미국은 '우주를 통제'하고, 우주에서 지구를 '지배'하려 하고 있다. '통제'와 '지배'는 미 군사 문서에서 가장 자주 등장하는 용어다. 뿐만 아니라 미국 군부는 이제 우주에까지 무기를 배치하려고 한다.

도널드 럼스펠드 국방장관이 의장으로 있는 '우주위원회'의 보고서가 지적한 그대로 가까운 장래에 미국은 우주에서 우주로, 그리고 우주를 통해 지상과 우주에서의 미국 국익을 지키기 위해 군사 작전을 실시할 것이다. '별들의 전쟁'이 되돌아왔나.

그러나 지금의 '별들의 전쟁'은 1983년 로널드 레이건 대통령이 띄웠던 스타워즈와는 약간 다르다. 이제 더 이상 '악의 제국' 소련은 없다. 지금의 별들의 전쟁은 미국 군사 문서들이 인정하듯이 소련이 아니라 미국이 엔진인 세계 경제를 겨냥하고 있는 것이다.

세계 경제의 세계적 규모화는 '가진 자'와 '가지지 못한 자' 사이의 차이를 갈수록 더욱 크게 할 것이다. 미국은 이들 '가지지 못한 자'들을 우주에서부터 통제하려고 한다.

1985년 탄생한 미 우주사령부도 이점을 〈조인트 비전 2020〉에서 명백하게 밝히고 있다. 미국의 해외 투자와 국가 이익을 보호하기 위해 우주 차원에서 작전을 벌이려는 것이다.

우주 장악을 노린다

이를 위해 30분 안에 세계 어느 곳의 목표물이든 파괴할 수 있는 '우주 폭격기' 개발을 검토 중이다. 이 폭격기는 지금의 폭격기 편대보다 10배 이상의 고도에서 15배 이상의 속도로 비행하며, 지하 벙커까지 침투하는 폭탄을 투하한 뒤 세계 어느 곳에서든 90분 안이면 미국 본토 기지로 되돌아올 수 있다. 1999년 코소보 전쟁 때 미국 폭격기가 발칸에서 미국 미주리 기지로 되돌아오는 데 걸린 시간은 24시간이었다.

우주 폭격기만이 아니다. 미국 국방성은 빠르면 2005년까지 우주에 레이저 살인 광선 무기를 배치할 예정이다. 문자 그대로 '별들의 전쟁'이 시작되는 것이다.

〈조인트 비전 2020〉은 바다를 지배하고 그럼으로써 육지를 지배했던 유럽의 여러 제국들과 그들의 제국 경제에 대해 언급하면서, 미국의 '우주 통제' 노력을 몇 세기 전에 상선단을 보호하기 위해 해군을 창설했던 것과 비교하고 있다.

미국은 그들의 군대를 세계 모든 곳에 전진 배치할 능력이 없다. 통신의 발달은 인간의 삶의 질 및 자원을 더욱 불평등하게 배분할 것이고, 따라서 개발도상국의 정치적·사회적 불안은 더욱 커질 것이다. 더욱이 세계 경제는 더욱 더 상호의존적이 될 것이다. 경제 동맹이 안보 동맹을 능가할 수도 있을 것이다.

그런데 문제는 군사 무기의 우주 배치 기술을 끝까지 미국이 독점할 수 없다는 데에 있다. 어느 한 나라가 우주를 군사화하려고 한다면 다른 나라도 그렇게 할 수 있다. 미국의 우주 군사화 노력에 긴밀하게 협조하고 있는 것이 미국의 우주 항공 기업들이다.

미 우주사령부의 '장거리 계획(Long range plan)'에만도 보잉과 록히드마틴, TRW(Thompson Ramo Wooldridge Inc.)를 비롯, 75개 기업들이 참가하고 있다.

드와이트 아이젠하워 대통령은 1961년 고별 연설에서 군·산 복합체제의 위험성을 경고했다. 그런데 지금 미국 군부는 거대 기업들이 미국의 군사 독트린을 실현하는 데에 어떻게 협력하고 있는가를 자랑스럽게 말하고 있다. 체니 부통령 자신이 TRW의 이사였고, 그의 부인 린은 록히드마틴사의 이사였다.

미국이 새 세기의 새벽에 우주 협정을 파기하고 우주를 새로운 전쟁터로 만드는 데에 성공한다면, 우리 아이들과 또 그들의 아이들에게 어떤 전설이 남겨질 것인가. 그러나 아직은 우주를 평화 공간으로 만들 수 있다는 약간의 여지는 남아 있다. 이를 위해 온 세계 사람들이 힘을 합쳐 하늘을 선생시대로 만늘려는 미국의 노력을 막아야 한다.

★
펜타곤 페이퍼 'JV 2020' —유럽에서 아시아로

★ ★ ★ ★
이상현
서울대학교 외교학과를 졸업하고 미국 일리노이대학에서 박사학위를 받았다.
세종연구소 국제관계 연구위원으로 재직 중이며, 〈Weekly SOL〉 편집위원으로 활동하고 있다.

아주 중요하고 큰 일들이 신문의 1면에 보도되지 않은 채 넘어가는 경우가 가끔 있다. 지금 당장의 일이 아니거나 아니면 변화 자체가 너무 광범위하고 서서히 이뤄지고 있어서 이런 일이 생긴다. 아시아 태평양 지역에서 세계대전이 일어날 것을 예고하는 미 국방성 문서 〈조인트 비전 2020(Joint Vision 2020)〉도 이런 기사에 속한다.

미국의 새 세계 군사전략 청사진 〈JV 2020〉은 미국 합참에서 만든 문서다. 이 작업의 중심이 누구였는지는 아직 밝혀지지 않았지만, 앤드류 마셜이라는 이름이 자주 들린다. 미 국방성의 민간인 분석가 마셜이 제2의 마셜플랜으로 불리는 미국의 새 세계 군사전략을 주도하고 있기 때문이다.

마셜은 1949년 랜드연구소 핵 전략 전문가로 시작하여 냉전 기간 내내 국방성에서 근무했고, 리처드 닉슨 대통령 이후 미국의 역대 대통령 모두가 그의 자문을 받아야만 움직였다는 전설적인 인물이다. 이 전설적인 인물 마셜이 부시 정부의 강경 매파 도널드 럼스펠드 국방장관과 함께 노려보는 눈길을 유럽에서 아시아로 돌리며, 냉전 때와 같이 세계가 다시 둘로 갈라지는 사태에 대비하면서 대대적인 군비 확장의 길로 들어서고 있는 것이다.

미군의 군사비 지출은 2000년에 12%나 늘었다. 미국이 군사비 지출을 두 자리 숫자나 늘린 것은 1984년 후 처음 있는 일이다. 미국 군사비 지출액은 1998년의 4백50억 달러에서 2001년에는 6백20억 달러에 달할 것이며, 8백억 달러에 달하는 것도 시간 문제일 것으로 대부분의 군사 전문가들은 보고 있다.

군비는 늘게 마련이라고 쉽게 말할 수 있다. 그러나 그 말만으로는 설명이 되지 않는 부분이 너무나 많다. 냉전이 끝난 마당에 군비를 다시 정비하고 강화할 이유가 없다. 미국의 이 같은 군비 확대에는 더 깊은 뜻이 있는 것 같다. 전지구적 규모의 새로운 대전이 일어날 가능성을 염두에 두지 않고서는 이럴 필요가 없다. 그런데 이번 전쟁 터는 유럽이 아니라 아시아 태평양 지역이다. 미 국방성의 어느 누군가가 집필했음이 분명한 〈아시아 2025〉라는 보고서도 이를 부분적으로 흘리고 있다.

〈아시아 2025〉는 누가 미국의 안보를 위협하는가에 대해 구체적으로는 말하지 않고 있다. 중국을 미래의 '대등한 지위의 경쟁자'라고만 기술하고 있을 뿐이다. 그렇다고 해도 지구 저편에서 핵무장을 한 20억 인구의 중국이라는 국가가 존재할 것이라는 사실은 충분히 미국의 군비 증강을 정당하게 해줄 이유가 될 수 있을 것이다.

'일본을 끌어안고 중국을 견제한다'는 것이 미국의 아시아 전략의 핵심이다. 미국은 공격용 잠수함을 대서양에서 태평양으로 이미 이동 배치했을 뿐 아니라, 지상군 배치 구도도 새로 짜고 있는 것으로 알려졌다. 말하자면 미 해외 군사력의 중심을 유럽에서 아시아로 옮기면서 중국을 포위하기 위해 동북아에 역점을 두었던 전력 배치 구조를 동남아로까지 확대한다는 구상이다.

일본은 끌어안고 중국은 견제한다

부시 정부는 중국을 더 이상 클린턴 정부가 추구해온 '전략적 파트너'로 보지 않고 '전략적 경쟁자'로 본다. 미국은 이제 중국의 군사·정치·경제적 팽창을 아시아 태평양 지역에서 미국의 이익을 침해하는 최대의 요인으로 여기고 있는 것이다.

〈JV 2020〉도 이점에 초점을 맞추고 있다. 언제 어떤 상황과 어떤 적을 만나든 이길 수 있는 미군의 능력을 뜻하는 '총체적인 우위(Full Spectrum Dominance)' 확보가 새 미국 전략의 초석이다. 〈JV 2020〉은 미국의 국가 이익에 유리하도록 국제 안보환경을 조성하는 한편으로, 위기가 발생할 때는 여기에 총체적으로 대응하며, 불확실한 미래에 지금부터 대비하자고 미국 정부에 촉구하고 있다.

그 과정에서 지금 미국에서는 '군사 혁명(Revolution in Military Affairs)'이 진행 중이다. 여기에는 군사 과학기술의 혁신만이 아니라 현재의 항공모함과 중보병 중심의 전력 구조를 원거리 함선과 잠수함, 거미줄 같은 네트워크와 정밀 무기 중심의 전력 구조로 바꾸는 계획들이 들어 있다.

'미사일 방어(MD)' 시스템도 그중의 하나다. 미국은 MD가 북한과 이란을 겨냥한 것이라고 하나, 적어도 그들만이 아니다. 중국도 여기에 포함되어 있으며, 이를 통해 태평양 지역에서 미국이 계속 지배권을 행사하겠다는 뜻이다. MD에는 1백50억 달러에서 6백억 달러의 돈이 드는데, 있을지 없을지도 모를 한두 발의 북한 미사일 때문에 이런 돈을 쏟아붓는 자는 없을 것이다. 어떤 식으로 보든 사태가 심각한 것임은 틀림없다.

　MD는 분명히 태평양 지역에 대한 미국의 야망과 관련이 있다. MD가 진짜 가동할 경우에 어떤 일이 벌어질까. 미국의 정보보고서에 이미 나와 있는 것처럼, 중국과 러시아의 핵탄두 수는 열 배 이상 늘어날 것이고, 인도와 파키스탄의 핵 확산은 걷잡기 힘들 정도가 될 것이다.

★

CIA, 펜타곤 그리고 할리우드

★ ★ ★ ★

사무엘 블루멘펠드(Samuel Blumenfeld)
프랑스 〈르몽드〉 기자.

9·11테러 이후 나오고 있는 미국 영화의 거의 3분의 1이 전쟁 영화다. 리들리 스콧 감독의 〈검은 포콘의 추락〉은 미군이 소말리아에서 한 활동을 재구성한 것이고, 렌덜 월러스의 〈우리들은 병사였다〉는 베트남 전쟁을 다룬 것이다. 필 앨든 로빈슨의 〈공포의 총합〉은 핵 전쟁의 유럽을 다시 불러내고 있다.

1980년대 후반에 베트남 전쟁을 소재로 한 영화(플래툰, 아웃레이지스, 햄버거 힐 등)가 꼬리를 문 뒤로 전쟁 영화가 요즘처럼 한꺼번에 출시된 적은 없다. 스티븐 스필버그의 〈라이언 일병 구하기〉가 크게 성공을 거두었다고 하더라도, 지금의 이 이상한 현상은 9·11테러로 설명할 수밖에 없다.

그러나 이 모든 것은 지난 6월 28일 〈빌리지 보이스〉에 실린 짐 호버만의 글 '할리우드는 어떻게 해서 걱정을 그만두고 폭탄을 사랑하는 법을 배웠는가'에서 말하듯이 〈람보〉, 〈탑건〉 등 레이건류의 영화 시대 뒤에 할리우드가 다시 워싱턴과 밀접해지고 있음을 보여준다.

딕 체니 미국 부통령은 도널드 럼스펠드 국방장관과 함께 〈검은 포콘의 추락〉을 관람했다. 더군다나 이 필름의 카세트는 해외 주둔 미군 기지로 발송됐다.

〈우리들은 병사였다〉와 〈공포의 총합〉도 다 같은 대우를 받았다. 더군다나 〈우리들은 병사였다〉의 시사회에는 부시 대통령, 럼스펠드 국방장관, 콘돌리자 라이스와 국방성 고위 공직자들이 모두 참석했다. 〈공포의 총합〉을 첫번째로 개봉한 곳도 워싱턴이다.

이 영화 제작진들은 지금까지 '대외비'로 분류된 것들을 볼 수 있었다. 그 덕택에 〈공포의 총합〉은 보기 드문 리얼리즘을 실현할 수 있었고, CIA와 국방성은 영화의 내용을 긴밀히 통제하는 한편 사병들을 모으는 데 이를 쓸모있게 활용할 수 있었다.

미국의 세계 개입은 어디까지
MIT 촘스키 교수와 울시 전 CIA 국장의 대담

테러리즘에 대항하여 싸울 임무가 있다

울시 : 미국이 세계 곳곳에서 군사력을 행사한다고 해서 다른 나라들이 미국처럼 행동할 것이라고 생각하지 않는다. 오히려 그 반대다. 미국이 움직이지 않으면 사담 후세인과 같은 독재자들의 질주를 멈추게 할 수 없을지 모른다. 누군가가 테러리스트나 암살자들에 대항해서 싸울 임무를 져야 한다.

촘스키: 미국은 유엔 등 국제기구들의 결정과 상관없이 끊임없이 무력 사용의 권리를 주장해왔다. 유엔 헌장 51조를 보면, 침략에 대한 합법적인 방어에 한해 무력 사용을 허용하고 있다. 그런데 미국은 '침략'이라는 말에 내전과 국가 전복행위까지 포함시키고 있다. 1996년 미국이 리비아를 폭격했을 때, 워싱턴은 '미래의 침략'에 대응한 합법적 방어를 폭격의 정당성으로 내세웠다. 파나마를 침공했을 때도 파나마가 마약 거래 기지로 사용되어서는 안 된다는 것이 침공 이유였다.

울시: 쿠바와 이란, 니카라과의 상황은 서로 다르다. 이란의 경우, 1950년대 CIA는 아이젠하워 대통령의 지시에 따라 팔레비 국왕의 복권을 지원했다. 모든 일들이 제 길로 들어서게 하는 것은 옳다. 쿠바의 경우에 피그만 작전은 케네디 대통령에게나 CIA에게나 불행한 일이었다. 이란과 달리 당시 케네디 대통령은 매우 위험한 독재자와 대결하고 있었다. 그의 행태로 보아 카스트로는 세계를 핵전쟁으로 끌어들이고도 남을 만한 자였다. 니카라과의 산디스트들 역시 독재자들이었다. 니카라과의 인민들이 독재자 소모사에 대항했던 것처럼 산디스트들에게 대항하여 일어섰다. 니카라과 국민들은 대통령 선거에서 분명히 산디스트들을 거부했다. 80년대 초에 레이건 정부가 콘트라스를 지원했던 것 또한 처음에는 합법적이었다. 합법적인 것을 의회가 불법적인 것으로 만들었을 따름이다. 이 모든 행위는 미국이 개입을 해야만 하는 독재 정권들의 성격에 따라 정당함과 부당함이 정해져야 한다.

지난날에는 비밀리에 했던 일을 지금은 공공연히 한다

촘스키: 케네디 정부는 베트남에 네이팜탄을 퍼부었고, 아버지 부시

정부는 파나마를 침공했다. 그런데 어느 경우든 공격 스타일은 변하지 않았다. 달라진 것이 있다면 지난날에는 비밀리에 했던 것을 지금은 공공연히 하고 있다. 냉전 종식이 아무런 변화를 낳지 못하고 있는 것이다. 레이건은 케네디가 베트남에서 했던 일을 중남미에서 재연했다. 차이가 있다면 레이건의 경우 비밀작전보다는 공공연히 힘을 행사하는 걸 더 좋아했다는 점 정도이다. 미국의 세계 개입 논리는 최종 순간 미국 시민들의 결정에 달려있을 텐데 시민들은 항상 변두리에 머물러 있고, 무슨 일이 벌어지고 있는지를 잘 알지 못한다.

울시: 이런 방식으로든 저런 방식으로든 세계의 모든 나라들이 다른 나라 일에 개입하고 있다. 그런데 무엇보다 먼저 한 가지 알아두어야 할 것은 우리는 다른 나라들과는 다른 특별한 권리와 의무를 갖고 있다는 점이다. 미국은 미국의 국익이 직접 위협을 받지 않더라도 행동을 해야 할 의무를 져야 할 경우가 있다. 지난 1920년과 30년대에 우리가 세계 문제에서 몸을 뺏을 때 어떤 일이 벌어졌는가. 히틀러가 라인 강을 건너는 순간에 우리가 반나치 연합전선에 얼굴을 내밀었다면 그 뒤의 비극을 막을 수 있었을 것이다. 우리의 세계 개입은 까닭이 없는 것이 아니다. 크게 보아서 우리가 세계에 개입한 덕택에 두 개의 열전과 한 개의 냉전에서 우리 적들이 역사의 저편으로 사라졌다. 그래서 이들 정권이 민주화의 길로 접어들 수 있었다.

우리는 다른 나라와 다른 특별한 권리와 의무가 있다

촘스키: 도덕적인 책임감의 문제다. 경우에 따라 서로 다르겠지만 우리가 세계 모든 문제에 직접 개입해야 하는지 아닌지에 대해 깊이 생각해야 한다. 사물의 실상과 가능한 여러 대안들, 국제법과 무력 개입을 했을 때 벌어질 결과에 대해 치밀히 검토해야 한다는 말이다.

> 걸프전쟁 전에 사담 후세인은 이미 몇 차례나 큰 범죄를 저질렀다. 그중 가장 악독한 것이 1980년대 쿠르드족을 독가스로 대량 학살한 일이다. 또 1988년에는 이란에 대해 화학전쟁을 일으켰고, 국내 민주 인사들을 고문, 살해했다. 그런데 이 시기에 사담 후세인은 미국과 영국의 중요한 동맹자이자 경제 파트너였다. 이 자에 대해 군사 개입을 해야 한다는 소리는 어디에서도 들리지 않았다. 오히려 그 반대였다. 쿠웨이트 침공 시기까지 부시 행정부는 한결같이 사담 후세인을 지지했다. 이 경우든 저 경우든 친구인지 적인지를 구분하는 잣대가 미국에 복종하느냐 아니냐여서는 안 되지 않는가.

밀월의 역사

할리우드와 국방성 사이의 이 같은 밀월 관계는 물론 새로운 것이 아니다. 군사 사학자 로렌스 쉬드가 그의 책 《영화 속에 미국의 군사 이미지 심기》(켄터키대학 출판부, 2002년)에서 말하고 있는 그대로 미국 역사상 곳곳에 이런 일이 담겨 있다.

할리우드와 국방성의 관계는 항상 긴밀했으며, 이 같은 긴밀한 관계는 1915년 D.W. 그리피스의 〈국가의 탄생〉으로 거슬러 올라간다. 이때 미국 육사 엔지니어들이 영화사에 병참을 지원했던 것이다.

이 같은 동맹이 9·11테러를 거치면서 되살아나고 있다. 그래서 산티아고와 시애틀이 단 한 방의 핵폭탄으로 파괴되는 제리 브룩하이머의 〈제3차 세계대전〉과 세계무역센터 파괴를 목표로 한 음모를 파헤치는 재키 찬(영화배우 성룡의 영어식 이름)의 〈노즈 블리드〉와 같은 영화들이 영화가를 장식하고 있다.

할리우드는 이제 고개를 숙이기로 작정한 것처럼 보인다. 〈LA 타임스〉는 전쟁의 재앙과 테러리스트들을 다룬 영화 제작에 영화업계가 점차 흥미를 잃어갈 것으로 보았다. 그러나 대중들은 다른 방식으로 대응했다. 2001년 10월 3일자 〈워싱턴 포스트〉를 보면 〈람보〉와 같은 영화들이 미국 비디오 대여의 절대 다수를 차지하고 있는 것이다.

9·11테러 직후 사우스캘리포니아대학 크리에이티브 테크놀로지 연구소는 국방성의 지원 아래 시나리오 작가 및 감독들과 여러 차례 모임을 가졌다. 시나리오 작가 스티븐 데 소자, 감독 조지프 지토(델타 포스 등), 데이비드 핀셔, 스파이크 존즈 등이 여기에 가담했다.

케네스 베르기스트 장군이 이끈 이 모임의 목표는 테러리스트들의 공격과 관련, 군이 영화업계에 최대한의 상상력을 제공하기 위한 것이었다.

로렌스 쉬드는 전쟁 시기에 워싱턴이 어떤 식으로 체계적으로 할리우드에 접근하는가를 말해주었다. 워싱턴과 국방성을 비판적인 이미지로 그린 1960년대의 존 프랑켄하이머의 〈5월의 7일간〉과 스탠리 큐브릭의 〈폴라무어 박사〉 이후 커티스 메이 장군은 유니버셜사에 접근해서 미 공군의 영광을 다룬 영화를 제작하게끔 한다.

존 애쉬크로프트 법무장관은 〈공포의 총합〉이 일제히 상영된 주말이 끝난 뒤 월요일, 알 카에다와 선이 닿아 있다는 테러리스트 압둘라 알 무자히르(본명은 호세 파딜라) 체포 사실을 발표했다.

더욱 이상한 것은 그는 무자히르 체포를 발표하던 날 〈공포의 총합〉에 대단원을 이루기라도 하듯이 모스크바를 방문하고 있었다.

대혼란에서 지구를 구하기 위해 러시아와 미국이 협력을 한다는 것이다.

만약 미국이 이라크를 공격한다면 이를 다루는 영화가 언제 나올 것인지 달력을 유심히 살펴봐야 할 것 같다.

★
머리털 끝에서 발톱까지

★ ★ ★ ★

피터 보몽(Peter Vaumont)
영국 〈옵저버〉 기자.

유엔 특별기가 아프가니스탄 카불 공항에 내리면 맨 처음 나타나 기자와 외교관, 국제 구호단체 일꾼들을 맞이하는 사람들이 있다. 개를 몰고 있는 미군 특수부대 요원들이다. 가방을 뒤지고 그렇게 해서 아프간 주둔 미군의 안전을 보장하는 것이 그들의 임무다. 그는 땅딸막했고, 주의깊었으며, 공격적이었다. 그리고 밀려드는 사람들에게 "뒤로 물러가시오. 내 말을 듣지 않으면 내 개가 물 것이오!"라고 고함을 질러댔다.

그런데 똑같은 고함 소리가 워싱턴에서도 들리고 있다. '내 말을 듣지 않으면 내 개가 너희들을 물 것'이라는 고함소리가 미국 부시 행정부의 군사외교 정책이 되고 있는 것이다. 그러면서 부시 대통령은 이라크와 이란 및 북한을 '악의 축'이라고 발표했다. 이들 나라 중 어느 하나도 현재로서는 미국을 위협하고 있다는 증거가 없다는 CIA의 보고에도 불구하고 말이다.

잇달아 부시 대통령은 미국의 군사비를 15% 늘린다고 발표했다. 이것은 지난 20년 동안 최대의 증가 폭이며, 유럽연합(EU) 모든 국가들의 군사비를 합친 것보다 더 많은 액수다. 우선 미국의 군사비는 올해 3백60억 달러가 늘고 내년에는 4백80억 달러가 느는데, 앞으로 5년에 걸쳐 1천2백억 달러가 늘어난다. 그런데도 리처드 마이어스 합참의장과 도널드 럼스펠드 국방장관은 만족을 못 했는지 투덜대고 있다.

이 모든 것이 무엇을 뜻하는지는 분명하다. 9·11테러에 혼란을 느끼고 아프가니스탄에서 누린 승리에 우쭐해진 부시가 '악을 행하는 자들'에게 '내 개가 너희들을 물 것이며, 내 개는 갈수록 사납고 거대해지고 있다'는 메시지를 보내고 있다. 미국이 왜 군사비를 이같이 급격하게 늘리는지에 대한 해답의 실마리도 여기에 있다. 초강대국이 아니라 세계 무대에서 거대한 괴수가 되려는 것이다.

진짜 원하는 것이 안보인가

그런데 세계 다른 나라들은 고개를 갸우뚱하며 의아해하고 있다. 미국이 왜 누구를 상대로 해서 이같이 군비를 강화하고 있는지 도대체 알 수 없다는 것이다. '표면상'으로는 '안보' 때문이다. 그러나 군사비를 얼마만큼 증강해야 미국이 테러로부터 안전해질지는 여전히 분명하지 않다. 그보다는 9·11테러로 상처받은 미국의 영혼을 위로하려는 것 같기도 하다. 더 이상 테러에 무력하지는 않을 것이라는 몸짓일 수도 있다는 것이다.

미국이 구하고자 하는 것이 진짜로 안보라면, 세계 지배에 열을 올렸던 지난날의 '악의 제국'들이 했던 것과 같은 방식으로 군비 증강의 길로 치달을 것이 아니라, 잠재적 적대국들과 대화를 하는 쪽이 더 나을 것이다. 그리고 또 어떤 사람들은 미국이 하는 전쟁 이야기는 순전히 국내용으로 가깝게는 중간선거, 멀리는 다음 대통령 선거를 염두에 둔 것일 뿐이라고 말한다. 어느 쪽이든 한 가지 분명한 것은 지금 미국은 두 손 중 한 손을 등 뒤로 묶고도 세계 어느 나라와 전쟁을 해도 이길 수 있다는 점이다.

미국의 핵 항공모함 그룹 하나에 실린 군사력이 다른 나라 전체 군사 전력보다 강하다. 그런데 미국은 이런 전투 그룹을 7개나 갖고 있다. 이 같은 무기 시스템의 규모나 힘만이 아니다. 미국 군대가 미치는 범위는 정말 무시무시하다. 수많은 전함들을 거느리고 일본 요코하마를 떠난 항모 키티호크가 6천 마일을 항해해서 페르시아 만에 도착하는 데에는 12일밖에 걸리지 않는다.

그리고 B52 폭격기는 적국 하늘 위에서 수백 마일 떨어진 곳의 목표물을 맞추는 미사일을 싣고 세계의 하늘을 날고, 공중에서 급유를 받고 있으며, 때로는 우주 궤도에 떠 있는 위성에서 미사일을 발사하기도 한다. 폭탄과 비행기, 인공위성, 탱크 그리고 실시간대에 입수하는 정보에서 차지하는 미국의 압도적인 우위는 미국 병사들의 사망율을 눈에 띄게 떨어뜨렸다. 그리고 미국의 경제력이 이 같은 수준의 고사화를 가능하게 하고 있는 것이다. 그런데도 불구하고 록히드마틴과 같은 미국의 거대 군수업체들은 유럽의 유로 전투기 등을 잠재적인 적으로 삼으면서 '더욱더 강한 무기'를 외치고 있다.

왜 그럴까. 기관총이 나오자 기병대가 풀잎처럼 쓰러진 제1차 세계대전 때의 상황을 연상하면 이에 대한 답이 나올지 모른다. 폴 케네디 예일대 교수의 계산에 따르면, 지금 미국의 군사 지출비는 세계 전체 군사 지출비의 40%를 차지하고 있다. 그 덕택에 보건복지와 의료혜택, 도시주택 재건 등의 사회안전 예산이 깎이고 있다. 그 가운데에서 군이 미국의 새로운 힘의 중심으로 떠오르고 있다. 이것이 부시 행정부의 가장 뚜렷한 특징이다.

미국은 홀로 간다

미국의 우방국들 사이에서는 이미 경종이 울렸다. 유럽 국가들도 군사비 지출을 늘려야 한다는 것이다. 그렇지 않으면 유럽이 군사적으로 피그미족처럼 되는 것은 시간 문제라고 나토의 로버트슨 사무총장이 말했다. 문제는 나토다. "미국이 냉전 때처럼 또다시 나토와 더불어 전쟁을 할 것인가 의문이다."라고 칼 빌트 스웨덴 전 총리가 말했다.

미국은 혼자 전쟁을 수행하고 국가를 건설하며 평화를 지키는 권리를 가졌다. 아프가니스탄 전쟁은 미국을 세계 유일의 총사령관으로 만들었으며, 근본적으로 국제적인 군사 협력 구도를 다시 편성해버렸다. 중앙 아시아에 미국의 새 군사 요새들이 흙탕물을 튀기고 있고, 태평양과 인도양에는 미국의 항모들이 떠다니고 있다. 그리고 중국과 파키스탄, 인도, 러시아와 옛 소련 국가들, 체첸과 티베트, 카시미르의 인권 문제는 외면당하고 있다.

미국의 새로운 군사 패권 문화는 빌 클린턴이나 예전 정부의 그것들과는 분명히 다르다. 동일 연장선에 서 있지 않은 것이다. 이 군사 패권 문화는 완전히 새로운 것이고, 이 무시무시한 문화의 꼭

대기에 서 있는 자가 국방장관에 취임하는 날이 열린 것이다. 그리고 그가 데리고 온 자들은 지난날과 같은 방식으로 생각하고 행동하지 않는다.

그들 중의 한 사람이라고 할 수 있는 미국 정부의 어떤 고위 관리는, '미국의 힘과 미국이 홀로 간다'는 것을 깊게 믿는 자들이 강한 팀을 형성하고 있다고 말했다.

그런데 무엇을 위하여? 테러와 싸우기 위해서라고 하지만, 그것만으로는 중앙 아시아에 새 기지를 건설하고 항모에 군대를 투입하는 미국의 지금 모습을 설명할 수는 없다.

★
밀리터리 파워,
그들의 군사무기는 몇 세대 앞서 있다

★ ★ ★ ★

롤랑 뮈라비치(Rorlin Muravich)
미국 군사문제 전문가.

우선 숫자부터 살펴보자. 미국 국방성이 군사 기술 개발을 위해 해마다 쓰는 돈이 프랑스 1년 총 국방 예산과 맞먹는 3백억 달러에 달한다.

제2차 세계대전 뒤의 무기 혁신은 주로 과학기술 혁신의 산물이다. 1940년대와 50년대, 그리고 60년대에는 이것이 핵폭탄으로 나타났으며, 무엇이든 거대하게 만들어야 한다는 생각이 지배했다. 핵분열 공장과 대륙간탄도미사일, 폭격기 공장들이 그러했다.

이 기간은 소련과 대결하는 시기였다. 미국 국방성이 주도권을 잡고 과학기술을 개발해왔다. 그 모든 것의 목표는 단 한 가지, 적보다 더 크고 더 무거운 무기를 개발한다는 것이었다. 그러다가 1970년대 중반부터 미국 군부는 과학의 새로운 혁명이 무기만이 아니라 군사 전략의 개념 자체를 뒤집을 수 있다는 것을 알게 됐다.

새로운 혁명이란 바로 정보혁명이다.

그래서 제로 베이스에서 출발한 원자탄 개발계획 '맨하탄 프로젝트'와 같은 것은 이제 볼 수가 없다. 민간 부문에서 먼저 연구개발을 시작하고, 거기에서 나온 것을 군이 사용하는 형태가 되는 것이다. 수많은 민간 부문의 기술 혁신을 군이 통합하고 소화하며 적용하고 있다. 그래서 미국은 경제와 생활조건을 급격하게 변화시키고 있다.

육·해·공군 할 것 없이 미국 군부는 모두 자체 기술개발연구소를 갖고 있다. 로스 알라모스와 로렌스 리버모어와 같은 대규모 국립실험연구소를 두고 있을 뿐만 아니라, 대학이나 기업들의 연구기관들과 긴밀한 협력관계를 맺고 있다. 록히드마틴, 레이턴과 노르돕 같은 기업이 바로 그런 기업들이다. 군과 기업, 과학자와 고위 공무원 사이에 항구적인 연대가 이뤄지고 있는 것이다.

다르파(Darpa)라는 이름의 미국 국방성의 한 특수부대가 이 일을 전담하고 있다. 다르파는 과학기술 분야에서 생기는 모든 일들을 챙기고, 그 결과물들을 신무기 개발에 어떻게 사용할 수 있는지를 검토한다. 그리고 연구개발 작업에 돈을 대준다. 규모가 아무리 작더라도 최첨단기술을 가진 기업이 있다면 다르파가 이들을 특별히 지원한다. 그 결과 무기 시스템에서 신 개념 도입과 이를 실전 배치하는 데에 걸리는 시간이 지난날에는 8년이었는데 지금은 3년으로 줄었다. 이것이 미국의 무기 시스템을 세계의 다른 나라들보다 몇 세대나 앞서게 한다.

미국의 무기 시스템이 몇 세대나 앞서 있는 것은 거의 모든 분야에서 그러하다. 예를 들어 미군은 눈에 보이지 않는 목표물을 적의 위협에 전혀 드러나지 않은 채 최고로 정확하게 밤낮으로 파괴할 수 있다. 그리고 지상과 해저, 공중 할 것 없이 어디에서든 모든 것을 식별하고 추적, 탐지할 수 있다. 과학 공상소설에 나오는 것과 다르지 않다. 그러므로 미군은 아주 미세한 소리까지 들을 수 있고, 지나가는 것들의 무게와 열량, 자기량을 측정하고 화학 반응과 파장, 영상을 접수할 수 있다. 소련군의 아프가니스탄 철수를 확인하고, 탱크와 미사일의 모터나 사람을 비롯해서 열을 발산하는 모든 것들, 무기와 장갑차에서 나오는 자기량, 대기 중의 세균의 존재 여부, 이메일과 전화까지 도·감청할 수 있다.

미국은 무적이 아니다

그러나 이것이 전부가 아니다. 입수한 정보는 숫자로 만든다. 그리고 첩보위성과 광섬유, 인터넷 네트워크 등에 힘입어 어느 곳에서 오는 정보든 거의 실시간으로 미국만의 기지로 옮긴다. 미국만이 이 같은 정보의 송수신 능력을 갖고 있다.

그리고 엄청난 정보 처리 능력을 갖고 있다. 이것이 정보화 시대의 관건인데, 미군은 상상을 뛰어넘는 계산 능력을 언제나 동원할 수 있다. 미군은 크레이와 후지쓰 같은 세계 최강의 컴퓨터를 작동하고 있을 뿐만 아니라 진짜 특별하다고 볼 수밖에 없는 정보 소프트웨어를 개발하고 있다. 소리와 형태, 분자, 핵심어들을 자동으로 식별, 측정하고 있는 것이다.

그래서 정지 궤도에 떠 있는 위성에서 보내온 정보에 따라 언제 어디에서든 지상과 해저, 공중의 목표물에 타격을 가할 수 있다. 그런데 이것은 이론에 불과하고 실제는 그렇지 못하며, 그렇지 못하다는 것이 세르비아와 보스니아 전쟁에서 드러나지 않았느냐고 할지 모른다.

그러나 남북전쟁 당시 "전쟁은 지옥이다."라고 한 셔먼 장군의 말을 잊어서는 안 된다고 생각한다. 보스니아와 세르비아 전쟁에서 오폭이 있었다고 하나 5천4백 건의 폭격 중 오폭은 9건이었다. 정확도가 99%에 이른다. 제2차 세계대전 뒤에 미군은 나치 독일에 대한 연합군의 공중폭격 정확도를 조사한 적이 있는데, 이 조사에 따르면 공중폭격의 4%만이 목표물의 4백 미터 이내에 떨어졌다. 그때와 비교하면 엄청나게 '발전'했지 않은가.

미국의 군사 독트린이 달라지고 있는데, 이 새로운 군사 독트린 수립 작업을 하는 곳이 미국 국방성 안의 OPA(Office of Net Assessment)이고, OPA를 총지휘하고 있는 사람이 대중들 앞에 얼굴을 드러내지 않는 앤드류 마셜이라는 자다. 이들은 시뮬레이션 게임을 만들어내고, 군사 전략과 전술을 새로운 기술 조건에 맞추기 위해 구체적인 작전과 훈련을 진행하고 있다. '군사 부문의 혁명'(Revolution in the Military Affairs)이라고 불리는 것을 만들어 낸 자들도 이들이다.

말하자면 미국과 세계 다른 나라들 사이의 군사력 차이가 갈수록 커지고 있는 것이다. 항공모함, 중장갑차, 폭격기와 같은 20세기적 힘의 벡터가 퇴조하고 21세기적 군사 승강장이 들어서고 있다. 예를 들어 이동하는 연안 군사기지가 항공모함을 대신하기 시작한 것이다. 길이가 1.5km밖에 안 되는 이 연안 이동 군사기지는 핵폭발에도 저항할 수 있고, 해안에서 5백 킬로미터 안에 있는 목표물이라면 어느 곳이든 공격할 수 있다. 수송 병력 수도 1개 여단 3천 명까지 가능하다. 이런 것들이 지정학을 급격하게 변화시키고 있다.

그렇다면 미국은 무적이라는 말이고, 모든 전쟁에서 최후의 승자가 될 것이라는 소리로 들릴지 모르나, 실제는 그렇지 않다. 전쟁을 일으키는 것이 정치이기 때문이다. 그리고 정치는 기술과 과학이 아니다.

★

돌팔매에서 별들의 전쟁으로

★ ★ ★ ★

이상현
서울대학교 외교학과를 졸업하고 미국 일리노이대학에서 박사학위를 받았다.
세종연구소 국제관계 연구위원으로 재직 중이며, 〈Weekly SOL〉 편집위원으로 활동하고 있다.

　　미사일 방어시스템(MD) 논쟁은 오랜 역사가 있다. 인류 최초의 탄도 무기는 원시인이 던진 돌맹이였다. 돌팔매에 이어 화살이 한동안 사용되었고, 그리스 · 로마 때는 공성을 위해 활보다는 주로 투석기를 이용했다.
　　그러나 본격적으로 탄도 무기가 등장하기까지는 긴 세월이 걸렸다. 추진 장치가 필요했기 때문이다. 13세기 중국에서 화약을 발명함으로써 사람의 힘으로 개발한 추진력이 화약의 폭발력을 이용한 추진력으로 발진했고, 이어 17세기 들어 처음으로 초보 형태이기는 하나 로켓이 등장했다.
　　최초의 장거리 탄도미사일은 제2차 세계대전 때 나치 독일이 런던 상공에 날려 보낸 V-2로서 사정거리가 3백 킬로미터였다.
　　그러다가 1957년 소련이 미국보다 한 발 앞서 다단계 로켓 추진체로 인류 최초의 인공위성 스푸트니크를 궤도에 올려놓음으로써, 미국과 소련 간의 긴 전략무기 경쟁이 막을 연다.

미국과 소련의 초기 핵 전략은 주로 장거리 대륙간탄도탄(ICBM)을 얼마나 많이 갖느냐 하는 점에 집중되었다. 적의 선제 핵 공격에서 살아남아 보복 공격을 하기 위해서는 우선 양적으로 우세를 유지하는 것이 중요했던 것이다.

이 같은 이유에서 나온 구상이 바로 날아오는 적의 미사일을 아군의 미사일로 격추한다는 탄도미사일 요격체제였다. 최초의 탄도미사일 요격체제는 1950년대 말에 시작된 나이키-제우스(Nike-Zeus) 계획이다.

이는 지상 60마일 이상의 대기권에서 4백 킬로톤급 핵탄두를 폭발시켜 그 위력으로 날아오는 미사일을 공중에서 폭파한다는 구상이다. 그러나 이 계획은 다발로 날아오는 미사일을 동시에 추적할 수 있는 레이더 체제를 갖추지 못하면 의미가 없었다.

이어서 나이키-X, 센티널 등 이와 비슷한 몇 가지 전략 구상이 실험적으로 운용되다가 닉슨 행정부로 들어서면서 미국의 핵 전략은 기존의 주요 도시 방어 전략에서 주요 군사시설, 특히 12개 전략 핵무기 사이트를 방어한다는 세이프가드 계획으로 크게 달라진다.

미국과 소련이 전략무기제한협정(SALT)을 거쳐 1972년 탄도탄 요격미사일(ABM) 협정을 체결하는 것도 이 무렵이다. 이 협정은 양국이 두 개의 요격미사일 기지만 남기고 나머지는 모두 폐쇄한다고 명시했고, 뒤이어 1974년의 후속 협약에서는 양국 모두 1백 기의 요격미사일을 상한선으로 하는 미사일 기지 한 곳으로 제한했다. 그러나 ABM 협정의 성공적 평가는 다시 소련이 다탄두탄

(MIRV) 체제를 도입함으로써 빛을 잃었다.

1983년 미국의 레이건 대통령이 기존의 핵무기들을 무용지물로 만들겠다는 전략방위계획(SDI), 이른바 별들의 전쟁을 발표함으로써 미·소 간 전략무기 경쟁은 새로운 차원을 맞는다.

이 계획은 지상과 우주 공간에 적어도 3천5백 개의 목표물을 막아낼 수 있는 여러 층의 요격 방어망을 형성한다는 야심찬 것이었다. 그러나 매년 40억 달러 이상의 막대한 예산을 퍼부은 '별들의 전쟁' 계획은 채 가동하기도 전에 소련이 무너지면서 역사의 무대 너머로 퇴장한다.

걸프 전쟁이 보여준 것들

그러다가 1991년 걸프전이 미사일 전쟁이라는 새로운 전쟁 형태를 보여주자 다시 한번 요격미사일 체제의 필요성이 제기되었다. 이 당시 이라크의 스커드를 요격하기 위해 사용한 패트리엇의 성능이 기대에 못 미친다는 것이 밝혀지면서 1993년 집권한 클린턴 정부는 기존의 전략방어계획기구(SDIO)를 탄도미사일방어기구(BMDO)로 개편하고, 본격적인 미사일 방어체제 구축에 돌입한다.

이러한 움직임은 마침내 1995년 공화당이 의회를 장악하면서 국가미사일방어체제(NMD)를 2005년까지 실전 배치한다는 청사진으로 구체화되었다.

2001년 초에 집권한 부시 행정부는 기존의 국가미사일방어 계획을 대폭 수정했다. 더 이상 NMD와 전역미사일방어체제(TMD)를 구분하지 않는 대신, 방어의 핵심을 부스트단계(초기 동력비행) 방어, 중간비행단계 방어 및 최종 비행단계 방어로 구분하는 동시에 지상·해상·공중·우주를 망라하는 다층의 방어망을 구축하는 방향으로 선회했다.

부시 행정부는 나라 안팎의 비판에도 불구하고 MD 계획을 강행할 것이 거의 확실하며, 2002년 봄 알래스카 기지를 건설하기 시작하면 MD 논쟁도 새로운 국면을 맞을 것으로 예상한다.

제2차 세계대전 뒤에 소련은 소련군이 진주했던 이른바 해방구들을 차례로 위성국으로 만든 다음, 1948년 베를린 봉쇄를 통해 노골적으로 유럽을 지배하려는 야심을 드러낸다. 그리고 1949년에는 핵실험을 성공해서 미국의 핵 독점에 종지부를 찍었다. 잇달아 1960년대부터 핵폭탄 운반 수단인 미사일 개발에 들어가 1970년대 말까지 약 1천5백 기의 탄도탄 미사일을 실전에 배치하기에 이르렀다.

그러는 한편, 갈로쉬(Galosh)라고 이름을 붙인 요격미사일 체제를 개발 운용하기 시작했다.

중국의 동방홍, 북한의 대포동 2호

이에 비해 중국은 1964년 처음으로 원자폭탄 실험에 성공하고 1980년대에 이르러서야 대륙간탄도탄 개발에 성공한다. 그러나 현재 중국이 보유하고 있는 대륙간탄도탄은 약 24기 정도로 추산되고 있어 미국이나 러시아의 적수가 되지 못한다. 따라서 ABM 조약은 주로 미국과 소련 사이의 일이었다.

그런데 1990년대에 접어들자 미국의 안보가 러시아나 중국이 아닌 새로운 세력에게도 위협받을 수 있다는 사실이 드러난다. 특히 걸프전은 미국의 전략적 주요 적이 러시아나 중국에 한정되지 않는다는 사실을 보여주었다.

조지 테닛 CIA 국장은 2000년 2월의 미 의회 증언에서, 앞으로 15년 안에 미국의 주요 도시들이 모두 크고 작은 미국의 여러 적들에게서 날아오는 탄도미사일 위협 아래 놓일 수도 있다고 말했다. 그 대표적인 예로 북한의 대포동 2호는 미 본토에까지 핵탄두를 운반할 능력을 갖추었다고 증언했다.

테닛의 의회 증언을 받아 미국의 MD 찬성론자들은 냉전 때 만든 틀을 가지고는 미래에 닥칠 위협에 대처할 수 없다고 주장하기 시

MD와 탄도미사일의 위협, 실상인가 허구인가

이제 MD는 '할 것인가 말 것인가' 라는 논쟁 단계를 넘어 언제 어떻게 할 것인가 하는 결정만을 남기고 있다. 탄도탄 요격미사일(ABM) 조약 탈퇴는 MD를 향한 미국의 의지를 단적으로 보여주고 있다.
클린턴 행정부 당시 확정된 미사일 방어계획은 크게 국가미사일방어(NMD)와 전역미사일방어(TMD)로 구분된다. NMD는 미국 본토를 방어하는 데 초점을 두고 있다. 이란, 이라크, 북한 등 이른바 '불량국가'들이 미국을 목표로 삼아 발사하는 미사일이나 러시아, 중국 등 기존 핵 보유국들의 착오로 말미암은 우발적인 미사일 공격에서 미국 본토를 방어하기 위한 것이다.
이에 비해 TMD 체제는 해외 주둔 미군과 군사시설 및 미국의 동맹국들을 주변국들의 미사일 공격에서 보호하는 데 중점을 둔다. 문제는 미국이 추구하는 MD가 실제의 위협에 근거를 두고 있으며, 또 그만큼 막대한 예산을 들일 가치가 있는가 하는 점이다. 이점에 대해서 미국 내의 의견이 반드시 일치하는 것은 아니다.

작한다. 말하자면 ABM 조약은 어디까지나 냉전의 산물인 만큼 여기에 매달릴 필요가 없으며, 탈냉전 뒤에 생기는 새로운 위협 요소에 대해서는 새로운 방식과 틀로 대처해야 한다는 것이다.

대표적으로 도널드 럼스펠드 국방장관은 1972년의 ABM 조약을 탄생시킨 국제안보환경은 이미 존재하지 않을 뿐더러, 그 조약의 주체였던 소련 역시 역사 속으로 사라졌기 때문에 새로운 안보전략을 세워야 한다고 주장하고 있다.

여기에 대한 반대 진영의 주장도 만만찮다. 이들은 주로 MD의 비효율성과 예산 낭비에 초점을 맞추면서, MD가 중국과 러시아의 핵 전력 증강을 자극함으로써 오히려 미국의 국가안보에 역효과를 가져온다고 주장한다.

이들은 우선 기술적 한계를 들고 있다. 현재의 기술 수준에서 요격미사일은 모조탄두(decoy)와 같은 단순한 기술만으로도 쉽게 피할 수 있다. 지금까지 다섯 차례 MD 실험 결과, 제한된 성공만을 거둔 사실 자체가 MD의 기술적 한계를 분명하게 보여준다는 것이다.

둘째 MD가 확증이 없는 안보 위협을 전제로 하고 있다는 점이다. 이른바 불량국가들은 너무 제멋대로여서 이들에게 예측 가능한 합리성을 기대한다는 것 자체가 처음부터 그릇된 발상이기 때문에 사전에 만반의 준비를 해야 한다는 것이 MD 찬성파들의 주장이다.

또 MD 찬성파들은 테러리스트 집단의 위협을 말하고 있지만 실상 대륙간탄도탄은 테러집단이 사용하기에는 가장 부적절한 무기다. 1999년 9월 미국 CIA는 〈국가 정보동향(National Intelligence Estimate)〉 보고서에서 앞으로 15년 안에 미국 본토까지 탄도미사일을 날려보낼 수 있는 나라로 러시아와 중국, 북한, 이란, 이라크 등 5개국을 꼽았다.

그러나 러시아와 중국 외에 실제로 미국에 위협을 가할 수 있는 나라는 거의 없다고 해도 지나친 말이 아니다. 정확도나 탄두의 화력 면에서도 북한과 이란, 이라크가 미국에 대해 실제로 위협이 된다고 보기 힘들다.

어마어마한 개발비

세번째 문제는 MD 개발과 운영에 따르는 막대한 비용이다. 미국이 1957년부터 1999년 사이 미사일 요격체제를 위해 쏟아부은 돈만 해도 2000년도 불변가격으로 무려 1천2백20억 달러에 달한다.

그중 절반 이상을 '별들의 전쟁'으로 불렸던 레이건 대통령 때의 SDI를 비롯 MD가 차지한다. 그럼에도 아직 MD는 기술적으로 미래가 불확실하며 얼마만큼의 돈을 더 쏟아부어야 할지 알 수 없다.

뿐만 아니라 세계 전체의 평화와 관련해서 MD가 제기하는 문제는 더욱 심각하다. MD가 기폭제가 되어 얼마든지 새로운 냉전이 벌어질 수 있는 것이다. 워싱턴 군비통제협회(Arms Control Association)의 스퍼전 키니 회장은 ABM 조약을 포기하는 것은 지난 30년 간 힘겹게 쌓아올린 미국과 러시아 간의 협력의 탑을 한순간에 무너뜨리는 것과 같다고 말하고 있다.

2000년 7월에 MD 3차 실험이 실패로 끝났을 때, 미국 언론들은 기술적 측면과 전략적 측면 양면에서 모두 MD 반대 여론이 힘을 얻을 것으로 전망했다. 그러나 부시 행정부는 MD로 강행군을 계속하고 있다. 더구나 2001년 7월 14일의 요격실험 성공은 그 동안 국내외에서 비판을 받고 있던 부시 행정부에게 일단 돌파구를 제공한 것으로 보인다.

〈워싱턴 포스트〉의 최근 보도에 따르면, 부시 행정부는 대통령 임기가 끝나기 전인 2004년까지 최소한 다섯 기의 요격미사일을 알래스카에 실전 배치할 계획이라고 한다. 또 미국 내 육상 기지 외에 공해의 해상 기지에도 MD를 실전 배치하려는 계획이다. 이를 위해 미국 국방성과 보잉을 비롯한 미국의 군수업체들은 해마다 네 차례 이상 MD 실험을 할 예정이라고 〈워싱턴 포스트〉는 전하고 있다.

ABM 탈퇴가 뜻하는 것

이제 미국이 ABM 조약을 탈퇴함으로써 MD에 관한 세계의 우려는 현실로 나타나고 있다. 미국이 ABM 조약에서 일방적으로 탈퇴함으로써 9·11테러 이후 국제적 반테러 연대를 중심으로 이루어졌던 우호적 분위기가 흐려지고, 새로운 군비 경쟁이 불붙을 가능성이 크다.

그러나 다른 한편, 러시아는 미국의 ABM 조약 탈퇴를 비판하면서도 ABM 체제를 대신할 새로운 안보체제 구상을 제의함으로써 사실상 ABM 조약 폐기를 기정 사실로 받아들이는 모습이다. 중국 또한 MD 체제의 대만 적용 가능성에 우려를 나타내고 있으나 러시아와 마찬가지로 이번 반테러 전쟁을 계기로 미국과 맺은 유대관계를 포기하고 적극적으로 반대하기는 쉽지 않으리라는 전망이 우세하다.

9·11테러와 뒤를 이은 반테러 전쟁에도 불구하고 미사일 방어는 부시 행정부의 세계 전략에서 중추적 위치를 차지할 것이다.

ABM 조약 탈퇴는 미사일 방어체제 구축에 필요한 실험을 가로막는 장애를 제거했지만 동시에 미국의 일방주의 부활이라는 또다른 우려를 낳았다. 그리고 ABM 조약이 미국과 러시아 사이의 쌍무협정임에도 불구하고 이를 폐지함으로써 중국을 비롯한 인도, 파키스탄 등의 군비 경쟁에 연쇄반응을 일으킬 소지가 크다.

교토협약 탈퇴에 이은 ABM 조약 탈퇴는 9·11테러가 미국을 러시아나 유럽이 원하는 만큼 변화시키지는 못했다는 것을 입증한다. 그래서 어떤 이는 현재 부시 행정부의 행태를 '다자적 일방주의(multilateral unilateralism)' 혹은 '다자주의로 위장한 일방주의(unilateralism dressed up as multilateralism)'라고 부르기도 한다.

아무튼 현재 세계 역사는 엄청난 전환기를 맞고 있다. 그 끝이 제2의 냉전이 될지 아니면 MD가 세계를 정복하니까 평화가 온다는 식의 'Pax MD' 시대가 문을 열지 두고볼 일이다.

★
CIA, 이들만큼 강력한 자들이 전에는 없었다

★ ★ ★ ★

뱅상 조베르(Vincent Jovert)
프랑스 언론인.

　1997년 9월 17일 미 중앙정보국(CIA) 본부가 자리잡고 있는 버지니아주 랭글리에서는 CIA 창설 50주년 기념 행사가 열리고 있었다. 워싱턴 전체가 몽땅 이곳으로 자리를 옮긴 듯했다. 빌 클린턴 대통령은 축사에서 다음과 같이 말했다.
　"아마 내가 당신들 정보 장사의 첫번째 고객일 것이다. 대외정책을 결정할 때마다 당신들의 작업이 큰 도움이 되고 있다."
　세계에서 가장 강한 사나이가 '당신들의 작업'이라고 말하는 이 작업은 어떤 일을 가리키는 것일까. 여기에 대한 대답을 CIA 스스로가 하고 있다
　"기술이 갈수록 발전하고 있다고는 하나 우리들이 하는 일은 언제나 같다. 우리는 스파이고 비밀을 좋아하며, 공작원을 선발해서 그들을 다른 누구보다 우수한 요원으로 만드는 것이 우리들의 일"

이라는 것이다.

　미국의 이 비밀 공작원들은 어디에서 활동하고 있을까. 분쟁 지역에만 파견되는가. 아니다. 미국의 국가 이익에 결정적으로 중요한 영향을 미치는 곳은 보통 분쟁 지역이 아닌 다른 지역들이다. 이런 지역의 국가 지도자들이 공석에서든 사석에서든 진실을 말하고 있는지 아닌지를 알아내는 것이 미국 스파이들이 첫번째 할 일이다. 한 마디로 미국 스파이들은 지구 위 어디에나 있고 언제나 있다고 보면 된다.

　실제로 지난 50년 동안 비밀 정보기관은 미국의 대외활동에서 심장과 같은 구실을 해왔다. 연간 30억 달러 이상의 예산을 집행하고 있으며, 여기서 일하는 사람이 20만 명 이상이나 된다. 그들은 세계 유일 초강대국인 미국의 귀와 눈 그리고 강철의 팔뚝이 되고 있다.

　CIA는 냉전 초기 트루먼 대통령이 창설했다. 아메리카 민주주의를 지키기 위한 것이라고 하지만 친미 독재정권을 지지했으며 따라서 민주주의를 억압한 일도 많다. 국무성 외교관들이 알지 못하고 입수하지 못한 것이 있을 경우, 백악관은 이를 CIA에 요구한다. 세르비아와 이라크, 한국과 이스라엘, 중국과 터키, 수단 등이야말로 미국의 다른 정보기관도 그렇지만 CIA가 특별히 관리하고 있는 곳이다. 외교활동과는 전혀 다른 첩보활동과 비밀공작이 진행되고 있다.

미국의 전지구적인 도·감청 기구 에셜론(Echelon)

　미국은 세계 사람들의 이야기를 모두 엿듣고 있다. 전화와 팩스는 물론이고 인터넷 모두 도·감청 하고 있다. NSA는 국가 안보상 관계되는 일들만 엿듣는다고 하지만 기업, 경제, 과학기술 정보도 모두 도·감청 하고 있음이 확실하다는 것이다.

전 CIA 간부였던 미 공화당 하원의원 봅 바르와 같은 사람은 전화 통화든 인터넷상의 이야기든 수백만 명의 일상 대화를 미국 정부가 엿듣고 있다는 것은 정말 심각한 일이 아닐 수 없다는 말을 하고 있다.

이 모든 도·감청 작업을 하고 있는 것이 에셜론이다. 이를 위해 NRO는 120개의 특수 첩보 위성을 띄우고 있으며, 전자 정보 분야에서 미국, 영국, 캐나다, 호주, 뉴질랜드 사이에 '우쿠사(Ukusa)'라는 이름의 비밀동맹이 1949년부터 결성되어 있음이 밝혀졌다. 여기서 가장 결정적인 노릇을 하는 것이 영국의 '정부 커뮤니케이션 본부(GCHQ)'이다.

민주주의 수호를 위해서라지만

이라크의 예를 들어보자. 백악관은 경제·외교적 압력과 국제적인 협상을 통해 사담 후세인을 굴복시키려고 하기보다는 아예 후세인 정권을 붕괴시키는 쪽을 선택했다. 1996년 클린턴 대통령의 명에 따라 CIA는 이라크 북부 쿠르드족들을 시켜 무장반란을 일으키게 했다. 이를 위해 워싱턴은 이라크 국내에서 암약 중인 이라크인 CIA 협조자들에게 무기를 건네주었다. 그러나 1961년 피그만 사건 때 그러했던 것처럼 후세인 또한 CIA의 이 비밀공작에서 살아남았으며 전보다 더 강한 모습을 하고 있다.

미국 또한 가능한 한 모든 수단을 다 동원해서 이라크에 대한 비밀공작을 한층 더 강화하고 있다. CIA는 비밀요원을 이라크 군사시설 시찰 길에 오른 유엔 감시단에 침투시킨 적도 있다. 비밀공작에 국제법과 같은 것들이 걸림돌이 되면 그것이 무엇이든 치워버린다.

CIA는 후세인을 반대하는 쿠르드족들에게 수백만 달러를 보내는 한편으로 쿠르드 노동당 지도자 압둘라 오칼란이 어디에 있으며 어디로 가고 있는지를 계속 터키에 알려주었다.

알카라가 케냐에서 오칼란을 체포할 수 있었던 것은 순전히 CIA 덕택이다. 터키 정부는 반정부 활동에 관한 정보를 미국에게서 제공받는 대가로 미국 정보기관들과 협조 체제를 더욱 강화하는 데에 동의했다. CIA의 맹목적인 확신이 없었다면 백악관이 수단의 제약 공장을 대량 파괴용 무기공장이라며 폭격하는 어리석은 일은 하지 않았을 것이다.

베오그라드 주재 중국 대사관을 미국 폭격기가 공습한 것도 CIA가 제공한 잘못된 정보 때문이다. '모든 것을 알고 있는' CIA가 얼마만큼 '모든 것을 알지 못해' 미국과 세계를 나쁜 길로 들어서게 했던가 하는 것은, 지난 시기에 쿠바와 칠레, 과테말라, 엘살바도르, 니카라과에서부터 팔레비의 이란과 베트남, 마르코스의 필리핀에 이르기까지 수많은 나라에서 독재자들을 어떻게 지원했는가 하는 데에서 잘 드러나고 있다.

CIA는 필요하다면 외국은행의 계좌를 뒤지는 등, 미국의 친구이든 아니든 독립국가의 주권에는 관심이 없다. 이 때문에 국제 금융 시스템에 금이 가고 있을 징도이다. CIA 외에도 세 명의 또다른 '빅 브러더즈'가 있다. NSA(국가 안보국 : National Security Agency)와 NRO(국가 첩보처 : National Reconnaissance Office), DIA(국방 정보국 : Defence Intelligence Agency)가 그것이다. NSA는 종사자 수만도 10만 명이며, 도청과 감청 등 세계에서 미국의 귀 노릇을 하고 있다. 땅과 하늘과 바다에서 이뤄지는 거의 모든 대화를 잡아채고 있다.

전화와 팩스, 이메일도 모두 도청한다. 전지구적 통신 도청기구 '에셜런'을 운영하고 있는 것도 NSA이다.

NRO는 1992년에야 처음으로 존재 자체가 알려진 더 비밀스러운 기구다. 2천 명 정도가 여기서 일하는 것으로 알려져 있다. 연간 예산은 4억 달러 정도. 적과 친구들의 모든 첩보 위성을 감시하는 일을 맡고 있다.

DIA는 군사정보 전담기구다. 연간 예산이 12억 달러이며 종사자 수는 1만9천 명이다. 육·해·공군에서 모은 정보를 종합하고 상호 조정하는 일을 하고 있다. 그리고 해외 전담요원 2천 명을 따로 거느리고 있다.

3장 민주주의와 제국 사이
Between the Democracy and Empire

★
미국을 강하게 하는 것들

★ ★ ★ ★

이상현
서울대학교 외교학과를 졸업하고 미국 일리노이대학에서 박사학위를 받았다.
세종연구소 국제관계 연구위원으로 재직 중이며, 〈Weekly SOL〉 편집위원으로 활동하고 있다.

　미국을 강하게 만드는 것은 아프가니스탄을 초토로 만든 막강한 군대나 달러의 위력, 넓은 땅덩이, 또는 천혜의 자원이 아니다. 미국은 자원봉사자의 나라다.
　폭력과 범죄, 마약과 살인이 판을 쳐도, 그래도 미국사회를 사람 살 만한 곳으로 만드는 것은 사회 구석구석에서 드러나지 않게 봉사하는 수많은 손길들이 있기 때문이다.
　올림픽 같은 국가행사부터 각급 학교나 YMCA, 조그만 동네 도서관에 이르기까지 미국사회에서 자원봉사자가 일하지 않는 곳은 없다. 사회를 지탱하는 층이 두텁고 안정되었기 때문에 미국사회는 웬만한 충격이 와도 크게 흔들리지 않는다. 그리고 흔들려도 곧 제자리로 돌아오는 것이 미국사회의 진짜 강한 면이다.
　그것은 국민에 의한, 국민을 위한, 그리고 국민에 의한 정치라는 유명한 말로 통하는 풀뿌리 민주주의 주인의식이 바탕을 이룬다. 그러한 힘 때문에 뉴욕 사람들은 테러로 세계무역센터 빌딩이 무너져도 절망하지 않는다.

혼히 우리는 미국사회가 이기적이고 남에게 무관심한 것으로 알고 있지만, 이번 뉴욕 테러 이후 구호소에는 기부한 물품이 넘쳐났고, 밀려오는 자원봉사자들을 되돌려 보냈으며, 헌혈한 혈액을 다 보관할 수 없어서 폐기해야 했던 곳이 미국이다.

미국에서 한두 해 이상 살아본 사람들은 미국사회에서 자원봉사자의 층이 얼마나 넓은지 실감했을 것이다. 선거철이 되면 대부분 동네 투표소에 선거본부를 차리는데, 주관하는 사람들은 몇몇 사람의 지방정부 관리들을 빼면 대부분 늙수그레한 노인네들이다.

미국은 선거일도 공휴일이 아니기 때문에 선거 참관인들은 거의가 은퇴한 자원봉사자들이다. 물론 보수도 없이 하루 종일 선거본부를 지키는 일은 힘들지만 대부분은 주인 의식을 가지고 기꺼이 봉사한다.

겨울철에 자동차를 몰고 여행을 하다보면 폭설을 한두 번씩은 다 경험한다. 도로에 쌓이는 눈을 얼마나 잘 치우냐에 따라 시장 자리가 왔다 갔다 하는 미국에서도 눈이 갑자기 너무 심하게 오면 대부분 고속도로들은 통행이 금지된다.

그러면 여행중이던 사람들은 가까운 쉘터(Shelter, 대피소)에서 하룻밤을 지내는데, 거기에도 영락없이 자원봉사자들이 나와 식사와 잠자리 준비 등 여행자들의 편의를 봐준다.

미국, 특히 대도시들은, 우리 눈으로 보기에는 분명 힘들고 살기 힘든 장소다. 어린아이고 어른이고 할 것 없이 걸핏하면 총기 난사

194 아메리카

로 무고한 사람들이 죽고, 거리에는 마약이 넘쳐나고, 강간 등 흉악 범죄, 인종 간 갈등과 빈부 격차, 집 없는 사람 등 문제가 쌓여 있다. 길거리에 마약중독자가 널부러져 있어도 대부분 사람들은 신경 쓰지 않는다.

살벌한 미국사회의 활력소

그러나 미국의 자원봉사 정신은 이 살벌한 사회를 건강하게 만드는 활력소임에 틀림없다. 이들의 봉사는 돈으로 계산할 수 없는 가치가 있으면서 그들이 봉사하는 지역이 참된 공동체라는 인식 확산에도 기여하고 있다.

필자가 유학 시절을 보낸 일리노이 어바나-샴페인은 두 도시 합쳐서 인구 10만인 작은 도시다. 이 학교에는 국제친선위원회라는 봉사단체가 있는데, 주로 교수 부인들이나 은퇴한 지식인들이 이끄는 단체다.

그들이 하는 일은 그 학교에 유학 또는 방문하러 오는 외국 학생과 가족들이 어려움 없이 새 환경에 적응하도록 도와주는 것이다. 예를 들면 미국 가정과 친구 결연을 맺도록 소개하거나, 유학생 부인들을 대상으로 영어 회화반 운영, 기부받은 가재도구 무료로 빌려주기, 지역 주민과 외국 학생들이 어울리는 국제 친선의 밤 주최하기 등이 있다. 이들의 봉사는 아무 연고 없이 이 지역에 새로 정착하려는 많은 외국인들에게 큰 위안이 된다.

미국 성인 남녀의 70%가 자원봉사 참여

9·11테러 이후 3개월 사이에 희생자 유족들을 돕는 지원 활동에 미국 성인 남녀의 70% 이상이 참여한 사실이 미국 민간 조사기관의 조사로 밝혀졌다. 자원봉사가 아무리 생활이 되어 있는 미국이라고 하더라도 이 숫자는 엄청난 것이다.

12월 8일자 〈로스엔젤레스 타임스〉 보도에 따르면 9·11테러 이후 헌혈과 헌금 및 테러 희생자와 유가족 돕기 자원봉사에 나선 수가 미국 전체 성인 남녀의 70% 이상인 것으로 나타났다.

또 민간 후원금 부분에서는 1백만 달러 이상을 낸 기업과 단체(재단 포함)가 215개, 5백만 달러 이상이 50개를 넘어서고 있으며, 지난 3개월에 걸쳐 들어온 의연금 총액이 13억 달러를 돌파했고 지금도 성금이 계속 들어오고 있어 15억 달러를 곧 넘어설 것으로 보인다.

9·11테러의 희생자 수는 처음 보도된 6천 명보다 많이 줄어든 3천3백 명으로 집계되었다. 그런데도 유족과 피해자들이 정부와 민간단체에서 받는 지원금은 늘어나고 있다. 유족들에 대해서는 의연금만이 아니라 총액 20억 달러의 보험금 등도 지급될 예정이다.

또 연방의회가 항공회사를 지원하는 특례법을 제정, '공적 자금'에 따른 특별 기금이나 범죄 피해자 구제기금 등, 유족(세대 단위)들에게 적어도 1백만 달러가 넘게 지급될 것으로 보인다.

미국에서 일어난 과거의 '사건'에서는, 1995년 오클라호마 연방빌딩 희생자 유족들에게 4천만 달러, 1992년 허리케인 '앤드류' 때 1억 달러로, 지금과는 비교가 되지 않는다.

뉴욕 세계무역센터(WTC) 구조 중 희생한 소방수와 경찰(약 4백 명)에 대해서도 사건 뒤에 설립된 정부와 민간단체 합동의 기금에 거액의 기부금이 들어왔다. 일부 유족들에게는 이 기금만으로도 75만 달러가 지불되고 있다.

예를 들어 소방수의 국제 단체들이 결성한 '뉴욕 소방수 재해 구조기금'에만 9천5백만 달러가 들어와 희생된 344명의 소방수와 의료반원들에게 분배될 예정이다.

줄리아니 뉴욕시장이 세운 '트윈 타워 기금'에는 1억 1천3백만 달러가 기탁이 되어 시 경찰과 소방수, 항만 경찰관 유족 389세대에게 분배된다. 세대별로 금액 차이는 있으나 지금까지 한 세대당 12만 달러가 돌아갔다.

이것만이 아니다. 연방 사법부 규정에 따라 공무 중에 사망(순직)한 경관과 소방수의 배우자에게는 25만 달러의 위로금이 건네졌다. 또 순직자의 배우자는 '재혼 또는 죽을 때까지' 순직자의 봉급 중 기본급을 받는다.

정부와 민간 할 것 없이 9 · 11테러 희생자와 유족들에게 미국사회가 물심양면으로 뜨겁게 지원하는 것은 미국의 풍요로움을 증명하는 것이자 동시에 이번 사건에 미국인들이 얼마만큼 분노하고 있는가를 보여주는 것이기도 하다.

―〈마이니치 인터내셔널〉

나눔의 정신 기부문화

그리고 자원봉사자들의 활동은 미국사회 전반에 형성된 건전한 기부문화와도 무관하지 않다. 매년 연말이 가까워오면 미국 전역에는 'Make a Difference Day'라는 캠페인이 벌어진다.

이 행사는 다음 한 해 동안 각종 자선단체 운영에 필요한 물품들을 기부하는 행사다. 행사 기간에는 지역 TV에서 요란한 캠페인을 벌이면서 주민들의 동참을 권장한다. 이렇게 모은 물품들은 지역 푸드뱅크나 쉘터로 보내져서 집 없는 사람들을 먹이거나 가난한 주민들에게 나눠 주는데, 대부분은 목표량을 달성한다.

또한 대부분 고정급을 받는 사람들은 매달 급료에서 일정액을 자동으로 이체시켜서 자신이 지정한 자선단체로 보낸다. 많이 벌면 많이 버는 대로, 적게 벌면 적게 버는 대로, 나눔의 정신이 있기에 미국사회는 아직 건강하다. 이렇게 보면 확실히 미국사회는 몹쓸 것도 많지만 배울 것도 많은 곳이다. 자원봉사와 기부에 인색한 우리네로서는 귀감으로 삼을 만하다.

★
세계의 두뇌를 흡수하는 제국

★ ★ ★ ★

실비 카우프만(Sylvie Kaufmann)
프랑스 〈르몽드〉 기자.

　미국은 이민의 나라이자 동시에 전세계의 두뇌를 흡수하는 나라다. 역동적인 이민정책, 외국인들에게 문을 활짝 열어두고 있는 우수한 대학, 그리고 전문 기술 인력을 따로이 관리하는 비자 쿼터가 미국의 이 두뇌 흡수 전략을 버텨주는 세 개의 기둥이다.
　지난 몇 년 사이 미국은 가족 합류 등의 이유를 내세워 이민을 계속 받아들였는데, 한 가지 특징은 이민자의 대부분이 고학력자들이라는 점이다.
　국제통화기금(IMF) 보고서에 따르면 아시아계 이민들은 거의 예외 없이 학력이 높다. 예를 들어 인도계는 75%가 대졸자이고, 중국계는 고졸자와 대졸자 비율이 반반이다. 드물기는 하지만 이집트와 가나, 남아공에서 오는 이민의 경우 대졸자가 거의 100%라고 해도 좋을 정도이다.

매년 50만 명의 유학생이 미국으로 온다

세계 엘리트들을 교육하는 데에 미국이 얼마만큼 우위에 서 있는가는 미국 대학에 가보면 명확하게 드러난다. 미국은 매년 50만 명의 외국 학생들을 받아들이고 있다.

이 숫자는 영국과 프랑스, 독일이 받아들이는 외국 유학생을 모두 합친 것보다 더 많다. 이중 절반 이상이 일본, 중국, 한국, 인도를 비롯한 아시아 학생이고, 15%가 러시아와 옛 동구권까지 포함한 유럽 학생들이다.

이들은 주로 비즈니스스쿨과 과학기술대학에 다니거나 수학과 물리학을 전공하는 학생들이다. 미국 학교의 경우, 상급학교로 가면 갈수록 외국 학생들의 비율이 높아지며 이른바 'PH.D.'로 불리는 박사학위 취득자의 3분의 1이 외국 학생들이다. 이 비율이 MIT는 40%에 달한다.

그리고 이들 외국 학생들은 학위를 받은 다음에는 대부분이 귀국하는 대신 미국에 머무는 쪽을 택하고 있다. 외국 학생들에게 문호를 활짝 열어놓는 미국 대학들의 이 같은 태도는 연방정부의 정책 때문이라기보다는 미국의 오랜 문화전통 때문이다. 미국의 교육은 초등학교보다는 중·고등학교, 중·고등학교보다는 대학교가 질이 높은데, 이 대학교육의 높은 질과 미국에서 취득한 박사학위가 갖는 전세계적인 상품 가치 때문에 해마다 세계 각국에서 엘리트 학생들이 미국으로 몰려드는 것이다.

미국 대학들의 학비는 연 평균 2만 달러에서 3만 달러에 달하는데, 학비가 비싼 만큼 미국에 오는 유학생들은 동기가 뚜렷하고 진지하며 고등학교 때의 성적이 우수하다. 특히 자연과학 계통에서는 유학생들이 미국 학생들보다 우수한데, 바로 재정적 이유 때문이기도 하지만 동시에 더 나은 인재를 전세계에서 끌어모으기 위해 미국의 큰 대학들이 능동적으로 유학생 유치활동을 벌이기 때문이다.

스탠포드대학은 수학과, 정보학과, 물리학과, 엔지니어링학과에 등록하는 학생 수가 갈수록 늘어나는데, 문제는 그들 대부분이 외국 학생들이라는 점이다. 그래서 이 대학의 경제학 교수 폴 로머와 같은 사람들은 자연과학 분야에 관한 한 미국 학생과 외국 학생의 비율에 관해 어떤 형식으로든 연방정부가 개입해야 한다는 주장까지 하고 있다.

학위를 받은 외국 학생들이 미국에 체류하기로 선택하더라도, 그들이 언제까지 미국에 머물 것인지는 보장할 수 없다. 만약 대만과 한국, 인도가 한데 뭉쳐 미국에 내보낸 그들의 두뇌들을 본국으로 모두 불러들이려고 할 경우에 어떤 일이 벌어지겠는가.

지난 10여 년 간 미국 경제의 기본 동력은 수입 두뇌에 힘입은 바가 큰 고도의 과학기술 부문에 있었다. 실리콘 밸리의 경우 하이테크 기업들의 4분의 1을 인도와 중국에서 수입한 두뇌들이 경영하고 있다. 이들이 없으면 미국의 하이테크도 없다고 할 정도이다.

'H1B' 비자를 둘러싸고 미국 의회가 격론을 벌인 것도 이점과 무관하지 않다. 이 논쟁은 결국 질 높은 외국인에 대해서는 계속 입국의 문호를 활짝 열어두는 쪽으로 결론이 났다. 여기에 따르면 앞으로 3년간 하이테크 부문 등 질 높은 외국인을 해마다 19만5천 명씩 받아들이기로 되어 있다. 지난 1990년에는 이 숫자가 6만5천 명에 지나지 않았다.

★
자신과 경쟁하는 능력을 키우는 교육

★ ★ ★ ★

정태식
뉴욕 뉴스쿨 정치사회 종교학 박사. 〈Weekly SOL〉 편집위원으로 활동하고 있다.

    미국의 교육은 미국의 문화적 다원성을 반영할 정도로 방식과 제도 또한 다양하다. 고등학교까지 의무교육이며 수업료는 물론 교과서까지 무료로 제공하는 공립학교가 있는가 하면, 1년간 학비를 2만에서 3만 달러 내야 하는 사립학교도 있다.

    심지어는 아침 잠이 많은 아이들을 위해 오후에 수업을 시작하는 학교도 있다. 지역의 빈부격차에 따라 한 학생당 연간 교육예산이 3천 달러도 되지 않는 공립학교도 있는 반면, 1만 달러 이상을 사용하는 지역도 있다.

    이러한 지역의 차이는 주민이 내는 대부분의 재산세가 카운티 지역의 교육비로 사용되고 있기 때문이다. 레이건 대통령 당시 연방정부의 교육예산 삭감으로 뉴욕의 빈민가 부르클린에서는 미국의 국어인 영어 교사가 부족한 상황이 되기도 하였다.

미국의 네번째 대통령인 제임스 매디슨은, 교육받은 사람만이 영원히 자유인으로 살 수 있다며 교육을 장려했다. 토크빌은 이러한 미국 교육은 미국인들이 스스로 나라를 다스리는 일에 참여하는 기회를 제공하는 것이며, 이러한 기회는 모두에게 동등하게 제공된다고 보았다.

미국은 초등학교 입학 1년 전에 시작하는 킨더가튼(유치원)부터 12학년(고3)까지 아침 8시에 등교하여 오후 2시 50분에 모두 수업을 마친다. 보충수업도 없고 야간 자율학습도 없다. 물론 과외도 없고 뉴욕과 LA를 제외하고는 학원도 없다. 주로 이곳을 다니는 학생들은 한국, 중국, 그리고 일본계이다.

미국에서는 학업성적이 모든 것을 말하지 않는다. 대학입시 사정에서 우리의 수능과 같은 SAT의 성적이나 내신성적이 차지하는 비중은 별로 높지 않다. 중요한 것은 공부를 잘하는 것이 아니라 사회성을 충분히 지니는 것이다.

미국 영화나 TV의 코미디 프로에서 조롱 대상으로 자주 등장하는 인물이 있다. 눈이 핑핑 돌 정도의 도수 높은 안경을 낀 이들은 학업성적은 매우 높으나 사회성이 부족한 학생들이다.

이들은 항상 책을 끼고 살고 수학과 과학 경시대회나 과학 프로젝트에서 매우 우수함을 드러낸다. 그러나 사교성이 부족해서 급우들은 물론 교사에게서까지 왕따를 당하고 놀림감이 된다.

이들을 '얼간이(nerd)'라고 부르는데, 요즘 우리 학생들이 부르는 범생이와 다르지 않다. 공부만 잘하면 학생들에게서 부러움을 사고 교사의 관심과 사랑을 독차지하는 우리의 우등생들은 어릴 때부터 일류라는 범주에 넣어져 자의반 타의반 다른 학생들과 차별받지만 미국에서는 허락되지 않는다. 학생을 성적으로 차별하여 학생들 사이에서 우뚝 서게 하는 것은 이른바 사회성 개발에 도움이 되지 않기 때문이다.

우리와 달리 미국은 다른 학생과 경쟁하기를 부추기는 평가를 하지는 않는다. 자기 성적은 자기만이 알고 있으며, 학급 또는 학년 석차를 내지 않는다.

물론 얼마 전부터 우리도 석차를 내지 않는 것을 정책으로 했지만, 남모르게 교사가 학생의 등수를 부모에게 알려주기도 하고 비공식적으로 성적표를 만들어 학급과 학년 석차를 과목별로 내어주는 실정이다.

자기와의 경쟁을 중시하는 교육

미국도 경쟁을 부추긴다. 그러나 그것은 다른 학생과의 경쟁이 아니다. 다른 학생과 경쟁해서 이긴 자는 이겼다는 사실에 만족할 수 있다. 중요한 것은 자기와의 경쟁이다. 미국 학교들은 사회지도자 양성을 목표로 한다.

그러나 자기를 지도하지 못하면서 남을 지도한다는 것은 어불성설이기에 자신과의 싸움에서 이기도록 독려한다. 자기 혼자 해결할 능력을 갖도록 하는 것이 남들과의 경쟁보다 중요하다. 자기와의 경쟁에서 이긴 자는 새로운 도전에도 자신감을 갖는다. 남들과 경쟁해서 이긴 것에 만족한 자는 자기 문제를 해결해야 하는 상황에 대처하는 능력이 떨어진다.

남들과 겨루는 경쟁에 익숙한 우리는 우물 안의 개구리이기가 쉽다. 한국에서 가장 좋은 대학이 세계에서 8백 등이라는 사실은 남과 경쟁해서 끝내 살아남은 우수한 학생들이 더 이상 경쟁자를 찾지 못하기 때문이다.

더 이상 우물처럼 좁은 곳이 아닌 지구촌에서 국가 경쟁력을 키우기 위해서는 자기와 경쟁하는 능력을 먼저 키워야 할 것이다.

공부하는 방식이 다르다

우리 교육이 공부를 가르치고 배우는 방식을 취하는 반면, 미국 교육은 공부를 하게 하는 교육이다. 아이가 미국의 초등학교 2학년 때였다. 교사가 틀린 수학 문제의 답을 말해주지 않고 집에서 다시 풀어오라고 한 적이 있다. 가족의 도움으로 문제를 풀어갔지만 또 틀려서 다시 가져왔다.

결국 아는 고등학생의 도움으로 문제에 함정이 있음을 알고 풀어 갔더니 그때서야 교사가 오케이를 하였다. 공부를 하게 하는 교육은 우리 교육 현장에서 가장 무시당하는 세 가지를 미국이 강조하는 데에 있다. 그것은 읽기와 쓰기와 말하기다. 우리의 경우, 요즈음 대입 논술의 중요성이 부각되어 아이들이 글쓰기 연습에 많은 시간을 할애하나 미국에서는 초등학교 때부터 쓰기를 강조한다.

말하는 것은 단순히 영어로 회화를 말하는 수준이 아니다. 논리적인 스피치를 뜻한다. 미국의 어느 대학은 1학점짜리 스피치 과목이 있는데 통과하지 못하면 졸업을 인정하지 않는 경우도 있다. 말을 잘 하고 글을 잘 쓰려면 책을 많이 읽어야 한다. 그러나 우리의 중·고등학생들은 입시 준비를 위해 교과서를 읽기에 바쁘다.

미국에서는 동네마다 어마어마한 양의 책을 갖춘 공립 도서관들을 쉽게 볼 수 있다. 물론 늘 방과후에 그곳을 찾는 학생들과 어린

아이들을 데리고 산책 삼아 나와서 아이들에게 책을 읽어주고 책을 빌려가는 젊은 엄마들을 많이 볼 수 있다.

은퇴한 노인들이 자원봉사로 나와서 아이들에게 동화를 읽어주는 정겨운 풍경도 쉽게 볼 수 있다. 책을 빌려갈 때도 반납 마감일은 정해져 있지만 책의 권수는 제한이 없다. 많은 학생들이 주말이면 많은 책을 빌려간다.

학교에서 독서의 중요성을 강조하지 않더라도 책읽기가 생활이 되어 있는 그들의 모습이 아름답다. 독서가 생활이 되어 있지 않으면서 논술이 강조되는 우리의 입시제도가 얼마나 우스운가.

중학생이 읽어야 할 필독 도서가 줄거리만 정리되어 책방에서 버젓이 팔리고 있으니 무엇을 위한 글읽기인가. 우리 교과서는 해석적 요약이다. 중학교 2학년 사회 교과서를 보면 유럽 문화에 대한 역사적 설명이 고대부터 현대까지 80여 쪽으로 이루어져 있다. 역사를 설명하는 데 사실보다는 사실을 해석하는 데 치우쳐 있다고 해도 과언이 아니다. 따라서 교사의 설명과 참고서 없이는 스스로 공부를 할 수 없게 되어 있다.

미국 중학교의 유럽 역사 교과서인 '문명의 중심 흐름(The Mainstream of Civilization)'은 979쪽으로 그야말로 자세한 역사적 사실을 바탕으로 기술하고 있다. 글을 읽을 수 있는 학생이라면 누구나 스스로 책을 보고 저자의 해석을 이해할 수 있다. 교사의 설명과 참고서 없이는 공부를 할 수 없는 우리의 현실이 시장 논리에 따라 움직이는 학원과 과외가 우리의 교육 현실을 지배하는 이유가 아닌가 싶다.

★

멘탈 파워, 모방의 욕구를 지배한다

★ ★ ★ ★

르네 자라르
미국 스탠포드대학 교수. 저서로는 《폭력과 성자》,
《이 세계의 밑바닥에 숨겨져 있는 것들》, 《나는 사탄이 빛처럼 떨어지는 것을 보았다》 등이 있다.

당신은 유럽과 미국 사이에서 살고 있다. 태어나기는 유럽에서, 생활은 미국에서 하고 있지 않은가. '세계화'를 둘러싸고 논의가 벌어질 때마다 이 사실이 민감하게 느껴지지 않나?

물론 나는 영어와 불어 두 가지 말을 하고 있다. 나는 프랑스인이다. 그러나 나는 영어적인 것 특히 성경과 셰익스피어에 대해 열정을 갖고 있다. 나에게는 이런 것들이 하나의 기회라고 볼 수 있는데, 이점에서 세계화에 대해 나는 준비가 되어 있다고 볼 수 있다.
　나는 세계화의 중심이라고 할 실리콘 밸리의 한가운데에서 살고 있다. 이곳에서 유럽 고전문학을 가르친다. 아들 둘이 있는데 하나는 변호사이고 하나는 사업가다. 그런데 사업하는 아들은 하루도 내 곁에 머물러 있지 못한다. 세계 이쪽 끝과 저쪽 끝을 끊임없이 돌아다닌다. 이제 이것은 돌이킬 수 없는 하나의 움직임인 것 같다.

내 학생들도 그러하다. 20년 전만 해도 유럽은 미국과 참 다르다는 말을 가끔 했는데, 이제는 미국과 유럽 사이에 다른 점이 거의 사라지고 있다.

당신은 사회 내부 충돌이 전지구적으로 표출, 확산되는 기본 원인이 모방하려는 욕구 때문이라는 말을 해왔다. 세계화의 진행 현상을 지켜보면서 당신이 내세우고 있는 '모방 욕구' 철학을 다시 한 번 더 확인하고 있나?

세계화는 모방하려는 욕구가 승리하고 있다는 것을 뜻한다. 할로윈의 예를 들어보자. 이 미국 축제가 지금은 온 세계로 확대되고 있지 않은가. 본래는 우상 숭배의 축제였는데 기독교 축제가 되고, 프랑스에서는 이제 무엇이 무엇인지도 묻지 않는 그냥 하나의 축제가 됐다. '모방 박테리아'가 크게 작용을 하고 있는 것이다.

이제 사람들은 무엇이 더욱 좋은 것이고 무엇이 나쁜 것인지에 대해 더 이상 설득하려는 노력조차 하지 않는다. 설득할 필요가 없어진 것이다. 모든 것이 모방에서 출발하고 있고, 모방에서 벗어날 수 있는 것은 별로 없다. 미국이 모방 박테리아를 전파하는 본거지이다. 경제력과 과학기술의 힘, 특히 통신의 신기술 때문이다.

지난 세기에 영국이 그러했던 것처럼 지금 미국은 하나의 '멘탈 파워'가 되고 있다. 모방의 세계를 지배하고 있는 것이다. 모든 사람들이 미국 모델에 반대한다고 소리를 치나, 실제로는 모두 미국 모델을 모방하고 있다. 패러독스라고 할 수밖에 없다. 더군다나 미국은 본래는 고립주의의 본산이었다.

 마지못해 나서고 있든 아니면 강요받은 제국주의든 이제 미국 없이는 세계가 자기 경영을 할 수 없게끔 되어버렸다. 미국을 비난하다가도 큰 일이 터지면 미국에 구원을 요청하고 있다.

 그렇지만 모방 욕구는 모방에서 탈락한 자를 배제하는 시스템으로 바뀔 수 있지 않은가?

 그렇다. 그것이 또 하나의 패러독스이다. 모방은 닫힌 사회의 '성스러운 보호'의 벽을 깬다. 그리고 희생양을 요구한다. 폭력의 출구로서 희생자를 생산해내는 것이다.
 이것은 분명히 기독교적 세계관과의 단절을 뜻하는 것인데, 기독교적 세계관에 따르면 가난한 자와 낯선 자를 영접해야 하며, 희생자는 죄가 없는 자로 생각한다.
 그런데 기독교의 산물이라고 할 세계화는 희생의 재물을 요구하고 있는 것이다. 지난 몇 세기에 걸쳐 서방 도시국가를 국민국가로, 국민국가를 대륙국가로 바꾼 것이 기독교다.
 그런데 소외와 배제를 그대로 둔 채 보편주의를 확산하고 있다. 그래서 패러독스라는 것이다. 미국은 제국주의의 챔피언이자 동시에 약한 자들의 챔피언이다. 인류 역사상 최초로 희생자에게 권리를 주고 있다. 희생자를 구함으로써 명성을 얻는 사회가 전에 있었던가. 그리스도 잉카 제국도 그렇지 않았다. 한 사람이 힘을 가졌을 때 이를 최대한으로 발휘하는 것은 극히 자연스러운 일로 받아들여져 왔다. 부정적 가치의 폭력은 근대 문명의 산물이다.

그렇다면 보편주의에 따른 모방이라는 것이 아주 위험하다는 것이 아닌가?

나는 한편으로는 세계화를 지지하고, 다른 한편으로는 세계화에 대해 두려움을 갖고 있다. 세계화가 시·공간에서 다이너미즘(dynamism, 역동설)을 만들어내는 점에서 이를 지지하고, 모든 것을 똑같이 만들어버린다는 점에서 두려움을 갖고 있다. 동시에 세계화는 거대한 폭력의 위험을 안고 있다. 형제애의 이름으로 국민국가의 주권을 침범하고, 국경을 의미 없는 것으로 만들어버릴 수 있는 것이다.

이제는 사람들이 서로 떨어져 살지 않기 때문에 더 이상 경쟁관계에 서 있지 않다는 것을 믿어서는 안된다. 그 반대다. 모방 욕구는 경쟁을 더욱 격화시킬 것이다. 그런데 전통적인 의미에서 국경이라는 것이 다른 것들과 직접적으로 접촉하는 걸 더 이상 막지 못하고 충돌과 대립을 더 이상 효율적으로 관리하지도 못한다.

따라서 세계 사회는 더욱더 불평등해질 것이며 그 결과 더욱 폭발적이 될 것이다.

모방 욕구를 대신할 다른 무엇은 없다는 말인가?

세계 경제가 그런 대로 잘 돌아가고, 사회보장제도가 작동을 하는 한 별 문제는 없을 것이다. 그러나 그렇시 못할 경우에 어떤 일이 벌어질까? 아메리카 멘탈 파워와 그 구체적 표현인 세계화에 대한 저항이 거세게 일 수밖에 없을 것이다. 인텔리들을 중심으로 하는 이 저항운동에는 프랑스와 독일, 이탈리아가 선두에 설 것으로 보인다.

 이 관점에서 볼 때, 자기 나라 문화를 보호하기 위해 프랑스 등 몇 국가들이 들고 나오는 '문화적 예외'는 지킬 만한 가치가 있다. 아메리카의 멘탈 파워에 굴복하는 것이 비극적인 결과를 낳을지 모르기 때문이다.

★
억만장자 사회주의자들

★ ★ ★ ★

우태현

한국노총 정치부장으로 활동하고 있으며 한국외국어대학교 정치학 박사과정을 밟고 있다.
〈Weekly SOL〉 백인위원이다.

    2001년 2월 18일 〈뉴욕 타임스〉 일요판 신문에 실린 커다란 박스 광고 하나가 사람들의 눈길을 끌었다.
    〈우리는 상속세 폐지를 반대한다〉라는 제목의 정치 광고인데, 제목만으로 보아서는 자식들에게 상속할 것이 별로 없는 사람들이 돈을 모아 낸 광고임에 틀림없는 것 같다. 광고 문안은 계속된다.
    "상속세가 폐지된다면, 누군가 다른 사람이 그만큼의 세금을 더 낼 수밖에 없을 것이다. 상속세를 폐지하거나 세율을 내린다면 결국 덕을 보는 것은 억만장자의 아들과 딸들뿐일 것이며, 동시에 미국사회의 오랜 전통인 자선 문화가 파괴될지 모른다. 그러므로 우리는 미국의 민주주의와 국가 경제에 해를 끼칠 것이 분명한 상속세율 인하에 반대한다."

빌 게이츠, 록펠러, 조지 소로스

그런데 이 광고가 사람들의 눈길을 끈 것은, 이 광고를 낸 사람들이 미국 사회의 약자들이거나 약자들을 대변한다는 시민단체가 아니라 엄청난 규모의 상속세를 내야만 하는 미국의 억만장자들이었기 때문이다.

정부가 자기들에게 혜택을 주겠다는데 이를 거부한다는 것이었다. '책임 있는 부(Responsible Wealth)'라는 단체의 이름으로 된 이 광고 아랫부분에는 빌 게이츠, 록펠러, 조지 소로스, 애그니스 군트, 폴 뉴먼 등 누가 들어도 알 만한 미국의 억만장자 2백 명의 서명이 실려 있었다.

이들은 넓은 영지와 대저택, 뉴욕 중심가에 있는 호화 아파트와 자가용 비행기 그리고 연간 매출액이 제3세계 개발 도상국의 연간 국내총생산(GDP)을 능가하는 거대한 다국적 기업과 금융회사를 갖고 있는 자들이다. 그런데 이들이 상속세 인하에 반대하는 정치 광고를 낸 것이다.

이들의 광고는 부시 행정부가 의회에 제출한 5개 부문 감세안에 대한 정면 도전이었다. 부시 대통령은 선거 공약대로 상속세를 폐지하고 소득세율을 낮출 뿐 아니라, 자녀 세금(child credit)과 결혼에 따른 세액 증가분(marriage penalty), 자선단체 기부액 등에 대한 세금을 감면하는 법안을 당시 의회에 제출해두고 있었다.

여기에 따른 전체 감세액은 2011년까지 1조 6천억 달러에 달하며, 상속세 폐지로 인한 감세액만 해도 2천3백62억 달러나 된다. 사망세(death tax)라고도 불리는 상속세의 경우, 지금까지는 67만5천 달러 이상의 재산 상속에만 부과되고 있는데, 부시는 상속세 자체를 2009년까지 완전 폐지하겠다는 것이다. 지금까지 미국에서 상속세를 내야 하는 사람은 연간 사망 인구의 2%에 불과한 4만 8천 명 정도로 이들이 내는 전체 세액은 연간 3백억 달러 정도이다. 뿐만 아니라 5백만 달러 이상의 거액을 자식들에게 남기는 사람은 4천 명에 불과하다.

그런데 이들이 전체 상속 세액의 거의 절반을 차지하고 있다. 말하자면 미 국민 중 극히 몇몇의 사람들이 상속세 부과 대상이 되는데, 이들 극소수의 억만장자들에게 부시는 상속세 형태로 또다른 혜택을 주겠다는 것이고, 이 혜택을 극소수의 억만장자들은 받지 않겠다고 상속세 폐지 반대 광고를 이 날 〈뉴욕 타임스〉에 낸 것이다.

책임 있는 부자들의 항변

부시 행정부는 상속세가 투자 의욕을 위축시켜 경제 성장에 도움이 되지 않을 뿐더러, 이미 소득세를 내었는데 다시 상속세를 물리는 것은 전에 낸 소득세에 대한 이중과세라는 이유를 들어 상속세 폐지를 추진하고 있다.

그런데 '책임 있는 부'에 속해 있는 미국의 억만장자들은 부시 행정부의 이 같은 주장에 대해 사실은 그와 같지 않다며, 조목조목 비판을 가하고 있다.

미국의 상속세법은 1916년 시어도어 루스벨트 대통령과 강철 재벌 앤드류 카네기 등 미국의 역사적인 지도자들이 중심이 되어 입법했다. 이 법이 있었기 때문에 미국의 억만장자들은 상속세를 내는 대신, 그 돈을 가난한 자와 사회적 약자들을 위한 자선사업에 기부했다. 그래서 이 법은 지금까지 미국의 민주주의 가치를 유지·

발전시키는 데 중심 구실을 한 가장 진보적인 세법으로 불려왔다.

제4위의 부자이자 금융 투자가인 워렌 버핏은 상속세가 폐지된다면 미국의 정치·경제 권력이 불과 0.1%의 가문에 집중되어, 미국은 부를 장악하고 있는 몇 명의 귀족들이 지배하는 사회(aristocracy)가 될 것이며, 억만장자의 2세들은 '재능'이 아니라 '유산'에 의지해 국가의 부를 좌우할 능력을 얻게 될 것이라고 주장했다.

또 이것은 미국이 추구해온 가장 완벽에 가까운 '개인의 능력에 따라 성공할 수 있는 사회(meritocracy)'를 붕괴시킬 것이라고 경고했다. 그는 '책임 있는 부' 회원들의 상속세 폐지 반대 청원안에 서명하지 않았는데, 그 이유는 현행의 상속세율도 여전히 낮아 청원안에 만족하지 못하겠다는 것이 그 이유였다.

또 부시가 주장하는 것처럼 상속세가 기업 활동에 장애가 되는 경우는 거의 미미한 수준이며, 오히려 상속세가 폐지됨으로써 2001년까지 6천6백20억 달러가 고스란히 억만장자의 손에 남게 되고, 이는 연방 재정 악화를 가져옴은 물론 자선사업에 대한 기부금액을 연간 12%씩 감소케 하므로 사회보장 및 복지예산이 삭감되어 국가가 보호해야 할 사회적 약자 계층의 고통을 증가시킨다는 것이다.

더욱이 유럽에서 잘 나타나고 있듯이, 상속세율이 높으면 재산가들이 재산을 자식들에게 유산으로 물려주기보다는 이를 사회에 환원하는 쪽을 택한다. 그 때문에 문화와 예술을 후원하는 계급이 생겨나고 여기에서 문화의 꽃이 피는데, 상속세 폐지는 이 문화와 후원의 전통을 단절시킬 것이라는 주장도 나오고 있다. 이런 주장을 하는 미국의 억만장자들에게 미국 사회는 '억만장자 사회주의자

(billionaire socialists)'라는 명칭을 붙여주고 있다.

　상속세를 둘러싼 이 같은 논쟁은 미국 지식인 사회에 깊은 고민거리를 던져 주었다. 상속세를 계속 내야 한다고 주장하는 자들은 누구인가?

　그들은 주식 투자로 매 시간 수백만 달러를 벌고, 스톡 옵션으로 수억 달러를 챙기면서도 자본 소득세율(capital gains tax)을 낮추기 위해 1997년 맹렬하게 로비를 벌였던 사람들이다. 그들의 행동은 미국 사회의 빈부격차에 분노한 가난한 자들의 봉기로 자신들의 호화 요트와 영지를 잃을지도 모른다는 두려움에서 생긴 하나의 몸짓일 수도 있다.

　그리고 빌 게이츠와 조지 소로스가 사회에 기부하거나 상속세로 내는 막대한 돈은 제3세계 개발도상국 노동자들의 저임금과 중노동에서 축적한 돈의 일부일 수가 있다.

　그런데도 미국사회가 억만장자 사회주의자들의 이 날〈뉴욕 타임스〉광고에 주목하지 않을 수 없었던 것은 '부의 사회적인 책임과 정부의 구실'에 대한 그들의 입장 때문이다. 카네기재단이 미국과 세계 각국에 기여한 공헌은 새삼스럽게 말할 필요조차 없다.

　빌 게이츠 부부는 2백억 달러라는 많은 돈을 흔쾌하게 내어 '빌 앤드 멜린다 게이츠 재단(Bill and Melinda Foundation)'을 설립했으며, 휼렛 패커드의 창업자 휼렛은 장사 이후 35억 달러를 사회사업에 기부했다.

　1조 달러에 달하는 재산 중에 자식의 몫으로는 단지 1천만 달러만 남기고 나머지는 모두 사회에 환원할 것이라는 게이츠 부부의 약속은 부가 사회적으로 어떤 구실과 책임을 갖고 있는가에 대한 분명한 입장의 표명이기도 하다.

뿐만 아니라 한 푼의 속임수도 없이 거액의 상속세를 내겠다는 그들의 납세의무에 대한 인식 또한 관심을 가져야 할 대목이다. 그들은 자신들의 부의 일부가 어디에서 어떻게 쓰이고 있는지를 알고 있는 것 같다.

이는 그들이 정부를 신뢰하고 있다는 것과 같은 말이다. 고대 그리스의 페리클레스는 조국 아테네를 자랑스럽게 여기면서 이런 말을 했다.

"부를 추구하는 것은 인간으로서 가능성을 유지하기 위한 것이지, 부 자체를 자랑하기 위해서가 아니다. 부를 추구하는 데에 게으른 것은 부끄러운 일이다. 개인의 이익을 존중하지만, 그것은 공적인 이익에 대한 관심을 높이기 위해서다."

실리콘 밸리의 새로운 인간, 실리코누스

★ ★ ★ ★

〈프랑크푸르트 룬트사우〉

실리콘 밸리와 함께 인류 역사상 전에 없던 새로운 인간이 등장하고 있다. 이들이 바로 호모 실리코누스(Homo Siliconus)다.

새 인간인 만큼 이들의 일상 생활양식 또한 예전 인간과 다르다. 이들의 일상생활은 완전히 새로운 통신 기술에 지배를 받고 있다.

산호세대학 인류학 교수들이 2천5백 시간 동안 실리콘 밸리에 사는 사람들의 행태와 습성, 생활 주기 등을 관찰 조사한 결과, 호모 실리코누스는 분명히 다른 사람과 다르며 이들의 행태가 내일 인류의 일반적인 행태가 될지 모른다고 진단을 내렸다.

미국의 가정생활이 일과 잘 분리가 되지 않는다는 것은 새로운 사실이 아니다. 그렇다고 하더라도 실리콘 밸리의 생활주기에는 진짜 일과 뉴 테크놀로지 그리고 새로운 형태의 커뮤니케이션이 뒤섞여 있고, 이것이 점차 정상적인 가정생활의 일부가 되고 있다.

호모 실리코누스는 손 안에 들어오는 디지털 단말기로 시간표를 짜면서 한 주를 시작한다. 어머니들은 딸들의 소프트볼 게임에 갈 것인지 말 것인지를 정하기 위해 단말기를 두드리고, 부모들은 자식들의 파티를 네트워크 확장을 위한 아주 훌륭한 기회로 본다.

그리고 그들의 모든 사회관계는 사회관계가 가져다 줄 '부가가치'에 따라 판단이 되며, 나란히 앉아 이메일을 함께 보는 것이 부부가 함께 보내는 시간이다.

사무실은 사교장, 집은 일터

실리코누스들은 세계 다른 지역의 사람들과 같지가 않다. 그들은 이른바 교제를 유지하기 위해서라면 접근 가능한 모든 테크놀로지를 동원한다.

이들은 하루 20차례 이상 파트너들과 통신을 하는데, 상대방에게 무슨 특별히 할 말이 있어서가 아니라 모든 것이 계획에 따라 잘 진행되고 있는가를 점검하기 위해서다.

물론 모든 것이 계획에 따라 진행되는 것은 아니다. 그러나 서로 연결되어 있고, 어떤 형태로든 하루 24시간 내내 언제나 대화가 가능하다는 느낌이 상황 컨트롤 또는 생산성의 환상을 만들어내고 있는 것이다.

여기서는 생산적이지 못한 것만큼 나쁜 것이 없을 뿐더러 언제 일이 끝나고 언제 자유시간이 시작되는지의 구분도 모호하다. 말하자면 인간 활동의 물리적인 공간이 명확하게 구분지어 있지 않은 것이다.

실리콘 밸리에 사는 사람들은 사무실을 사교장으로, 집을 일터로 흔히 사용한다. 그리고 가족들은 그들 자신을 '팀'으로 표현하고 각자의 책임이 무엇인가를 적은 각자의 '임무표'를 갖고 있다.

지난날에는 하루 일이 끝나면 사무실을 떠났다. 이것이 퇴근인데 지금은 사무실을 자녀들을 위한 저녁 파티 장소로 제공한다. 아이들에게 삶의 현실을 더 구체적으로 보여주기 위해서라는 것이다.

실리콘 밸리의 아이들은 아주 일찍부터 어떻게 하면 '사회가 받아들이는' 한 개인으로 자라나는가를 배운다. 이곳에서는 어머니들이 아들을 나무랄 때도 "생산성이 부족하다"는 말을 사용한다.

그래서 아이들은 친구들에게 이야기할 때도 "날 귀찮게 하지 마. 난 지금 작업중이야."라고 한다. 10대들 역시 하루와 한 주 그리고 한 달 간 활동 계획을 빽빽이 적어 넣은 수첩을 갖고 다니며, 1주일에 70시간을 소프트웨어 개발에 매달리고 있다. 일 이외에 그들에게 한 가지 규율이 있다면 식사 시간에는 이메일을 하지 말자는 것이다.

★
아메리카 보수의 심장부 4대 가문

★ ★ ★ ★

최병권

〈Weekly SOL〉 발행인. 서울대(정치학과)와 독일 쾰른대학에서 공부하고,
〈조선일보〉 파리 특파원, 〈문화일보〉 논설위원을 지냈다. 저서로 《세계시민 입문》,
《한국의 선택》, 《대안은 열린 애국주의다》 등이 있다.

   매파들이 부시 행정부의 주류를 이룬다. 따라서 클린턴 행정부에 비해 중국과 북한에 대해 한결같이 강경한 입장을 취하고 있다. 그러나 보수 강경의 이념적 입장과 미국의 전통적인 실용주의가 엇갈리고 있음도 사실이다.
   보수 강경의 대표 주자가 도널드 럼스펠드 국방장관이다. 그는 냉전으로 되돌아가려고 하고 있고, 지난날의 소련 대신 지금은 중국을 '악의 제국'으로 본다. MD를 줄기차게 추진하고 있는 인물도 그다.
   매파들이 주류를 이루고 있는 가운데에 유일하게 실용적인 생각을 하고 있는 건 콜린 파월 국무장관이다. 중국에 대해 그는 여전히 봉쇄보다는 포용을 내세우고 있다. 지난 7월 중국 방문 뒤에 파월은 중국의 경제개혁과 2008년 올림픽 열기에 감명을 받았다는 말을

했다.

파월과 럼스펠드 아래에 리처드 아미티지 차관과 폴 월포비츠 차관이 있는데, 이 두사람은 모두 중국에 관한 한 보수 강경파다.

중국이 대만을 공격하거나 대만 해협을 봉쇄할 경우, 미국이 대만을 끝까지 지킬 것임을 명백하게 선언하기를 미국 정부에 요구하는 미국 보수파들의 성명에 이 두 사람은 서명을 했다. 중국을 '전략적 경쟁자'로 처음 표현한 것도 월포비츠다.

부시의 사람들

- **아버지의 친구들**

▶ 리처드 체니
(Richard Cheney. 부통령. 59)
별명 딕(Dick). 아버지 부시 대통령 아래에서 상무장관과 국방장관을 지냈다. 국방장관 재임 때 걸프 전쟁을 치렀다. 1995년 석유 서비스회사 할리버튼(Halliburton)사의 회장에 취임, 2000년 엄청난 퇴직금을 챙기고 이 자리에서 물러났다. 심장질환을 앓고 있다.

▶ 콜린 파월
(Colin Powell. 국무장관. 63)
자마이카 출신의 흑인 장군으로 걸프 전쟁 승전과 함께 미국 국민의 영웅으로 떠올랐다. 공화당 안에서 온건파로 통하며 스스로 '국가 수호 전사'로 자처하고 있다.
공화당원이면서도 낙태와 흑인을 비롯한 미국 내 소수민족에 대한 일정한 특혜에 찬성하고 있다.

▶ 콘돌리자 라이스
(Condoleezza Rice. 백악관 안보보좌관. 46)
앨라배마 흑인 농부의 딸. 국제정치를 공부하기 전에 피아니스트가 되려고 음악 공부를 했다.
아버지 부시 대통령 아래에서 백악관의 러시아 담당보좌관을 지냈으며 그뒤 한동안 프린스톤대학 교수를 지냈다. 미국에서 여성이 백악관 안보보좌관을 맡은 것은 라이스가 처음이다.

▶ 도널드 럼스펠드
(Donald Rumsfeld. 국방장관. 68)
1975년에서 77년 사이 포드 대통령 아래에서 국방장관을 지낸 적이 있다. 국가방어미사일(NMD)의 열렬한 지지자다. 체니의 사부격으로 체니를 국방장관 자리에 앉힌 것도 럼스펠드이다.

· 텍사스 보이들
부시가 주지사로 있던 텍사스 휴스턴에서 부시와 함께 백악관에 입성한 자들이다.
텍사스인들 특유의 거칠고 실용주의적인 성격을 갖고 있다.

▶ 도널드 에반스
(Donald Evans. 상무장관. 54)
텍사스 석유 재벌이다. 선거 기간 중 정치 자금을 많이 모았다.
억만장자이면서도 기계공학도로 1975년 석유와 가스 회사의 밑바닥에서 사회생활을 출발했다.
부시와는 오래 전부터 친구 관계이며 부부끼리 어울려 함께 사냥과

낚시, 골프를 자주 한다.

▶ 로드 페지
(Rod Paige. 교육장관. 67)
미국 최초의 흑인 교육장관. 교육자로서 자기 확신이 강하고 공교육을 절대적으로 지지한다.
휴스턴에서 오랫동안 고등학교 교장을 지냈다.
미시시피가 고향인데 이곳에서 흑인들을 린치하는 백인이 주로 민주당원이라고 해서 어느날 갑자기 공화당을 선택했다.

▶ 카렌 휴즈
(Karen Hughes. 백악관 공보비서관. 43)
선거 기간 중 부시의 대변인 노릇을 했다.
군인의 딸로서 부시의 측근 중의 측근이다. 대통령의 연설문 작성과 언론 대책을 맡고 있다.

▶ 알베르토 곤잘레스
(Alberto Gonzales. 백악관 사법보좌관. 45)
텍사스 최고법원 판사 출신으로 3년 전부터 부시 진영에 합류했다.

이 두 사람에 이어 미국의 아시아 정책에 또 하나의 핵심적인 인물이 딕 체니 부통령의 안보보좌관인 중국 전문가 스페판 예츠이다. 그의 중국 정책은 투자와 무역에서는 중국을 포용하는 한편, 미국의 아시아 주둔 군사력을 계속 강화해서 중국의 어떠한 군사 위협도 초기에 봉쇄하고 중국의 인권문제에 강경하게 대처한다는 것이다.

그는 이를 포용과 봉쇄의 복합물이라고 할 'congagement'라는 새 용어로 표현하고 있다.

국방성보다는 국무성에 균형잡힌 사람들이 더 많다. 그 대표적인 인물이 국무성의 동아시아 담당 제임스 켈리이다. 그는 미국과 중국 관계를 흑과 백으로 보지 않고, 그 중간에 넓은 회색지대가 있다고 생각하고 있다.

그러나 가장 영향력이 큰 인물은 아버지 부시 전 대통령이다. 클린턴의 대북한 협상 정책을 아들 부시 대통령이 뒤집자 아버지 부시가 메모를 보내 이를 다시 뒤집게 한 적이 있다. 이때 메모를 초안한 것이 미국 정부에 대해 줄기차게 대북 포용 정책을 촉구해온 전 주한 대사 도널드 그레그였다.

★
신보수주의는 미국 정치에서 어떻게 작동하고 있나?

★ ★ ★ ★

최병권

〈Weekly SOL〉 발행인. 서울대(정치학과)와 독일 쾰른대학에서 공부하고,
〈조선일보〉 파리 특파원, 〈문화일보〉 논설위원을 지냈다. 저서로 《세계시민 입문》,
《한국의 선택》, 《대안은 열린 애국주의다》 등이 있다.

워싱턴에서 강력한 영향력을 발휘하는 사람은 물론 여럿 있다. 〈위클리 스탠더드〉 편집장 윌리엄 크리스톨도 그중의 한 사람일 것이다. 그가 무슨 말을 하든, 지난 두 달 사이에 이라크를 둘러싼 논쟁이 있는 곳 치고 그와 그의 친구들이 모습을 드러내지 않는 곳이 없었다.

존스홉킨스대학의 엘리엇 코헨 교수도 크리스톨 팀의 한 사람이다. 크리스톨은 코헨 교수가 최근 발간한 군사 권력에 관한 책 서문에서 "이 책이야말로 부시 대통령에게 읽으라고 권하고 싶은 책이다."라고 말했다. 그의 말을 받아들였는지 부시 대통령 역시 텍사스 목장으로 여름 휴가를 떠나면서 이 책을 옆구리에 끼고 갔다.

언론에서 이라크 논쟁이 한창이던 지난 8월, 윌리엄 크리스톨은 자신의 글을 여러 곳으로 보냈다. 체니 부통령의 내빌 연설이 있던

8월 26일, 그는 "정부 안의 논쟁은 이제 끝났다. 이제 의회로 나가야 할 때다. 의회는 이라크에 대한 행동을 승인하지 않으면 안 된다."라고 말하고 있다. 그리고 그 다음날 〈위클리 스탠더드〉 사설에는 콜린 파월 국무장관이 부시 대통령의 정책에 동의하지 않으면 사임해야 한다는 글이 실려 있었다. 이것은 부시 대통령에게 보내는 그들 그룹의 공개 편지나 다름없었다.

그들은 숫자가 많지 않다. 그러나 〈워싱턴 포스트〉의 대외정책 논설위원 짐 호글랜드의 말처럼 '백악관이 그들의 말에 귀를 기울인다'는 데에 문제가 있다. 아버지 부시 대통령 때의 백악관 안보보좌관 브랜트 스코크로프트와 지미 카터 전 대통령의 지적처럼, 미국 대외정책의 기조가 전면적으로 뒤바뀌는 데에는 이들 그룹의 입김이 크게 작용하고 있는 게 분명하다.

중동이든 이라크든 사우디아라비아든 유엔이든, 이들은 미국이 과거 습관을 버릴 것을 바란다. 그래서 이들을 그냥 보수주의자라고 하지 않고 '신보수주의자'라고 하는 것이다. 시간이 지나면서 공화당 두뇌 집단 안에서 가장 거대한 공간을 차지하는 것도 이들이다.

이데올로기 기업들

워싱턴의 수많은 연구소, 이데올로기 제작소, 연방정부와 의회의 정책분석 기관들도 점차로 이들과 같은 정치 성향 그룹들의 통제로 넘어가고 있다. 허드슨연구소의 마이클 호로위치의 말처럼 '중요한 것은 지적 자본'인데, 이 '지적 자본'이 더 이상 대학에 있지 않고 텅빈 이데올로기의 기업들로 넘어가고 있다는 것이다.

루스벨트와 케네디 대통령을 둘러싸고 뉴딜과 뉴 프런티어를 만들어낸 것은 대학교수들이었지 이데올로기의 장사꾼들이 아니었다. 키신저 역시 닉슨의 안보보좌관이 되기 전에 대학교수였다. 그런데 지금 미국 정치에 영향을 미치는 대학교수들은 없어지고 있다고 호로위치는 말하고 있다.

신보수주의자들은 언론 매체에서도 영향력을 키우고 있다. 그들은 세계의 언론 제왕 루퍼드 머독의 뉴스 채널 〈폭스 뉴스〉에서 목소리를 높이고 있다. 〈위클리 스탠더드〉의 재정을 지원하고 있는 것도 머독이다. 그리고 그들의 의견이 〈월스트리트〉의 '토론'난을 지배하고 있다.

〈뉴욕 타임스〉, 〈워싱턴 포스트〉, 〈타임〉과 〈뉴스위크〉의 이름난 평론가 윌리엄 사피르, 조지 윌, 찰즈 크로터머도 이들 흐름에 속한다. 또 이들 중 일부는 정부 안에 들어가 있다. 국방성의 제2인자인 존스홉킨스대학의 폴 월포비츠, 콜린 파월 국무장관 보좌관 존 볼턴과 같은 사람이 그런 사람들이다. 체니 부통령 주변에도 부인 린 체니를 따르는 일단의 신보수주의 그룹들이 몰려 있다.

다섯 명의 신보수주의(American Neo-Conservatism) 사상 지도자

어빙 크리스톨(Irving Kristol)
82세의 노익장. 미국기업연구소(American Enterprise Institute) 우두머리 중 한 사람으로 '미국 신보수주의의 대부'로 불리고 있다. 자서전적 비망록에서 그는 한평생 내내 'Neo'라는 꼬리표가 자기 자신을 따라다녔다고 말한다. 처음에는 '네오 마르크시스트', 그 다음에는

'네오 트로츠키스트' '네오 소시얼리스트' '네오 리버럴' 그리고 결국에는 '네오 콘서버티시스트'라는 식이라는 것이다.

주간지 〈위클리 스탠더드(The Weekly Standard)〉 편집장 윌리엄 크리스톨이 그의 아들이다. 어빙은 1960년대 말 '진보주의' 도그마와 결별을 했던 미국 좌파 지식인 그룹의 일원이다. 뉴욕대학 사회학 교수로 있으면서 교육 문제와 사회정책에 특별한 관심을 보여왔다.

게리 바우어(Gary Bauer)

'미국적 가치(American Values)' 회장. 수많은 개신교 교단이 여기에 참여하고 있으며, 미국사회에 강한 영향력을 행사하고 있다. 금년 56세. 1980년대 로널드 레이건 대통령의 보좌관으로 활동했으며, 미국에서 가장 강력한 로비스트 그룹 '일하는 가정을 위한 캠페인(Campaign for Working Families)'의 대표이다.

'일하는 가정을 위한 캠페인'은 이름 그대로 맞벌이 부부의 일하는 가정을 재정적으로 지원하기 위한 법 제정을 의회에 제청하는 단체다. 게리 바우어는 이와 함께 사회정책과 교육 문제를 집중 연구하는 워싱턴 소재 '가정문제연구위원회(Family Research Council)' 위원장을 맡고 있으며, 결혼을 옹호하고 낙태를 반대하는 캠페인을 펴고 있다.

리처드 펠레(Richard Perle)

미 국방성 자문기관 '국방정책이사회(Defence Policy Board)' 이사장. 금년 61세. 신보수주의 그룹과 묘한 관계에 있는 미국 언론인 로버트 노벡의 표현을 빌면 리처드 펠레는 '냉전의 영웅'이다.

1981년에서 87년 사이에 국제 군사담당 국방성 차관으로 있었으며,

레이건 대통령의 크고 작은 정책을 입안한 주요 보좌관 중의 한 사람이다. 본래 민주당 거물 헨리 잭슨의 보좌관으로 등장했다.
이스라엘 우파 정당 리쿠드와 밀접한 관계를 맺고 있다. 미국의 다른 신보수주의자들과는 달리 프랑스를 사랑해서 여름 휴가를 대부분 프랑스에 있는 그의 별장에서 보낸다.
도널드 럼스펠드 국방장관도 그의 의견을 경청하고 있다. 사담 후세인의 이라크 정권을 무너뜨리면 중동 전체에 새로운 물꼬가 트인다는 것이 그의 견해이다.

린 체니(Lynn Cheney)
역사가이자 수필가. 체니 부통령의 부인. 61세. 신보수주의 진영에서 가장 비전통적인 인물 중의 한 사람이다. 1986년에서 93년 사이, 교육학 연구자들을 재정적으로 돕기 위한 민간단체 '전국 휴머니티 재단'의 이사장을 맡았다.
미국 역사에 관한 저서가 여럿 있고, 에어컨과 복사기가 워싱턴 정치에 어떤 영향을 미쳤는가를 다룬, 절반은 진지하고 절반은 흥미로운 작은 책자들을 펴낸 적도 있다.
'미국기업연구소'의 수석연구위원으로 라디오와 TV 출연을 좋아한다. 역사교육과 국가의식 형성에 과거의 기억이 어떤 영향을 미치는가 하는 것이 그가 즐겨 다루는 주제이다.

데이비드 브룩스(David Brooks)
보헤미언적이고 부자이며 문명화되어 있고 동시에 좌파적인 미국의 신부르주아 '보보족'(Bobos)을 처음 다룬 사람이다. 《The Bobos》도 그의 책이다.

〈월스트리트 저널〉 기자로 있다가 지식인 주간지 〈위클리 스탠더드〉의 책임 편집인으로 옮겼다. 시카고대학 박사다. 〈뉴욕 타임스〉에 칼럼을 쓰고 있으며, 미국 공영방송 PBS에 고정 출연한다.

신보수주의자들의 우스꽝스러운 모습과 도덕성의 해학을 자주 다루어 시청자들을 즐겁게 해주고 있다. 동시에 그는 좌파 엘리트들에 대해 현실 세계에서 그들이 변화시킨 일들은 아무것도 없으며, 그들이 대상으로 삼아 투쟁을 하는 사회질서가 사실은 그들을 먹여살리고 있다고 확신하고 있다.

존스홉킨스대학 출신의 폴 월포비츠 그룹

2001년 9월 11일 이후 여론과 권력 집단 안에서 차지하는 신보수주의 그룹의 위치는 눈에 띄게 강해졌다. 그 이유는 아주 단순 명쾌하다. 그들은 그들 자신의 말 그대로 "미국이 되돌아왔다(America is back)"는 아주 단순 명쾌한 생각들을 갖고 있다.

그들은 미국이 되돌아오면서 더 이상 역사 앞에 죄의식을 느낄 필요가 없다고 한다. 인도차이나에서 정당한 전쟁을 벌였다는 것이다. 그런데 미국의 신보수주의는 전통적인 보수주의에서만 탄생하는 것은 아니다. 전혀 다른 지평이라고 할 지난날의 급진 좌파 그룹과 뉴요커들에게서 새로운 인력들이 보급되고 있는 것이다. 또 극단적인 보수 종교 그룹들이 여기에 합류하고 있다.

이들은 세계 전략에서만 좌파에 반대하고 있는 것이 아니다. 경제적으로는 밀턴 프리드먼 교수의 시카고학파를 따르고 있고, 사회적으로는 복지국가를 강하게 비난하고 있다. 다른 말로 하면 이들은 '가족과 노동, 자조와 자구, 도덕, 작은 국가와 큰 책임'의 전통적인 보수 가치를 되살리려는 것이다.

그들의 눈에 비친 미국은 협상 대상이 되지 않을 뿐더러 도덕률로 인도받으며 신의 섭리가 작용하는 국가다. 따라서 공산주의에 대해서든 이슬람 테러리스트에 대해서든 미국이 벌이는 모든 전쟁은 '도덕적이며 정당한 전쟁'인 것이다. 미국이 국제사회의 여론을 두려워하지 말아야 하는 까닭도 여기에 있다.

유럽은 이미 오래 전에 이 같은 역사적인 야심을 포기하고 말았다는 것이다.

★
뛰어난 정치 지도자의 여섯 가지 조건

★ ★ ★ ★

안병진
뉴욕 뉴스쿨포소셜리서치대학 미국정치 Teaching Fellow, 〈Weekly SOL〉 편집위원.

얼마 전, 왕년의 근육질 배우 실베스터 스탤론이 다시 람보 영화에 출연할 것을 고려하고 있다는 뉴스를 읽고서 쓴웃음을 지은 적이 있다. 테러 사건으로 땅에 떨어진 미국의 자존심을 회복하기 위한 그의 노력은 가상하지만 마치 중세 기사가 현대사회에 나타나 코미디를 펼치는 영화 〈비지터(방문객)〉처럼 21세기에 나타날 20세기의 람보는 촌스러운 '비지터'에 불과할 것이다.

그러한 영화에 다시 열광하기에 우리는 너무 세련되어버렸다는 것을 그는 아직도 이해하지 못한 걸까?(그는 〈더티 해리〉로 유명한 왕년의 마초배우 클린트 이스트우드가 왜 로맨스 영화 〈매디슨 카운티의 다리〉나 〈용서받지 못한 자〉 같은 포스트 모던한 영화로 주제를 바꾸었는지 곰곰이 생각해보아야 할 것이다)

〈람보〉〈더티 해리〉 같은 영화는 사실 캘리포니아 레이건 박물관에 함께 소장해야 할 80년대 '레이건적 오락'의 대표적 상징들이다.

왜냐하면 이 영화들은 70년대 이란 인질 위기 등 카터 민주당 시절의 미국 위신 추락에 대한 반동으로 마초적인 영웅을 염원하는 당시 민중들의(특히 백인 노동자, 중산 계급) 파시즘적 욕구를 가장 잘 표현한 영화들이기 때문이다.

반면에 90년대 후 오락의 대표적 상징 중 하나는 실베스터 스탤론이 도저히 그 배역을 따낼 수 없는 〈웨스트 윙(West Wing)〉 같은 텔레비전 드라마나 한국 내 케이블텔레비전에서도 큰 인기를 끌고 있는 〈섹스 앤 시티(Sex and City)〉일 것이다.

특히 작년 에미상을 휩쓸다시피 하고, NBC 텔레비전의 시청률을 크게 끌어올린 〈웨스트 윙〉은 시대 변화를 이해하는 중요한 단서를 제공해준다.

이 드라마의 제목인 〈웨스트 윙〉이란 백악관의 집무가 주로 이루어지는 서관을 지칭한다. 이곳을 주요 무대로 하여 이상적 자질을 골고루 갖춘 개혁적 대통령인 조시아 바틀리와 그를 위해 열정적으로 뛰는 참모진들의 활약을 이 텔레비전 시리즈에서 다루고 있다.

언뜻 보면 갈수록 국민들의 정치적 관심이 쇠퇴해가는 미국 정치 현실에서 이 정치 드라마가 이룬 엄청난 성공은 도저히 이해하기 힘든 점이 있다. 더구나 한 시간 내내 전문 정치꾼이나 이해할 만한 정치 은어가 수없이 쏟아져 나와 미국 정치를 전공하는 나도 당혹스러울 때가 한두 번이 아니다.

하지만 가만히 들여다보면 이 드라마의 성공은 결코 우연이 아니다. 우선 이 드라마는 애론 솔킨이라는 걸출한 이야기꾼이 있기에 성공할 수 있었다.

그는 이미 과거에 마이클 더글라스가 대통령으로 출연해 환경 로비스트로 연기한 아네트 베닝과 사랑에 빠지는 영화, 〈미국 대통령〉을 뛰어난 솜씨로 연출해낸 전력이 있다.

특히 그는 이 드라마를 무미건조한 정치 이야기가 아니라 인간의 절실한 꿈과 좌절, 성공의 이야기를 드라마틱하고 감동 깊게 그려내기에 정치에 냉소를 보내는 젊은 세대의 시선까지 잡아둘 수가 있었다.

〈웨스트 윙〉이 성공하는 또다른 요인은 작품의 전문성이다. 이 드라마는 단지 작가의 상상력에만 의존하는 것이 아니라 클린턴 시절 공보비서로 일했던 디디 마이어 같은 주요 정치인들이 긴밀히 결합해 드라마에 실감을 불어넣는 데에 성공하고 있다.

그러기에 여러 에피소드들은 대부분 실제 발생했던 사건에 뿌리를 두고 있다. 더구나 이들은 실제의 느낌만을 더하는 것이 아니라, 미국 정치가 처한 딜레마나 문제점들을 자신의 생생한 경험을 살려 시청자들에게 전달함으로써 〈뉴욕 타임스〉 논설을 수십 번 읽는 것보다 더 강한 메시지를 각인시키고 있다.

보수 공화당, 무능한 민주당

예를 들어 사회에 부정적인 영향을 미칠 공화당의 집권을 막으려면 천문학적 액수의 정치 광고료를 모금해야 하고, 이를 위해 현 캠페인 기부금 법의 헛점을 이용할 것이냐, 아니면 개혁파 대통령답게 정치자금 모금을 철저히 제한해야 할 것인가를 놓고 참모들 사이에서 열띤 공방이 벌어지는 장면이 있다. 이는 현실의 딜레마를 잘 표현한 것이 아닐 수 없다.

무엇보다도 이 드라마가 성공하는 것은 90년대 이후 시대의 흐름에서 국민들의 정치적 욕구를 잘 표현했기에 가능하다.

이 드라마의 주제의식은 기본적으로 세 가지에 대한 반동에서 출발한다. 이 세 가지는 80년대 보수주의적 공화당, 80년대 무능한 민주당, 90년대 클린턴의 스캔들과 무원칙으로 요약할 수 있다.

이는 다시 말해, 첫째 80년대 레이건 이래 번창해온 공화당의 반민중적인 정책과 이를 이끄는 총기협회 및 극우 종교집단에 대한 노골적 반감에 기초를 두고 있다.

둘째로 이러한 공화당과 맞서 효과적으로 싸우지 못하고 결국 국민 혈세를 낭비하거나 범죄에 물러터지게 대응하고 애국에 무관심한 것으로 낙인찍힌 80년대 이래 민주당의 좌절에 대한 반동을 이 드라마의 주제로 삼았다.

셋째로는 90년대 클린턴이 비록 80년대 민주당의 무능을 극복했지만, 도덕적 스캔들로 위신이 추락했고, 개혁적 원칙보다는 재선을 지나치게 고려한 데 대한 강한 반감을 표현해내고 있다.

이 드라마는 이러한 세 가지에 대한 반동에 그치지 않고 바틀리라는 대통령을 통해 이상적 대통령 상을 다음의 여섯 가지로 형상화하고 있다.

1. 약자에 대한 강한 애정

80년대 이래, 민주당이 비록 강한 지도력을 갈망하는 민중들의 뜻을 만족시키지는 못했지만 사회적 약자에 애정을 가진 '당'이란 브랜드는 단 한시도 공화당에게 빼앗겨본 적이 없다.

그토록 인기 없던 1984년의 민주당 대통령 후보 월터 먼데일조차도 이점만은 인기 정상의 레이건에게 양보하지 않았다. 그리고 이는 90년대 새로움을 추구하는 민주당이 여전히 과거의 것 중 바꾸지 않고 고집하는 유일한 브랜드이다. 〈웨스트 윙〉 드라마는 전(全)편에 걸쳐 바틀리라는 인물이 얼마나 사회적 약자에 대한 애정이 넘치는가를 잘 보여준다.

백악관에 초대받은 극우 보수 논객을 거친 욕으로 꾸짖으며 내쫓는가 하면 동성애자·여성·아동의 권익을 위한 입법을 열정적으로 추진한다.

2. 애국주의

60년대 이래 민주당은 반전운동을 통해 애국주의를 경멸해온 좌파의 영향을 많이 받아왔고, 이는 주요 흐름을 차지하는 백인 노동자와 중산계급의 반감을 샀다.

1993년에 집권한 클린턴도 애국주의를 거북하게 여겨온 세대의 한 사람으로 베트남전 징집을 기피한 것으로 선거 과정에서 구설수에 오르기도 하였다. 하지만 이 드라마에서 민주당 대통령 바틀리는 철저한 애국주의로 무장되어 있다.

예를 들어 그와 그의 참모는 우연히 알게된 한 거지가 한국전 참전용사였던 것을 알고 나서는 그의 장례식 날 모든 집무를 팽개치고 참석해 경의를 표한다.

이러한 에피소드를 통해 작가 솔킨은 좌파 이념으로 무장한 민주당 대통령이 아닌 인간의 따뜻함을 가진 애국적 민주당 대통령이 가능함을 설명하려고 한다.

3. 강경한 국제 외교

마찬가지로 바틀리는 민주당처럼 국제 테러 집단이나 반미 세력들에게 한없이 양보만 하지 않고, 심지어 보수주의자들보다 더 강경한 입장을 취해 그들을 굴복시킨다.

흔히 공화당과 민주당을 엄한 아버지와 자상한 어머니에 비유하기도 하는데, 바틀리는 사회적 약자들에게는 자상한 어머니이고, 국제 테러 세력에게는 동시에 엄한 아버지인 셈이다.

4. 재선보다 원칙을 중시

〈웨스트 윙〉시리즈 중 한 에피소드는 마치 언제나 인기도와 재선만을 노리는 클린턴을 떠오르게 한다. 바틀리 또한 여론조사 결과에 집착하고 중도주의적 노선을 취하다가 그의 참모인 리오 맥게리와 대판 싸우는 이야기를 다룬다.

임기 끝까지 결국 안전한 중도노선으로 마무리한 클린턴과 달리 솔킨의 이상을 담은 바틀리는 크게 반성하면서 자신의 개혁 노선을 담대하게 실천하며 다시 정치적 열정을 회복한다.

5. 비당파성

극우 집단과 철저히 대결하는 바틀리지만 그는 결코 민주당의 협소한 당파적 관점만을 추구하지 않는다. 그는 텔레비전 토론에서 자신의 참모를 박살낸 보수 논객을 혐오하기는커녕 오히려 자신의 백악관에 합류시킨다.

처음에는 민주당에 극도로 거부감을 나타낸 그녀는 차츰 민주당 출신 대통령과 그의 참모들이 진정으로 국익을 위해 헌신하는 것을 옆에서 보면서 감동한다.

6. 도덕주의

바틀리는 클린턴처럼 뛰어난 화술로 누구든 친구로 만드는 기술을 가졌지만 클린턴과 다르게 이 기술을 여자들에게는 사용하지 않는다. 작가 솔킨은 바틀리가 영부인과 아직도 열정적 키스를 나누는 장면이나 자신의 딸을 위해 정치적 손해까지 감수하려는 자애로운 아버지의 모습을 강조해서 보여준다.

한국 정치 현실은 어떤가

이러한 90년대 이후 시대의 흐름이 요구하는 여섯 가지 덕목을 완벽히 갖춘 드라마 속 민주당의 이상적 대통령 바틀리와 비교하면 현재 미국 민주당의 대선 주자들은 너무도 초라하다. 이미 2000년 대선에서 민주당 후보 앨 고어는 밑바닥 국민들의 정서를 이해하지도 못하는 온실 화원 속의 엘리트임이 드러났다.

그리고 2004년 대선을 향해 의욕적으로 뛰고자 한 전쟁 영웅 밥 케리 상원의원은 베트남전 당시 민간인을 학살한 사건으로 구설수에 올라 주저앉고 말았다.

그래서 어떤 이들은 이 드라마 때문에 현실의 정치인들이 너무 초라해 보이고, 국민들이 냉소주의에 빠진다고 불평을 늘어놓기도 한다.

하지만 그들이 이해하지 못하는 것은 〈웨스트 윙〉 같은 드라마는 현실 정치 구조에서도 개혁할 수 있다는 꿈을 끊임없이 심어준다는 점에서 어떠한 제도권의 정치 캠페인보다도 더 효과적이라는 사실이다(이 드라마 시리즈 내내 제3당의 활동은 단 한 컷도 나오지 않는 것은 우연이 아니다).

2000년 플로리다 사태가 '한 표의 소중함'이란 이념을 위력적으로 전파했다면 〈웨스트 윙〉은 현 구조에서도 노력하면 희망이 있다는 개혁 이념을 국민 가슴 속 깊이 울리게 하였다.

얼마 전 한국에서는 〈3김을 넘어서〉라는 정치 다큐멘터리가 시청률이 저조하여 실패로 끝났다는 뉴스를 읽은 기억이 난다. 현실 정치에서 3김을 넘어서의 프로젝트도 아직까지는 별반 성공을 보이는 것 같지는 않다.

〈웨스트 윙〉 같은 드라마를 만들기에는 우선 이곳저곳 눈치볼 곳이 많은 낙후된 정치 현실을 떠올린다면 아마 우리는 당분간 고려나 조선 왕조 이야기에만 열광해야 하는가 보다.

★
미국은 세계의 생각과 생활을 규정한다

★ ★ ★ ★

이언 잭(Ian Jack)

1995년 이래 영국 문화 전문지 〈그란타(Granta)〉 편집을 책임지고 있다. 1960년대 스코틀랜드 주간신문에서 기자생활을 시작해서 1970년에서 1986년 사이에 기자와 편집자, 인도 특파원으로 일했다. 1989년 〈인디펜던트〉를 창간해서 1991년에서 1995년 사이 편집위원장을 맡았다. 영국기자상, 편집자상, 언론인상을 여러 차례 받았다. 저서로 《석유가 다 하기 전에(Before the Oil Ran Out)》가 있다.

미국이 세계 모든 나라의 생활방식과 사고방식을 정하고 있다. 냉전이 끝나기 전에는 세계의 절반이 그러했고, 냉전이 끝난 뒤에는 세계 전체가 그러하다고 해도 지나치지 않을 것이다. 유일한 예외가 있다면 북한과 미얀마 정도다.

미국의 정치·경제·문화적 영향력이 세계 모든 나라의 일상 속에 이미 깊이 스며들고 있다. 우리는 미국을 생각할 때 무엇을 떠올릴까? 공포, 분노, 부러움, 당황, 희망? 그리고 언제부터 우리는 미국에 대해 생각하기를 시작했을까?

이 시나리오를 시작하기 전에 1950년대 스코틀랜드에서 보낸 나의 소년시절 이야기부터 먼저 하는 것이 좋을 것이다.

첫번째 이야기. 내가 살던 시골 마을 파이프에서 1km도 채 안 떨어져 있는 하구에 아름다운 배 한 척이 정박해 있었다. 해마다 이맘

때 쯤이면 뉴욕에서 북유럽으로 오는 여객선 카로니아호였다. 작고 검은 론치 배들이 관광객들을 에든버러로 실어나르기 위해 분주하게 움직이고 있었다.

우리 발 밑에는 해안선을 따라 소금물에 흠뻑 젖은 반쯤 먹다 버린 수백 송이의 포도들이 뒹굴고 있었다. 카로니아호 식당에서 버린 것들이다. 미국인들은 모래바닥에 버려져 있는 냉동 체리와 함께 이 포도로 아침식사를 한 모양인데, 언제 우리가 이처럼 많은 냉동 체리를 본 적이 있는가. 이 모든 사치스러움이 나에게는 아직까지 너무 먼 이야기다.

두번째 이야기. 첫번째 해변에서 얼마 떨어져 있지 않은 또 다른 해변에 한 무리의 소년들이 있다. 이들은 파이프 해안에서 온 듯한 미국 소년 한 명을 "헤이, 양키!"라고 부르며 놀리고 있다. 이 미국 소년은 얼굴이 새빨개져서 우리들에게 고함을 질러댔다. 왜 우리는 그를 놀려댔을까? 아마 그가 너무 뽐을 냈거나, 아니면 영국과 미국 중 누가 더 군함을 많이 갖고 있는가를 둘러싸고 입씨름을 벌였기 때문이었던 같다.

우리는 영국이 더 많이 갖고 있다고 고집을 피웠는데, 그때 이미 우리는 우리 자신과 나라를 하나로 보고 있었던 모양이다. 그러나 이 입씨름에서 누가 옳았는지는 그로부터 여름이 두 번 지난 뒤 미국 함대 위스콘신이 수많은 전함을 거느리고 카로니아호가 정박했던 똑같은 지점에 정박함으로써 분명해졌다. 이런 함대를 영국은 아직도 갖고 있지 못하다.

나는 9·11테러 직후 그렇게도 심한 반미 감정이 영국 신문들의 칼럼과 일상 대화에 갑자기 등장함으로써 어린 날의 '헤이, 양키'의 추억을 다시 떠올렸다. 유럽 전역을 통해 그리고 심지어는 미국에 가장 충실한 우방국 영국인의 저녁식사 테이블과 바에서 당신은 미국에 대해 미묘한 이중적인 감정을 느낄 수 있을 것이다. 테러에 대한 증오와 테러 희생자들에 대한 동정과 함께 '당해도 싸다'는 말들이 우리 귀에 들리고 있는 것이다.

그 2개월 뒤 〈인터내셔널 헤럴드 트리뷴〉은 전세계 오피니언 리더 275명 중 3분의 2 이상이 지금 미국은 그들이 세계인들에게 어떻게 비치고 있는가를 알아야 할 때라고 생각한다는 기사를 내보냈다. 그리고 이들 중 절반 이상이 미국의 세계 정책과 행동들이 9·11테러의 근본 원인이라는 생각에 동의하고 있었다.

그러나 좋든 싫든 미국이 우리들 삶에 얼마만큼 깊숙이 들어와 있는가를 말해주는 것들이다.

★
항상 나를 어리둥절하게 만드는 미국

★ ★ ★ ★

한스 마그누스 엔젠스베르거(Hans Magnus Enzensberger)
독일에서 가장 사랑받고 널리 알려진 현대 독일 작가의 한 사람이다. 시집 《타이태닉의 침몰과 대영묘
(The Sinking of the Titanic and Mausoleum)》와 산문집 《유럽》, 《유럽과 내전》 등이 있다.

나는 1945년에 처음으로 미국 사람을 보았다. 그는 지프를 타고 있었는데 얼굴색이 좋고 왼손을 자동차 창 밖으로 내놓은 채 시가를 피우며 빳빳한 군복 차림으로 기세 좋게 무너진 건물의 파편 속으로 전진하고 있었다. 독일인들을 지난 12년 간의 악몽에서 깨워 주는 행운의 함대가 드디어 도착한 것이다.

쥐들이 밤새도록 쓰레기더미에서 소란을 피우는 소리를 들으면서도 우리는 이제 하고 싶은 일들을 해도 되는구나 하는 자유를 느꼈다. 그러면서도 동시에 나는 왜 우리 해방자들이 우리에게 폭격부터 먼저 했으며, 폭격과 더불어 많은 사람들이 그렇게 좋아하지도 않는 민주주의라는 것을 강요하는지 그 까닭을 잘 알 수 없었다.

그런데 잇달아 구호품과 자유 언론, 베니 굿맨 악단의 레코드와 서부 영화가 폭탄 대신 우리들 머리 위로 떨어지기 시작했다. 그리

고 엄격하게 금지되어 있었는데도 '적과의 우정 나누기'가 따분한 미군 병사들에게 가장 흥미로운 놀이가 되어버렸다. 지금도 뮌헨 거리를 걷다 보면 그때의 '우정 나누기'의 산물이라고 할 미국 영어 억양을 그들의 혀 끝에 강하게 담고 있는 검은 독일인들을 자주 만날 수 있다.

그리고 냉전의 시작과 '팍스 아메리카나', 이에 따른 미국의 관대한 행동들을 접하게 된다. 독일이 미국의 보호령이 된 것이다. 권위에 납작 엎드리는 우리의 오랜 전통이 여기에 큰 도움이 됐다. 그뒤 우리는 수십 년 동안 미국의 우산 아래에 있었으며, 이 우산 아래에서 독일은 정치적으로는 난쟁이지만 경제적으로는 거인이 됐다. 단지 몇 안 되는 골수 나치당원들만이 이 외계의 침략자에 대해 고마움과 경탄의 감정을 가지지 않을 정도였다.

나는 내 젊은 날의 대부분을 수도에서 보냈다. 그러나 내가 보낸 수도의 이름은 본이나 베를린이 아니라 뉴욕이었다. 그곳은 내 세대의 대부분이 그러했던 것처럼 자유분방하고 에너지와 약속, 환상이 가득 찬 땅이었다.

나의 이 순진한 장밋빛 환상을 깬 것이 베트남 전쟁이었다. 싫든 좋든 우리가 그토록 열렬하게 껴안았던 환상에서 깨어나야만 했던 것이다. 우리들의 미국은 실제의 그것이 아니었고, 영화의 한 장면과 같았을 따름이다.

그래서 68세대들은 미국을 나치 독일의 비밀 경찰과 결부시킨 "USA-SA-SS"의 구호를 외치기 시작했으며, '제국주의'의 목소리가 터져나왔고, CIA가 악마의 자리에 대신 들어섰다. 그리고 몇몇 과격분자들은 우리를 소련에게서 지켜주던 바로 그 미군 기지에 폭탄을 던졌다.

우리들 중 가장 높은 자리에 있는 자들까지 우리의 미국 친구들이 세계 여러 곳에서 독재자를 아주 좋아하며, 그들의 가치 판단의 잣대는 항상 이중적이고, 그들의 말에는 무례한 자기중심주의와 선교사 같은 그럴 듯한 말들이 기묘하게 뒤섞여 있다는 것을 깨달았다. 이런 것들을 발견하는 데에 약 20년의 시간이 걸렸다. 이제 와서 생각해보면 우리가 환상을 갖고 이 환상에서 깨어나 실망을 하는 데에는 우리 자신의 책임이 크다.

문화 충돌

아주 바보스러운 것이기는 하나 독일과 서유럽에서 터져나오고 있는 반미주의는 이른바 문화라는 것과 관계가 깊다. 칠레 독재자 피노체트보다 코카콜라를, 베트남 전쟁 때의 미라이 학살보다 맥도널드 햄버거의 패스트푸드를 들먹이는 사람들이 있다. 로큰롤이 홈그라운드의 음악 세계를 침략했으며, 미국판 소프 오페라(연속 멜로드라마)와 광고물, TV 프로그램이 판을 치고 있는 것이다. 그래서 파리와 밀라노, 베를린에 '미국화(American-ization)'의 유령이 배회하고 있다.

그러나 내 생각은 좀 다르다. 미국화가 진행되고 있다기보다 지금 유럽은 더욱 유럽적으로, 미국은 더욱 미국적이 되고 있다. BBC 덕분이기도 하지만, 유럽인들이 쓰는 영어는 우리가 전쟁 때 들었던 언어와 더욱 비슷해지고 있다. 우리가 생각하고 느끼는 그런 길을 걷고 있지 않은 것이다. 그리고 나는 미국적인 다름이 하나의 축복이라고까지는 말할 수 없을지 모르지만 여기서 일종의 위안을 얻는다.

다른 법과 습관, 다른 도시들과 신앙들. 담배가 기관총 이상으로 사람들의 건강을 위협한다고 여기고, 어떻게 오다가다 알게 된 사람에게 자신의 아파트를 사용해도 좋다고 하며, 거의 모든 사람들이 신을 믿으며, 누가 폭탄을 갖고 그들의 세계에 뛰어들지 않으면 외부 세계에 관심을 갖지 않는 사람들이 사는 땅을 생각해보라.

어느 누구도 이 같은 사회를 완전히 이해한다고 말할 수 없을 것이다. 항상 다른 그 무엇으로도 바뀔 수 있는 곳, 그 자체만으로 세계가 완결되는 곳, 하나의 제국, 상상 속의 서반구에서의 또 하나의 중국, 경탄을 금치 못하는 땅, 그래서 언제나 우리를 어리둥절하게 하는 나라가 바로 미국이다.

★

새로운 예루살렘, 바벨탑의 매혹

★ ★ ★ ★

이안 부루마(Ian Buruma)
영국 작가. 저서로《볼테르의 코코넛(Voltaire's Coconuts)》,《앵글로마니아(Anglomania)》,
《중국의 반란자들, LA에서 베이징까지(Chinese Rebels from LA to Beijing)》등이 있다.

1971년 로스앤젤레스는 내가 본 도시 중 가장 이국적인 곳이었다. 프랑스 르와르 강변의 성들과 스페인과 무어 고성, 아서 왕의 성들을 본따 만든 비버리힐스의 집들이 있었지만 로스앤젤레스는 내가 전에 본 도시와는 아주 딴판이었다. 종려나무 사이로 나타났다가 사라지는 신기루 같기도 했다. 당시 나는 보통의 다른 젊은이들과 똑같았으며, 내가 한 일도 그러했다.

그런데 일본 출신의 두 미국인 형제 브루스와 노먼과 함께 디즈니랜드에서 하룻밤을 보낸 적이 있다. 그날 저녁을 나는 지금도 기억한다. 다른 젊은이들과 똑같았다는 것은 그날 저녁도 우리는 함께 환각제 LSD에 빠져들있다는 것이나.

우리는 환각상태에서 서로 다른 옷을 입은 신들이 눈 앞에 나타났다가 사라지는 것을 바라보았다. 멕시코와 프랑스, 일본, 독일,

미국, 그리스 등 온갖 나라 복장을 한 꼬마 도깨비들이 우리를 사방에서 공격했다. 그러는 중에서도 애이브러햄 링컨의 게티즈버그연설도 들었다.

그러나 지금도 가장 또렷하게 기억하는 것은 그날 밤 우리가 나눈 긴 대화들이었다. '아이덴티티'가 주제였다. 노먼은 그가 태어난 땅 캘리포니아와 캘리포니아의 혼, 다양한 인종들과 문화, 생활방식 그리고 그 일탈에 열광하고 있었다. 폴크스바겐 비틀을 몰고 다니던 LA 인텔리 노먼은 이런 것들에 정신 없이 빠져들면서도 동시에 이런 것과 약간 냉소적이며 분석적인 거리를 유지하고 있었다.

그의 목표는 할리우드에서 심각한 영화를 만드는 것이었다. 그러나 실제로는 포르노를 만들고 있었다. 노먼은 일본어를 잘 못했다. 미국 문화가 그의 문화였던 것이다. 그는 미국의 뿌리 없음과 자유에 편안함을 느끼고 있었다.

브루스는 달랐다. 그는 그날 밤 2천 년에 걸친 아시아 문화에 대해 많은 이야기를 했다. 그것이 그의 동일성의 일부를 형성하고 있었던 것이다. 노먼과 달리 그는 일본어를 조금 할 줄 알았고, 일본미술에 관심이 깊었으며, 선(禪)을 하기도 했다. 말하자면 브루스는 백인 미국인과는 다른 문화를 갖고 있었던 것이다. 그의 피 속에는 수많은 이민자들이 두고 떠나온 전통과 가족 등 옛 세계가 여전히 남아 있었다.

이 모든 것이 남부 캘리포니아의 도시 풍경들이 그러했던 것처럼 나에게는 새로운 것이었다. 내 가족의 배경에도 다른 문화에 동화되어간 일들이 있다. 어머니 쪽이 유태계 독일인에서 유태계 영국인으로 바뀐 적이 있는데, 이는 미국의 보통 사람들의 경험과는 다른 것이었다. 물론 독일인에서 영국인으로 되는 것도 다른 문화에 동화하는 것이다. 그러나 여기서 다른 문화란 그들이 두고 온 유럽의 대륙 문화와 크게 다르지 않았다. 내 할아버지의 경우도 바그너에 대한 사랑을 비롯, 잃은 것이 그렇게 많지 않았다.

그런데 미국 특히 캘리포니아는 그들의 새로운 시민들에게 더 과격한 약속을 하고 있다. 미합중국 역시 나름대로의 국민적 관습과 전통을 갖고 있다. 그러나 이것을 강조하면서도 모든 사람들이 그들이 어느 세계에서 도피를 해왔든지 간에 사회의 사슬에서 벗어나 그들 자신의 운명을 스스로 선택하는 것을 이상적인 것으로 여긴다. 기존의 동일성을 받아들이기보다는 가능한 한 과거를 잊고 새로 출발하는 것을 이상으로 삼는 것이다.

미국은 모든 사람에게 제2의 기회를 제공한다. 성공이냐 실패냐는 가족의 뿌리나 계급의 법칙들에 의해 결정되는 것이 아니다. 개인적인 행복의 추구 또한 권리만이 아니라 거의 의무 사항이다.

인종적인 편견이나 종교적인 편협, 사회적인 불평등이 없는 '새로운 예루살렘', 이것이 미국의 이상이다. 그런데 이 모든 것이 다른 곳과 동일한 방식으로 존재하지 않는 것이다. 옛 세계에 사는 우리들 중 일부는 미국인의 역사의식 부족과 비극적인 감각의 결여를 비웃는다. 이것은 과거에서 해방되는 것이 미국에서는 곧 자유에 대한 약속이라는 점을 놓치고 있는 데에서 비롯된 것이 아닌가 한다.

그러나 자유의 약속 또한 항상 만족스러운 것이 아니다. 끊임없이 떠도는 듯한 느낌이 들기 때문이다. 그래서 다시 역사와 전통을 찾게 되고 운명의 유한성 속에서 '차가운 위로'를 받는다. 아마도 이것이 구세계와 신세계, 브루스와 노먼 간의 긴장의 원인이 아닐까 하는 생각이 든다.

그러나 실제로 이 같은 긴장은 곳곳에 도사리고 있다. 과거를 털어버리고 우리 자신을 재창조하는 것, 섹스든 물질이든 정신적인 것이든 순간의 만족을 원하는 것, 이 모든 것은 우리들 대부분이 느껴온 그 무엇이다. 이것은 할리우드 영화와 록 음악, 광고물과 팝 음악이 표현하고 있는 미국의 이상들이 왜 그처럼 매혹적이고 섹시하며 왜 그토록 혼란스러운가를 말해주는 것이기도 하다. 우리들 모두는 한 조각의 '미국'을 원한다. 그러나 그것을 가질 수 있는 자는 얼마 되지 않을 뿐더러 가진 자는 더욱더 목말라 한다.

빔 벤더스(독일 영화감독)의 영화에 등장하는 한 독일인은 "미국이 우리 마음을 식민화했다."라고 선언했다. 독일 68세대의 전형적인 선언이라고도 할 수 있다. 그러나 이 말은 어느 정도 사실이다. 런던에서부터 도쿄에 이르기까지 수억 명의 사람들이 '미국'을 동경하고 있다. 나도 1959년 미국 여행중에 아버지가 보낸 맨해턴 사진 엽서를 본 뒤 쭉 그 같은 욕망에 사로잡혀왔다. 그곳에는 별이 빛나는 밤에 모습을 드러내는 바빌론의 탑과 같은 그 무엇이 있으며, 그 무엇은 여덟 살짜리 소년의 마음까지 뒤흔들어 놓는 힘이 있었다.

나는 지금도 미국에 갈 때마다 초등학교 학생같은 전율을 느낀다. 미국 땅에 발을 올려놓는 순간, 가슴이 뛰는 듯한 상쾌함을 느낀다. 낯선 사람과 나누는 쓸데없는 잡담, 유럽식 교육에서 비롯된 격식과 계급적인 편견, 교양인인 체하는 데서 비롯되는 무거운 짐들을 벗어 놓는다. 감상주의와 현실 안주, 편협함과 같은 미국 사회의 결함들이 더욱더 분명하게 나타나는데도 나의 이 유쾌한 감정은 없어지지 않는다.

그러나 나는 무일푼인 이민 노동자처럼 밑바닥부터 새로 시작할 필요는 없다. 나는 내 뜻대로 미국을 들락날락하면서 한 조각의 '미국'을 입에 베어 물고 있으면서도, 언제든지 내 집이 있는 더 안락하고 민주적인 유럽 세계로 되돌아갈 수 있는 걸 알고 있다. 그래서 '미국'은 우리에게 제2의 기회를 제공하는 가능성 속의 피난처이자 자유의 방어벽이 되고 있는 것이다.

그러나 미국은 '미국'이 단지 하나의 신기루이며, 결코 채워지지 않는 약속이자 메마른 사막에 이는 한 가닥 꿈에 지나지 않는 곳에 사는 사람들에게는 매우 낯선 땅일 것이다. 폭정 아래에서 자유와 진보의 희망을 박탈당한 채 살아가는 사람들에게는 더욱 그러할 것이다. 그래서 이 낯선 유토피아는 순수의 신기루와 자기 희생의 토대 위에 들어서는 순례의 길을 요구한다. 매혹적인 바벨론탑에서 도저히 눈길을 돌릴 수 없기 때문이다. 이 탑을 파괴해야 할지 모르겠다.

★
미국과 미국 사람은 같지 않다

★ ★ ★ ★

제임스 해밀턴 패터슨(James Hamilton Paterson)
1941년 런던 태생. 옥스퍼드대학에서 공부하면서 뉴디게이트(Newdigate)상을 수상했다. 필리핀과 이탈리아에서 활동했고 지금은 이탈리아 토스카니에서 세계 여러 지역을 방문하고 있다. 저서로 《아메리카 보이(America's Boy)》, 《10분의 7(Seven-Tenths)》, 《게론티우스(Gerontius, 이 작품으로 1989년 화이트브레드 첫 소설상을 탔다)》가 있다.

제2차 세계대전과 그뒤 냉전의 시기에 나는 날마다 울리는 민주주의 가치를 들으며 자랐다. 전체주의와 비밀경찰, 굴라크(소련의 강제수용소), 빅 브러더스가 그 반대 테제였다. 히로시마 원폭에도 불구하고 미국에 의한 높은 도덕성을 기반으로 우리의 대의가 승리를 한 것이다.

계몽주의 사상과 합리주의, 그리고 프랑스 혁명에서 비롯된 정교분리의 원칙이 우리의 토대를 이루고 있었다. 그런데 지난 50년 사이 이 서구판의 성스러운 민주주의와 반제국주의, 언론 자유가 타격을 받았다.

베트남 전쟁에 대해서는 신경질적인 그 무엇이 있고, 워싱턴에는 로널드 레이건이 말한 '악의 제국'보다 더 나쁜 정권을 지지했던 그 무엇이 있었다.

이런 것들이 우리들에게는 도저히 묵살하기 힘들 만큼 실망스러왔다. 자유와 민주주의의 이름 아래 미국의 대외정책은 다른 나라들과 다름없는 거친 국가 이기주의와 사리사욕에 의해 전개됐다.

도덕성의 높은 언덕이 알고 보니 습한 늪지대임이 드러났던 것이다. 늪지대에서 비치는 깜박이는 불빛 사이로 베트남의 비극이 보였다. 힘이 곧 정의다. 최초로 이 땅을 식민지로 삼을 계획을 세운 것이 미국의 군부인 것도 사고는 아니다.

그리고 나는 내가 알고 사랑하는 자연인으로서의 미국인과 세계에 드러난 미국인의 얼굴 사이에 엄청난 차이가 있다는 것을 깨닫고 가끔 충격을 받는다. 내가 아는 자연인으로서의 미국인은 세련되고 관대하며, 지적으로 정직하고 항상 유머가 넘쳐 흐른다. 그들의 나라가 세계를 내리누르고 있는 무거운 무게와 정반대인 것이다.

왜 그럴까? 그들의 정부는 내가 아는 미국인들과 같은 사람들이 대표로 일하지 않는 것일까? 이 대통령이 가고 저 대통령이 와도, 이 정부가 가고 저 정부가 와도, 모두 극우의 정신을 드러낼 따름이다.

이 유명한 민주주의 나라에서 유권자의 50% 정도만 투표장에 나가고 있어서인가, 아니면 하원과 상원에서 미국의 헌법정신이 제대로 실현되지 못해서인가? 또 그도 아니면 왜 그런가?

얼마 전 20년 만에 필리핀을 방문했다. 여기서 나는 미국과 미국의 옛 식민지 필리핀에 대해 많이 생각하게 됐다. 1898년 미국이 필리핀에 심어준 정치 시스템은 이제 워싱턴의 한마당 풍자극처럼 보였다. 몇몇 정치 엘리트와 그들의 범죄 행위들이 그 나라를 지배하고 있다.

미국이나 필리핀이나, 거대한 정치 자금 없이는 어떤 선출직에는 접근하는 것은 거의 불가능하다. 그리고 거대한 부의 뒤에는 예외

없이 거대한 범죄가 도사리고 있음도 사실이다. 필리핀에서 민중의 아들이 대통령이 된 것은 1998년 영화배우 조셉 에스트라다가 처음이다.

그러나 그는 결국 정치 엘리트들이 저지른 갖가지 공작으로 대통령직을 2년도 채 수행하지 못한 채 물러났다. 부패 혐의라고 하지만, 그 정도의 부패라면 지금까지의 모든 필리핀 대통령이 임기를 채우지 못했을 것이다.

25년 전 필리핀의 정치 엘리트들은 미국 CIA의 지원으로 대통령이 된 페르디난드 마르코스에게 아주 만족해했다. 베트남 전쟁을 위해 믿을 만한 군사기지를 필요로 한 미국의 요구로 그는 미국 대통령이 다섯 번이나 바뀌는 동안에도 계속 대통령 자리에 머무를 수 있었다.

나는 나의 마지막 여행 중 마크 트웨인(미국 소설가)의 소설들을 읽었다. 마크 트웨인은 1867년 신대륙에 발을 딛기 전 겪은 '구세계'의 문화적 주도권에 진절머리를 냈으며, 유럽의 고상한 우월감에 분노했다.

그러면서도 르네상스와 같은 중요한 문화의 이정표들에 대해서는 밝은 눈을 갖고 있었다. 유럽이 미국을 진지하게 대하지 않는 데에 대해 트웨인이 화를 낸 것은 정당하다. 그러나 지금 우리는 지구의 90%가 미국이 아니라는 사실을 미국인들이 인식하지 못하고 있는 데에 놀란다.

이점에서 미국 언론들은 제 구실을 하지 않고 있다. 미국이 '악의 제국'이라고 부르는 나라 사람들이 미국 사람들보다 더 세계를 잘 알고 있는 것이다.

과거를 기억할 만큼 나이가 든 사람들에게는 진짜로 이 세계는 아이러니로 가득 차 있다. 서방 민주주의의 사회 감시와 통제 시스템은 빅 브러더스의 거친 꿈 이상으로 거칠다.

★
미국의 둥근 달

★ ★ ★ ★

양 리안(Yang Lian)

중국 시인. 부친이 외교관인 관계로 1955년 스위스에서 태어났으며, 북경에서 자랐다. 1987년 중국을 떠나 지금은 런던에서 살고 있다. 영어로 번역된 《단 하나의 사람 취급을 받지 못하는 자(Non-Person Singular)》와 《바다가 조용히 서 있는 곳에(Where the Sea Stands Still)》가 있다.

"둥근 달이 미국에서는 더욱 둥글다."

1949년 이전, 중국 사람들이 미국 생활방식을 얼마만큼 부러워했는지를 나타내는 말이다. 그러나 1949년 이후에 이 말은 자본주의 '앞잡이'들을 비웃는 말로 자주 쓰였다. 어떻든 이 말은 빛나는 은쟁반 이상으로 중국인들에게 강렬한 이미지를 남겼다.

1980년대 초 어느 날 밤, 북경의 한 레스토랑에서 이 환상은 여지없이 깨졌다. 중국을 방문 중이던 미국 대학교수 한 분이 나와 같은 중국의 젊은 시인들을 그날 밤 레스토랑으로 초대한 자리였다.

흔히 하던 대로 우리들은 중국 정치 상황의 엄혹함과 지하 문학을 하는 것이 얼마만큼 어려운가를 두고 많은 얘기를 나누었다. 대화를 하면서 우리는 오랜만에 맛있는 식사를 할 수 있었다. 식사가 끝났는데도 테이블 위에는 아직 먹을 것들이 많이 남아 있었다. 그런데 그 미국 교수가 내게 왜 남긴 음식을 집에 싸 가지 않느냐고 물었다. 당시 중국에는 미국에서와 같은 '개밥 봉투(dog bag)'라는 단어가 없었을 뿐더러, 식당에서 남은 음식을 집에 가져가는 법이 없었다.

그러나 미국 교수 말은 "미국 시인이라면 남은 음식을 집에 싸 가져가는 것을 전혀 부끄러워하지 않는다. 개를 먹이기 위해서가 아니라 사람이 먹기 위해서다."라는 것이었다. 나는 미국 시인이 중국 시인 이상으로 가난하다는 것을 믿을 수가 없었다. 이런 말은 '미국의 둥근 달'과는 거리가 먼 것이었다.

뉴욕의 중추절

1992년 중추절 이후 나는 망명객 신분으로 뉴욕에 갔다. 내게 미국 방문은 이때가 처음이었다. 차이나타운 한 모퉁이를 걷고 있는데, 어떤 사람이 내 이름을 부르는 것이 아닌가. 그것도 미국 땅에서……. 나보다 앞서 미국으로 떠난 중국의 동료 시인이었다.

이런저런 인사말을 나눈 뒤, 그는 내게 뉴욕에 머물러야 한다는 말을 거듭했다. 왜 굳이 뉴욕이냐고 물으니까 "뉴욕에서 성공하는 것은 세계에서 성공하는 것과 같은 것"이라고 대답했다.

그의 표정은 아주 진지했는데, 뉴욕의 가로등 너머로 거대한 '미국의 달'이 마침 떠오르고 있었다. '아, 이것이 바로 그 미국의 둥근 달이구나!' 하는 생각이 들었다. 그러나 나는 내가 진짜로 미국을 부러워해야 하는지, 그 순간을 즐거워해야 하는지를 알지 못했다.

뉴욕이라고 하지만 얼마 안 있으면 내 통장에는 돈이 한 푼도 없을 것이기 때문이다. '한 푼의 돈도 이제는 없다'는 이 말은 그때가 물론 처음도 아니었고 마지막도 아니었다. 그뒤 미국 시인과 내 친구의 입에서 나오는 이 절망의 부르짖음을, 나는 전화통에서 얼마나 자주 들어야 했던가.

뉴욕 그리니치 빌리지의 아파트에서 시를 쓰던 내 미국인 친구도 "우리집에서 식사를 같이 하자. 돈을 절약해야지."라는 전화를 가끔 걸어왔다. 이렇게 해서 나는 '개밥 봉투'의 중요성을 알게 됐다.

미국에서 내 아내는 파출부로 일했고, 나는 몇 푼의 돈을 벌기 위해 먼 거리를 불문하고 이 대학 저 대학을 찾아다니며 정치 강연을 해야 했다. '자본주의'는 구호에 불과한 것이 아니었다. 그것은 엄격한 논리를 가진 조직이었다.

지난날 '밥은 나눠 먹는다'는 '철밥통'의 중국 시절이 얼마나 행복했던가. 그런데 지금은 빵을 사고 집세를 해결해야 하며, 약값을 지불해야 하고 한 잔의 맥주를 사 마셔야 하는 구체적인 현실에 직면한 것이다. 부드러우나 아주 무서운 독재자인 돈. 성공의 유혹에 이끌려가는 억압의 상태. 내가 미국에서 쓴 시들은 〈어둠〉이라는 제목 그대로였다.

미국의 달이 과연 더욱 둥근 것일까. 나는 미국 시인들에게 그들이 처한 상황이 중국 시인들의 상황보다 더 낫지 않다는 것을 알려주었으면 하는 생각이 들었다. 이곳에서는 어느 누구도 예술을 사랑한다는 이유만으로 돈을 주지 않으며, 정치적인 반대자들의 얼굴 위로 후광을 드리워주지 않는다.

시를 쓰고자 하나요? 그렇다면 그걸 후회할 준비부터 먼저 하는 것이 좋을 것이다. 시를 쓰는 개는 '개밥 봉투'를 꿈꿀 것이며, 꿈속에 나타나는 미국의 둥근 달이 둥근 한 덩어리 고기로 비쳐질 것이다. 우리 아버지가 이미 예고했듯이 시인은 가난 속에서 사는가 보다. 미국 시인의 아버지들 또한 이점을 잘 알고 있을 것이라고 본다.
 미국에서 문화라고 하면 할리우드와 맥도널드, 크레디트 카드와 텅빈 소비자 대중만이 있다. 이것을 내 식대로 굳이 번역을 하라면 '개밥 봉투의 문화'라고 부르고 싶다. 그리고 그것에 길들지 않는 시인들이 계속 써내는 시들의 독자는 하늘에 걸린 둥근 달뿐이다.

★
그들은 성서의 말을 끊임없이 새롭게 한다

★ ★ ★ ★

마이클 이그나티에프(Michael Ignatieff)

러시아 태생으로 하버드대학 인권정책 교수다. 저서로 《전사의 영예(The Warrior's Honour)》, 《윤리 전쟁과 근대의식(Ethnic War and Modern Conscience)》, 《이사야 벌린(Isaiah Berlin)》, 《러시아 앨범(The Russian Album)》, 《가족 메모(A Family Memoir)》과 소설 《반흔 조직(Scar Tissue)》 등이 있다.

리처드 닉슨이 미국 대통령에 재선되어 의회에서 취임선서를 하던 날, 우리는 닉슨을 반대하는 가두시위를 하기 위해 전세계 각국에서부터 몰려들었다. 아마 한 50만 명쯤 되었다고 생각한다. 그런데 우리 시위의 루트는 버스의 강철 벽들로 둘러싸여 워싱턴의 다른 지역들과 철저하게 고립되었다. 우리는 닉슨에게 다가갈 수가 없었던 것이다.

구호를 외치는 사이사이로 우리는 큰 확성기를 통해 의사당 바깥까지 울려퍼지는 닉슨의 취임연설을 들을 수 있었다. 그로부터 30년의 세월이 흐른 지금, 나는 내가 그의 연설 중 어느 한 대목도 기억하지 못하는 것을 기쁘게 생각한다.

그 당시에도 우리들의 시위가 마지막 대규모 시위가 될 것이라는 사실을 알았다. 우리 시위가 있은 뒤에도 캄보디아 사태와 미국의 실질적인 패배로 이르는 인육의 사육제가 계속되었다. 그리고 우리들은 손에 손을 잡고 아니면 홀로 워싱턴 기념탑을 바라보거나, 역사의 파편 속을 헤쳐가는 우리 자신의 발 아래를 내려다보며 어디론가 행진하고 있었다. 그리고 '부르주아 계급의 적'인 나는 '부르클린의 노동자 혁명'을 선언한 깃발을 들고 트로츠키주의자들의 뒤를 따르고 있었다.

이 길을 따라 행진한 지 3년 만에 사이공이 함락됐다. 그리고 잇달아 캄보디아 대학살이 벌어졌다. 우리는 우리들 슬로건의 일부가 진실임이 드러날 경우와 또한 민족해방전선(NLF)과 베트콩이 승리할 경우에 무슨 일이 벌어질 것인지에 대해 아무런 생각도 하지 못했던 것이다. 그런데 대학살이 벌어졌고, 북베트남이 남베트남 전역에 폭정을 실시했다. 그러나 나는 아직도 그때 그 자리에 내가 함께 있었음을 기쁘게 생각한다.

나는 캐나다인이다. 그러나 나를 키운 대의는 미국 전쟁이었다. 나는 내 나라를 사랑한다. 그러나 캐나다가 결코 허용하지 않는 방식으로 미국을 신뢰한다. 내가 반전 데모를 한 것도 베트남 전쟁이 미국의 핵심적인 그 무엇을 배신하고 있다는 생각이 들었기 때문이다. 제퍼슨과 링컨을 신뢰했기 때문에 행진을 했던 것이다.

행진이 끝나자 우리들 중 수천 명은 링컨기념관에 모여 어둠과 추위가 우리를 몰아낼 때까지 링컨 농상 아래 앉아 있었다. 기념관의 벽에 새겨져 있는 링컨의 말들은 황혼 속에서도 어렴풋하게 읽을 수 있다.

그들은 헛되이 죽지 않았을 것이며, 이 나라가 신의 보호 아래에 새로운 자유의 탄생을 보게 되고, 인민의, 인민에 의한, 인민을 위한 정부가 지상에서 사라지지 않을 것임을 우리는 거기서 읽었다.

기념비의 다른 한 면에서 당신은 남북 전쟁이 마지막 고비에 이르렀을 무렵에 쓴 링컨의 두번째 취임식사를 알아볼 수 있을 것이다. "어느 누구에게도 원한을 품지 않고, 모든 자를 품에 안으며, 굳건하게 올바름을 지키면서 신이 우리를 보게 하는 대로 지금 우리가 하고 있는 작업을 끝내도록 하자."는 글귀들이다.

그는 국가 변호사였고, 그가 사용한 말들은 영국법에 대한 영국 정치인 블랙스톤의 코멘트, 셰익스피어의 연극, 구약성서의 예언들에서 따온 것들이다. 이 모든 요소들에서 그는 미국판 성서를 새로 창조한 것이다.

미국판 성서의 창조

미국판 성서의 창조는 대통령들의 특권이 아니다. 1945년 이오지마 전투에서 미국 해병대의 랍비는 이런 말로 동료 해병대의 시체를 묻었다.

"우리를 위해 너무나 많은 피가 이땅으로 스며들었다. 너무나 많은 고통과 슬픔이 우리가 서 있는 이땅을 비옥케 했다. 여기서 우리는 엄숙하게 선서한다. 이 모든 것들이 헛되지 않기를……. 이로부터 세계 모든 곳의 모든 사람들의 아들들을 위한 새로운 자유가 태어날 것임을 약속한다."

랍비는 유태교도와 기독교도를 똑같은 땅에 묻고 있었다. 랍비는 서로 다른 군부대에서 복무했던 흑인과 백인 병사를 묻고 있었다. 링컨이 알고 있었던 것처럼 그 역시 시민들이 함께 죽고자 한다면 그들의 후대들이 자유 속에서 함께 살 수 있을 것임을 알고 있었다.

하버드의 내 교실에서 나는 세계 20여 개국에서 온 학생들을 가르치고 있다. 9·11테러가 발생한 그해 가을 내내, 나는 그들도 미국판 성서의 말들을 한 번 들어보았으면 좋았을 텐데라는 생각을 하고 있었다. 나는 그들을 위해 마틴 루터 킹 목사가 흑인들의 투표권 쟁취를 위한 긴 여정의 셀마행진을 끝내고 앨라배마주 몽고메리 군청 청사 계단에서 한 연설을 생각한다.

"나는 '그러면 얼마나 오래 걸립니까?' 하고 당신들이 묻고 있는 걸 알고 있습니다. 나는 오늘 오후 당신들에게 말하기 위해 이곳에 왔습니다. 아무리 어려운 순간과 좌절의 시간들이라고 하더라도 오래 걸리지는 않을 것입니다. 진실이 이땅을 다시 일으켜 세울 것이기 때문입니다. 얼마나 오랫동안? 오래 걸리지는 않습니다. 거짓말은 오래 가지 않을 것이기 때문에……. 얼마나 오랫동안? 오래 걸리지는 않을 것입니다. 뿌린 대로 거둘 것이기 때문입니다. 얼마나 오랫동안? 오래 걸리지는 않을 겁니다. 보편 도덕성의 팔이 정의 위로 뻗칠 것이기 때문입니다. 얼마나 오랫동안? 오래 걸리지는 않습니다. 다시 오는 주님의 영광을 우리 눈으로 볼 것이기 때문입니다. 그때 그의 검은 번갯불이 빛을 발할 것이고 진리가 행진을 할 것이니 기뻐하십시오."

미국판 성서의 힘은 이 같은 민주주의의 끊임없는 재창조 과정에 있다. 처음에는 전장의 대통령이, 그 다음에는 랍비가, 그리고 또 그 다음에는 흑인 목사가 똑같은 언어의 보고(寶庫)로 들어와 이런 방식으로 자기 자신을 신뢰하고, 시민정신이 곧 신앙의 징표이며 그 자신에 대한 약속이 이 나라 시민이 아닌 나와 같은 사람들의 신앙까지 지배하는, 그러한 나라의 믿음을 계속 새롭게 하고 있는 것이다.

★
미국의 부는 여러 세대에 걸친 창의성의 결과물

★ ★ ★ ★

이반 클리마(Ivan Klima)

프라하대학에서 문학을 공부하고, 체코의 지식인 주간신문 〈리테라르니 노비니(Literarni Noviny)〉의 편집부국장을 지냈다. 1969년 미국 미시건대학에서 교환교수로 1년을 보낸 후 프라하로 돌아가 지금도 그곳에서 살고 있다. 작품으로 《어느 여름날의 일, 사랑과 쓰레기(A Summer Affair, Love and Garbage)》, 《나의 첫사랑들(My First Loves)》, 《재판대에 선 판사(Judge on Trial)》 등이 있다.

나는 아직도 제2차 세계대전을 기억하는 사람 중의 한 사람이다. 집단수용소에 끌려가던 날 나치 독일은 미국과 전쟁을 시작했다. 그해 나는 열 살이었다. 절망의 한가운데에서 나치와 미국의 개전 소식을 듣고 우리들이 서로 얼싸안은 것은 하나의 패러독스였다. 결정적인 시기가 왔으며 이제 전쟁은 곧 끝날 것이라고 생각했던 것이다.

그러나 전쟁은 곧 끝나지 않았다. 나는 전쟁의 마지막에 '날아다니는 요새'가 우리들의 수용소 위를 비행하던 것을 기억한다. 나는 수용소 마당에 서서 공포와 기쁨을 동시에 느끼며 이 '날아다니는 요새'를 바라보고 있었다.

서부 보헤미아의 형제들과는 달리 나는 해방자로서의 미국인을 만나지 못했다. 프라하와 마찬가지로 테레진수용소(보헤미아 북부)

를 해방시킨 것은 미군이 아니라 붉은 군대였던 것이다. 당시 나는 미국의 뮤지컬 대신 전쟁 영화를 사랑했다. 뮤지컬은 내가 속해 있던 세계와는 너무나 다른 세계인 것 같았다. 훗날 알게 되었지만 뮤지컬과 전쟁 영화는 극단적으로 서로 대비되는 미국인의 두 가지 생활태도를 상징하는 것이었다.

전쟁 직후 모든 미국 영화가 체코슬로바키아에서 모습을 감추었다. 공산주의 시대가 찾아온 것이다. 그와 함께 현대 미국 작가들이 쓴 모든 미국 책들도 사라졌다. 그럼에도 불구하고 나는 프라하 식물원에서 멀지 않은 골목길에 있는 개인 서점을 하나 찾을 수 있었다. 이곳에서 나는 서점 주인과 가끔 문학 이야기를 했다.

그러던 어느 날 서점 주인은 나에게 보여줄 것이 있다며 서가 밑바닥에서 두 권의 소설을 꺼냈다. 하나는 스타인벡의 소설이고, 하나는 헤밍웨이의 소설이었다. 그 무렵 이런 책들은 일종의 금서였다. 훗날 검열이 조금 완화됐을 때 나는 비로소 도스 파소, 포크너, 와일더, 헬러, 메일러, 로스를 읽을 수 있었다. 이 책들은 나에게 큰 영향을 미쳤다.

대부분의 사람들에게는 할리우드 영화와 끝없는 TV 연속물들이 바로 미국 문화를 뜻한다는 것을 나는 알고 있다. 그러나 나의 경우, 지난 세기에 세계에서 가장 뚜렷한 흔적을 남긴 미국 문학이 미국 문화를 뜻하는 것이었다.

내가 처음 미국을 방문한 것은 1968년이었다. 내가 쓴 극작 〈성(The Castle)〉의 공연에 참석하기 위해서였다. 당시 내가 뉴욕에 압도당한 기억은 지금도 새롭다. 나에게는 뉴욕이 다른 행성, 다른 문화의 도시 같았다.

그 다음해 미시건대학의 연구원으로 초청을 받았다. 그때까지만 해도 소련 점령군은 체코에서 편안하게 지내고 있었다. 그런데 숙청이 시작되고 다시 검열이 강화되었으며, 문화는 지하로 들어갔다. 국경이 폐쇄되기 바로 전날 나는 체코를 떠났다. 그 순간 나는 미국이야말로 자유의 땅이라고 생각했다.

아직도 잊지 못하는 것은 닉슨 대통령이 베트남 전쟁을 열렬하게 옹호하는 연설을 한 직후, 해설자가 TV에 나와 대통령을 비판하는 것이었다. 도저히 믿을 수 없는 일이었다. 이것이 바로 지금도 내가 미국에 대해 경탄을 하는 민주주의와 자유의 표상이 아니고 무엇이겠는가.

나는 미국인들의 관계가 참으로 피상적이라는 말을 자주 듣는다. 그러나 내가 보기에는 사실과 다르다. 미국인들은 대부분 평화롭게 살고 있고, 어떤 사고나 재앙이 닥칠 때만 행동을 한다. 반드시 테러 공격일 필요는 없는 것이다. 언젠가 영하 20도의 혹한 속에서 운전 중 길을 잃고 헤매다가 지나가는 차에 구조를 받은 적이 있다. 이때를 잊을 수 없다. 체코에서는 그 같은 자기 희생과 남에 대한 배려를 보지 못했다.

6개월 뒤 미국에서 체코로 돌아왔다. 체코의 네오스탈린 시대가 최고조에 달해 있던 바로 그 무렵이다. 우리들 모두에게 미국은 자유의 화신 같은 존재였다. 거기서는 언론 검열도 없었고, 우리 상황을 미국 기자들은 취재를 잘 해갔다. 때때로 우리는 자유지역 미국 대사관저를 찾았다.

사람을 정치 성향 때문에 잡아 가두지 않고, 자유가 있으며, 책을 압수하지 않고 전체주의 이념을 거부했다고 해서 교수를 대학에서 쫓아내지 않는 어떤 대륙이 그래도 존재하고 있다는 사실 자체만으로 우리는 크게 힘을 얻었다. 일종의 '아메리칸 드림'이 있었던 것이다.

어떤 사람에게는 무한한 물질적 풍요를, 또 다른 사람에게는 자유를 뜻하는 것이었다. 가족은 2~3명인데 방은 12개가 넘는 대저택을 나는 부러워하지 않는다. 두 대의 자동차도, 자가용 비행기를 갖고자 한 적도 없다. 나는 물질적인 풍요에 거부감을 갖고 있다. 그러나 동시에 미국의 물질적인 풍요와 제3세계의 빈곤 사이에 일정한 관계가 있다는 견해에 동조하지 않는다.

나는 미국의 부가 몇 세대에 걸친 자유 시민들의 창의성의 결과물이라고 본다. 미국이 제3세계의 빈곤에 책임이 있다고는 생각하지 않는다. 그들의 빈곤은 그들의 상황과 자유 의지가 부족한 데서 온 무기력 때문이다. 지난 10년 사이 미국을 찾을 때마다 나는 자유가 여전히 그곳에 넘쳐 흐르고 있음을 발견한다.

자유는 흔히 각기 다른 방식으로 기술될 수 있다. 어떤 사람에게는 그것이 정신의 자유일 수도 있으며, 권위에서 해방되는 것일 수도 있고, 또 다른 사람에게는 정신적·도덕적 일탈로 받아들여질 수도 있다. 어떻든 자유는 참으로 역설적인 결과를 가져온다. 농구와 하키 선수, 팝 가수, 영화와 TV 스타에게 천문학적인 연금을 주는 것, 대중 오락문화가 우상이 되는 것들이 그러한 것이다. 그리고 신문과 TV에 넘쳐나는 폭력과 공포도 자유의 표현이라고는 볼 수 없을 것이다.

나는 광신자들이 저지르는 뉴욕 시민들에 대한 공격을 시민 자유 자체에 대한 공격으로 여긴다. 미국이 자유의 화신이기 때문에 그러하다. 따라서 미국에 대한 공격은 우리들 자신의 자유에 대한 공격과 다름없다. 그 반대로 보는 것은 반동적이고 전체주의적인 세력과 한편이 되어 민주주의와 시민의 권리, 인종 및 남녀 간의 평등을 비웃는 행위나 마찬가지다.

★

미국의 진실 – 의식적으로 민주, 무의식적으로 제국주의

★ ★ ★ ★

라마찬드라 구하

인도 역사학자. 뉴델리에 살고 있으며, 환경과 자연, 사회 평등 문제에 대해 많은 책을 펴냈다. 그의 책들은 주로 인도와 영국 옥스퍼드대학, 미국 캘리포니아대학 출판부에서 간행하고 있다. 《이 찢어진 땅 (This Fissured Land)》, 《자연의 대변인(Nature's Spokesman)》, 《자연, 문화, 제국주의(Nature, Culture, Imperialism)》, 《환경과 평등(Ecology & Equity)》 등이 있다.

1950년대 말 어느날, 캘커타의 한 가든 파티장. 주인집 아들이 찬 축구공이 갑자기 날아들어 테이블 위에 놓여 있던 위스키 병을 깨뜨렸다. 유리 조각이 튀고 그 조각들이 미국 총영사의 팔에 박혀 피가 흘렀다.

그가 병원으로 실려 간 뒤 생물학자 J.B.S. 할데인이 어색한 침묵을 깨고 "벵골의 꼬마 코뮤니스트가 미 제국주의자를 성공적으로 공격했어."라고 말하는 것이었다.

그로부터 20년 뒤 나는 캘커타로 이사했다. 당시 벵골은 공산당이 집권당으로 있었다. 집권 공산당이 취한 첫번째 조치가 미국 영사관이 들어서 있던 거리 이름을 호치민가로 바꾸는 것이었다. 당시 그곳 지식인 사회는 반미감정으로 가득 차 있었다. 마르크스와 모택동, 냉전 시기에 우리 편에 서 있던 장 폴 사르트르와 가브리엘 가르시아 마르케스와 같은 작가들이 우리들의 영웅이었다.

나는 영국 영사관 직원이었으나, 그곳 미국 문화원 도서관에는 출입할 생각은 없었다. 그런데 내 아내가 장학금을 얻어 예일대학으로 유학을 떠나게 됐다. 마음이 썩 내키는 것은 아니었지만 나도 마지못해 아내 뒤를 따라 미국으로 갔다. 금요일에 뉴헤이븐에 도착을 하는 즉시 내가 교수로 가기로 되어 있던 대학의 학장을 만났다.

그 다음날 학교 캠퍼스에서 산책을 하고 있는데, 학장이 자기 차를 주차시킨 뒤 트렁크에서 무슨 큰 상자들을 꺼내어 길 건너 학교로 세 차례나 나르는 것을 보았다. 학장이 어려운 일을 일꾼에게 시키지 않고 스스로 하고 있는 이 장면은 나의 해묵은 반미감정에 일격을 가하는 것과 같았다.

내 아버지와 할아버지는 인도 과학실험실의 책임자들이었다. 그런데 나는 아버지와 할아버지가 얇은 파일 하나, 종이 쪽지 하나도 손수 나르시는 것을 본 적이 없다. 모든 것을 하인들에게 시켰던 것이다.

미국에 살면서 나는 그 뒤에도 미국인들이 노동을 얼마만큼 존엄한 것으로 생각하는가를 느낄 수 있는 장면을 자주 보았고, 그때마다 충격을 받았다. 미국인들은 지위가 높고 낮은 것과 상관없이 스스로 자기 집 담장을 고치고 잔디를 깎으며 짐을 옮겼다. 이 모든 것이 카스트 제도가 없고 이에 따른 계급 차별이 없는 데서 비롯된 것이 아닌가 하는 생각이 들었다.

그러나 인도 인텔리들은, 개인에 대한 존중, 뛰어난 사회적인 이동성, 공직자에 대한 철저한 자질 검증 등 미국인들의 이 같은 장점들을 과소평가하는 경향이 있다. 그들 눈에는 오로지 제국의 파워, 약탈자와 싸움대장의 모습, 남의 나라 영토의 무단 침입자, 자국의 경제 이익을 위해 국제기구들을 제멋대로 요리하는 조작자의 모습만이 비칠 따름이다.

의식적으로는 민주주의, 무의식적으로는 제국주의

세계 무대에 드러난 미국의 얼굴은 아름답지 않다. 오만과 독선이 끊임없이 전개된다. 미국은 국제형사재판소 설립에 딴지를 걸고, 유엔 분담금을 제대로 내지 않으며, 교토협약을 무시할 뿐더러 종의 다양성을 위한 국제협정을 거침없이 어긴다.

미국은 또 대인지뢰 생산을 금지하는 협정에 서명을 하지 않았다. 미국이 서명을 하고 지키고 있는 협정들은 그들 자신이 초안을 하고 다른 나라들에게 강요하고 있는 지적재산권과 같은 것들뿐이다.

의식적으로는 민주적이고, 무의식적으로는 제국주의적인 것이 미국의 진실이 아닐까 한다. 이 기묘한 가치의 혼재와 공존은 세계 역사에서 흔하지 않다. 지금의 스웨덴과 노르웨이 같은 나라들은 민주적이지만 제국주의가 아니다. 스칸디나비아 국가들은 미국과는 달리 국제적인 의무사항들을 잘 지키고, 세계의 가난한 자들을 위한 사회복지 프로그램을 실천에 옮기고 있다.

그리고 지난날의 프랑스와 영국 같은 제국주의 국가들은 순수한 의미에서 민주적이지 않았다. 유럽의 제국주의 팽창 시절, 재산이 없는 남자와 모든 여자들은 투표권을 갖지 못했다. 보통선거제가 도입된 뒤에도 영국 정치는 소수 엘리트에 위한 과두정치였다.

네루 수상의 검소함과 50억 달러

역사적으로 인도의 반미감정은 미국이 가져다 준 큰 선물, 즉 돈

벌이에 대한 탐미적인 혐오감에서 생겨난 것이었다. 자와하랄 네루가 1949년 독립국 인도의 첫 수상으로 미국을 처음 방문했을 때였다. 뉴욕에서 환영연을 받았는데, 이때 환영 파티 주최자 중 한 사람이 "네루 씨, 이 테이블에는 50억 달러가 앉아 있어요."라고 말했다. 영국 사회주의자들에게 교육을 받은 이 인도의 인텔리는 그 돈 이야기에 물론 아무런 감흥도 받지 못했다.

지금 인도에는 네루 때의 검소한 사회주의가 사라지고 부박한 자본주의 소비문화가 판을 치고 있다. 문화적으로는 영국 대신 미국이 모방의 대상이 되었고, 정치적으로도 미국과 인도의 관계는 과거 어느 때보다 가깝다. 그런데 미국에 대한 이 새로운 찬탄은 미국에 대한 지난날의 혐오감과 마찬가지로 토대가 튼튼하지 않다.

이 모든 것이 힘과 관계가 있다. 뉴델리의 전략적인 싱크탱크(think tank)들은 미국 정치의 투명성 실험에 대해서는 주목하지 않고, 남아시아에서 미국이 그런 것처럼 인도를 서아시아의 지도자로 인정해줄 것만을 요구한다. 이미 인도가 서아시아의 지도국인데도 말이다.

더군다나 인도는 남아시아의 다른 어느 나라보다 더 믿을 만한 민주국가가 아닌가. 그러면서도 인도는 남아시아의 다른 나라들을 괴롭히고 지배하려고 한다. 그래서 인도가 더욱더 고립되고 있는지 모르겠다.

킹 구야넨드라 전 멕시코 대통령은 "불쌍한 네팔이여, 그대는 신에게서 너무 멀리 떨어져 있고, 인도에서는 너무 가깝게 자리잡고 있구나."라는 말을 하고 있다.

4장 세계에게도 신의 은총을!
God Bless World!

★
SOFA 개정을 촉구한다

★ ★ ★ ★
이정옥

서울대학교에서 사회학을 공부하고 박사학위를 받았다. 하버드대학과 와세다대학에서 교환교수를 지냈으며, 지금은 대구 가톨릭대학 사회학 교수로 재직 중이다. 〈Weeky SOL〉 편집위원장과 아시아 지식인 모임 Arena 실무이사, '국제민주연대' 공동대표를 맡고 있다. 저서로 《한국 성사회학의 방법론적 모색》, 《한국의 공업화와 여성 노동력》과 역서로 《페르낭 브로델의 역사학 논고》 등이 있다.

 오키나와에서 지낸 3박 4일은 내게는 충격이었다. 달러를 바꾸는 데 은행에서 1시간 이상이나 기다려야 할 정도로 불편하다는 것이 믿어지지 않았다. 오키나와라면 미군 부대가 연상되는데, 부대 밖에서는 활보하는 미군의 그림자도 볼 수 없었다. 유흥가도 없었다. 물론 사격장의 소음도 없었다.
 오키나와 미군 기지 이전 운동을 벌이고 있는 주민들은 특별한 운동권 사람들이 아니었다. 한 주부는 오키나와에 미군 부대가 주둔하기 전부터 서식했던 나비 표본을 들고 나와 우리에게 보여주었다. 그리고 미군 부대가 주둔한 이후 그 나비들이 다 어디로 갔는지를 물었다. 생태 파괴를 소리 높여 외치는 것보다 더 의미심장했다.
 다른 주민 단체에서는 우리를 위해 오키나와에서 가장 빼어난 산과 들, 바다를 보여주었다. 그리고는 새로이 설계되고 있는 미군 헬기 이·착륙장 장소를 가리켜 주었다. 게다가 오키나와에서 가장 호소력 있게 글을 쓴다는 어느 문인은 1945년 한 일본인 소녀가 미군에게 어떻게 성폭행을 당했는가를 우리들 모두의 가슴에 스며들게 묘사하고 있었다.

나는 귀를 의심하지 않을 수 없었다. 1945년에? 1995년도 아니고 1945년은 바로 종전 직후가 아닌가? 그때 점령군으로 들어온 미군의 범죄를 낱낱이 기록하여 지금도 되새기고 있는 일본인과 우리의 차이를 고통스럽게 새기지 않을 수 없었다.

일본인과 한국인

미군 헬기장 설계에 반대하고 미군 범죄 문제를 제기하고 있는 오키나와 주민들은 한국에서 주한 미군 범죄 문제를 제기하는 것에 대해 나와는 다른 각도에서 부러워하고 있었다. 일본인들은 좀처럼 시위대를 만들지 못한다. 인간 띠 잇기를 하려고 하는데 몇 명이나 모일지 모르겠다고 말했다.

오키나와 사람들은 여전히 본토와 오키나와를 구별한다. 그들의 설명에 따르면 본토가 전쟁을 일으키고 오키나와를 희생양으로 미군기지로 내주었다는 것이다. 그들의 설명에 우리의 억울한 처지를 하소연할 필요가 있을까 하는 생각이 들었다.

오키나와 회의에서 만난 마고 오자와 교수의 의미심장한 말이 또 가슴이 와 닿았다. 그녀는 미군 아버지와 일본인 어머니를 두고 샌프란시스코에서 미군 성범죄 문제를 전문으로 연구하는 교수이다. 나는 그가 기지촌 여성들의 삶과 미군 성범죄에 대해 연구 차 대구에 왔을 때 만난 적이 있다. 그를 다시 몇 년 만에 이곳 오키나와에서 본 것이다.

그는 미군 범죄 중에 주로 성범죄 문제가 제기되는 것에 주목하면서 미군이 주로 흑인 병사라는 것, 미국에서 흑인 남성이 성범죄의 주범으로 낙인찍혀온 현실을 상기시켰다.

오카나와와 일본 본토, 일본과 한국, 미국 본국과 파견 나온 병사들 그 속에는 인종, 계급 성, 민족이라는 변수가 켜켜이 가로놓여 있었다. 결국 약자들끼리 서로 더욱 가혹하게 비난할 여지가 많다는 점이다.

오키나와 회의는 2000년 7월에 있었다. 그 때 우리는 매향리 사격장 이전 문제를 둘러싸고 거의 전쟁이나 다름없는 싸움을 벌이고 있었다. 게다가 미군 범죄나 미군 부대의 문제만 거론해도 친북 성행의 단체 혹은 인사로 낙인이 찍혔고, 그러한 낙인만으로도 국가보안법에 저촉이 되는 상황이었다. 남들은 탈냉전을 얘기하는데 우리는 냉전의 빙산 속에서 동태가 되어 한 발자국도 움직이지 못하고 20세기를 다 보냈다.

종전이 된 지 반세기가 되었다. 대부분의 한국민에게 미군은 점령군이 아니라 해방군이었다. 한국인은 해방군으로 온 미군을 극진히 대접했다. 지구촌 다른 나라에서 미군 주둔에 대한 문제가 제기될 때도 미군이 저지르는 문제에 대해서는 눈을 감았다.

한국인이 미군 문제에 대해 비로소 소리내어 말하기 시작한 것은 얼마 되지 않는다. 처음에는 자유 우방국가라고 믿었던 미국이 독재정권에 협력하고 있다는 '엄청난 비밀'에 놀라고 분노했다. 한국 민주화 투쟁의 과정에서 미국은 민주주의 가치를 심어주고 독려해준 우방국이었지만 동시에 독재정권에 대한 지원국이었다는 발견이 젊은 청년들을 분노하게 했던 것이다. 우정에 대한 배신감의 반응은 폭발적일 수밖에 없었다.

두 명의 여중생이 사망하기 전에도 미군이 저지른 끔찍한 범죄에 대한 소문은 많았다. 정부의 공식 통계에 따르면 1967년부터 1998년 말까지 발생한 미군 범죄(미 군속 범죄 포함)는 50,082건이며 범죄에 가담한 미군(미 군속 포함)은 56,904명이다.

경찰에 접수되지 않은 사건까지 감안한다면 실제로는 더욱 많은 범죄가 일어났음을 짐작할 수 있다. 위의 통계를 근거로 1945년 9월 8일 미군 주둔 이후 1999년 10월 현재까지 발생한 미군 범죄는 약 10만 건이 넘을 것으로 추정하고 있다.

최근 정부 통계를 보면 1967년부터 1991년까지 연간 1천1백 건에서 2천3백 건의 미군 범죄가 발생한 것으로 기록되었고, 1992년부터 미군 범죄가 연평균 7백~8백 건으로 감소한 것으로 나타나 있다.

이것은 1992년 10월 미군 케네스 마클의 윤금이 씨 살해사건을 계기로 '미군 범죄'가 사회적으로 공론화되고, 그 성과로 '주한미군 범죄근절 운동본부'가 결성되어 상시적 활동을 펼친 것과 연관이 깊다. '미군 범죄'라는 말 자체를 공식적으로 사용한 것도 이때부터이다. 하지만 한국 정부의 재판권 행사율은 아직도 매우 미흡한 수준이다. 1998년 미군 범죄에 대한 재판권 행사율은 3.9%다(미 군속 등의 재판권 행사율은 24.6%).

미군 스스로 자정해주길 기대하고 참았던 한국인들의 인내가 두 여중생의 무죄 판결로 한계에 다다랐다. 더 이상의 인내는 인류 보편의 가치로 우리 모두 지키고 싶어하는 정의와 평화에 대한 모욕이라는 것을 확인하는 계기가 되었다. 무죄 평결을 받기 전까지 많은 한국인들은 아직도 민주주의 종주국으로서의 미국을 믿고 싶어 했다.

힘 없는 여성과 어린이에 대한 미군의 범죄를 확인하고, 그러한 범죄에 대한 미군 당국의 부적절한 대응을 지켜보면서, 한국인들은 정의와 평화는 원조로 얻어지는 것이 아니라는 것을 깨닫기 시작했던 것이다.

게다가 전쟁 당사국이었던 일본과 독일에 주둔하는 미군의 지위가 한국에서보다 상대적으로 주둔국 현지민을 배려하고 있다는 것을 확인하는 것은 정의에 대한 막연한 기대를 저버리는 것이었다.

1966년에 체결되어 1967년에 발효된 SOFA(주둔군 지위 협정)는 한국 전쟁이라는 특수한 상황에서 체결된 대전협정에 근거를 둔 것이다. 따라서 전시 상태를 기준으로 한 이 법은 마땅히 평화상태를 근거로 한 법으로 바뀌는 것이 당연하다.

미 군정기에는 한국은 주권이 없었다. 남한에 단독 정부가 세워짐에 따라 주한 미군의 법적인 지위가 문제가 되자 협정을 맺었는데, 그 내용은 한국 정부가 미군의 기지 및 시설 사용권은 물론 모든 권리를 포기하는 것이었다. 그러나 이 불평등 협정은 1949년 미군의 일시 철수로 종료되었다.

현재의 불평등 협정의 원인은 한국 전쟁이다. 1950년 6월 25일 한국 전쟁이 발발하자 다시 미군이 진주하게 되었고 전시라는 급박한 상황에서 미군의 요구로 미군에게 모든 재판권을 주는 대전협정을 체결한 것이다.

한국이 모든 권리를 포기했던 대전협정 체제에서 1967년 SOFA 체제로 가기까지 13년이 걸렸고, 한국 정부는 그 대가로 굴욕적인 한일협정을 체결하고 한국군을 월남에 파병했다. 또 국제법상 가장 후진적인 협정으로 평가받는 1967년 한미행정협정 체제에서 1991년 한미행정협정 체제로 가기까지는 무려 24년이 걸렸다. 1991년 개정된 협정 역시 부분적으로 진전이 있었지만 실제 한국 측의 권리 행사를 제한하는 조항들을 개정하지 않음으로써 기존의 협정과 거의 다름없는 불평등 구조를 유지했다.

또한 이 협상을 개정하는 조건으로 미국은 한국 정부에 엄청난 방위 분담금을 요구했다. 그리고 95년 11월 한미행정협정 재개정을 한미 간에 합의하면서 한국 정부는 방위 분담금 증액을 약속했다. 그러나 협상은 미국 측이 일방적으로 결렬을 통보함으로써 현재까지 중단된 상태다.

한·미 SOFA(한미 주둔군 지위협정)

정식 명칭

'대한민국과 아메리카 합중국 간의 상호방위조약 제4조에 의한 시설과 구역 및 대한민국에서의 합중국 군대의 지위에 관한 협정(Agreement under Article 4 of the Mutual Defence Treaty between the Republic of Korea and the United States of America, Regarding Facilities and Areas and the States of United Armed Forces in the Republic of Korea)'으로 약칭 '한미주둔군지위협정' 또는 '한·미 SOFA(Status of Forces Agreement)'라고 부른다.

의의

한·미 SOFA는 주한 미군의 법적인 지위를 규정한 협정이다. 일반적으로 국제법상 외국 군대는 주둔하는 나라의 법률 질서에 따라야만 한다. 다만 외국 군대는 주둔하는 나라에서 수행하는 특수한 임무를 효율적으로 수행하기 위해 쌍방 법률의 범위에서 일정하게 편의를 제공하고 배려하는데, 이것은 해당 국가와 미군 간에 주둔군 지위협정(SOFA)의 체결로 보장된다. 이에 따라 맺어진 주한 미군의 지위에 관한 협정이 바로 한·미 SOFA다. 예전엔 '한미행정협정'이라 불렸으나 행정협정은 국회의 비준 없이 행정부 간의 서명만으로 발효되는 간단한 형식의 조약으로, 한·미 SOFA의 경우 국회의 비준 절차를 거친 정식조약이므로 적절치 않다는 지적에 따라 잘 사용하지 않고 있다. 그런데 한·미 SOFA는 미군들에 대한 편의 제공 차원을 넘어 한국의 주권을 상실할 정도로 다른 나라 협정에 비하여 지나치게 불평등하다.

구조

한·미 SOFA는 본문과 후속 문서인 합의의사록, 양해사항, '한국인 고용원의 우선 고용 및 가족 구성원의 취업에 관한 양해각서', '환경보호에 관한 특별 양해각서' 등 5개의 문서로 구성되어 있으며, 세부 이행지침을 '한미합동위원회 합의사항'으로 별도로 규정해놓고 있다.

한·미 SOFA와 한·미상호방위조약

1953년 체결된 한미 상호방위조약은 미군이 한국에 주둔하는 법적인 근거가 되는 조약이며, 한·미 SOFA는 한미상호방위조약을 통해 주둔하는 미군의 법적인 지위를 규정하고 있다. 즉 한미상호방위조약은 한·미 SOFA의 모법(母法)이다.

그런데 한미상호방위조약은 주한 미군이 대한민국의 영토, 영해, 영공 전 영토를 무상으로 사용할 수 있도록 인정하고 있고, 미군 주둔의 목적이 빠진 점, 무엇보다 조약의 시효가 무기한으로 규정된 데에서 많은 문제를 안고 있다. 자동으로 한·미 SOFA 역시 무기한 유효하다.

따라서 한·미 SOFA를 근본적으로 개정하기 위해서는 한미상호방위조약 개정이 불가피하다. 적어도 유효기간을 최소 10년 정도로 제한하고, 그때마다 변화하는 국제 정세 및 국내 현실에 맞게 동 조약의 종료 및 개정을 논의할 수 있어야 할 것이다.

체결 및 변천 과정
1. 대한민국 대통령과 합중국 군대 사령관 간에 체결된 '과도기에 시행될 잠정적 군사 안녕에 관한 행정협정' | 1948. 8. 24

주한 미군의 지위에 관한 최초의 협정이다. 미 군정시대에는 한국은 주권이 없었고, 1948년 8월 15일 남(한국)에 단독 정부가 세워짐에 따라 주한 미군의 법적인 지위 문제가 제기되자 맺어진 협정이다. 한국 정부가 미군의 기지 및 시설 사용권은 물론 일체의 권리를 포기하는 내용으로 된 이 협정은 1949년 미군의 (일시적인)철수로 종료되었다.

2. 대전협정 | 1950. 7. 12
1950년 6월 25일 한국 전쟁이 발발하자 다시 미군이 진주하게 되어 미국의 요구로 전시라는 급박한 상황에서 미군 당국에 일체의 재판권을 넘기는 대전협정(정식 명칭 : 주한 미군 군대의 형사재판권에 관한 대한민국과 미합중국 간의 협정)을 1950년 7월 12일 체결한다. 이어 1952년 5월 24일에는 한국의 미군에 대한 경제적 지원을 내용으로 하는 마이어협정(정식 명칭 : 경제 조정에 관한 협정)을 체결하여 미군의 특권을 더욱 강화해주었다.

3. 1967년 한·미 SOFA | 1967. 2. 9

한국 전쟁이 끝나자 미군은 1953년 10월 1일 체결된 한미상호방위조약을 통해 계속 주둔하게 되었다. 한국 정부는 한·미상호방위조약 체결 협상 때부터 주한 미군의 지위에 관한 새로운 협정을 체결할 것을 요구했지만, 미국은 대전협정, 마이어협정에 보장된 특권을 계속 유지하기 위해 회피하였다. 그런데 1950년대에 계속하여 발생한 주한 미군의 범죄 문제로 한국민들의 여론이 크게 악화되자 비로소 미국은 협상에 응하기 시작해 1966년 7월 9일 한·미 SOFA가 체결되어 같은 해 10월 14일 국회의 비준절차를 거쳐 1967년 2월 9일 발효되었다.

그러나 이 협정은 협상과정만 13년(53~66년)이 걸렸을 뿐만 아니라 미국이 협상 체결 조건으로 제시한 한국군의 월남 파병과 한일 협정 체결을 받아들여야만 했다. 더구나 1967년 한·미 SOFA는 그 내용이 전의 대전협정이나 별다른 차이점이 없는, 국제법에서 가장 후진적으로 평가받는 미·이디오피아 협정과 유사하다는 평가를 받고 있다.

4. 한·미 SOFA 1차 개정안 | 1991. 2.

1967년 한·미 SOFA는 미군의 각종 범죄 행위가 커다란 사회 문제로 부각되면서 1988년 12월부터 개정 협상이 시작돼 2년여 만인 91

년 1월 4일 개정 서명 후 2월 1일 발효되었다. 이때도 미국은 주한 미군에 대한 한국 정부의 방위 분담금 지원을 관철시켰다. 1991년 개정은 제22조 형사관할권 중 한국의 형사재판권 자동 포기 조항의 삭제, 제1차적 재판권 대상 범죄의 확대 등 부분적인 진전에도 불구하고, 실제 한국 측의 권리 행사를 제한하는 조항을 손대지 않았다.

5. 한·미 SOFA 2차 개정안 | 2001. 4. 2

현행 한·미 SOFA다. 1992년 윤금이 씨 살해사건, 1995년 충무로 지하철 난동사건 등 연쇄적인 미군 범죄로 인해 한·미 SOFA의 전면 개정을 요구하는 국민들의 비판이 날로 거세지자 한미 양국은 1995년 11월 말부터 다시 개정 협상을 벌였다.

1995년 11월 30일부터 시작된 협상은 미군 피의자 인도시기, 기소시점, 검찰 상소권, 미군 피의자의 반대신문권, 참고인 진술 증거 능력 등 형사재판권 관련 문제에 이견을 보여 1996년 9월 10일, 7차 협상을 마지막으로 결렬되었다. 그리고 1997년 5월 27일 미국 측이 '양국의 입장이 맞서고 있는 상황에서 협상할 필요가 없다. 올해는 SOFA 협상을 하지 않겠다'고 일방 통보를 해옴에 따라 협상은 사실상 중단되었다. 그뒤 미군 관련 사건이 터질 때 마다 SOFA 개정 문제가 간간이 거론되다가 협상이 구체화된 건 2000년 2월 19일 이태원 외국인 전용클럽에서 한국인 여종업원이 미군에게 살해당하는 사건이 발생하면서부터다.

이를 계기로 SOFA 개정의 필요성이 다시 한번 제기되었고, 한미 양국은 3월 18일 양국 국방장관 간에 가진 회담에서 4월 말 SOFA 개정 협상을 재개키로 합의하였다. 그러나 협상안 마련 지연, 6월 남북정상회담 등의 이유로 연기를 거듭해오다 정작 협상이 재개된 건 8월 2

일. 7차 협상이 끝난 뒤 약 4년 만의 일이었다.

한미 양국은 미군 피의자의 신병인도 시점을 기소시점으로 앞당기는 대신 미군 피의자의 법적 권리를 강화하는 방안, 그리고 환경 조항 신설에서 그 수준과 형식에 대한 양측의 입장이 크게 엇갈리면서 공전을 거듭하다 12월 28일 열린 11차 협상에서 전격 타결하기에 이르렀다. 1995년 재개정 협상이 시작된 이후 5년여 만에 공식 협상만 11차례를 가진 끝에 어렵게 얻은 결실이었다.

우선 형식면에서 보면 본 협정은 기소시 신병인도에 관한 한 개 조항만이 개정되었고, 합의의사록은 4개 조항, 양해사항은 10개 조항이 개정되었다. 나머지는 SOFA에 삽입되지 못하고 '환경보호에 관한 특별 양해각서' '한국인 고용원의 우선 고용 및 가족 구성원의 취업에 관한 양해각서' '시설과 구역 및 대한민국에서의 합중국 군대의 지위에 관한 합동위원회 합의사항' 형태로 별도로 규정했다.

내용 면에서는 형사재판권, 환경, 노무, 동·식물 검역, 시설·구역의 공여와 반환, 비세출자금기관, 민사소송 절차 등 총 7개 분야에서 이루어졌다. 그러나 기소시 신병인도, 환경조항 신설에서 보여지듯 그동안 국민 여론이 집중된 조항들에 대한 상징적 개정에 그쳐, 더 근본적이고 전면적인 개정을 요구하는 국민들의 바람에는 미치지 못했다. 또한 이번 개정에서 역시 미국은 개정 협상의 대가로 미군 피의자에 대한 특혜를 강화하고, 공여지 침해 방지 조항을 신설하는 등 오히려 개악하는가 하면, 미군·미 군속 가족들이 SOFA상 지위를 유지하면서 국내 취업을 가능케 하는 요구를 관철시켰다.

결론적으로 2차 개정은 당시 드높아만 가던 국민들의 반미 열기를 잠재우기 위한 고육책에서 나온 것으로, 상징적·부분적 개정에 그쳐 여전히 많은 과제를 남겨두고 말았다.

내부 분단의 대가

내부 분단이 외세 개입을 불러왔을 때 치르는 대가를 우리는 일제 식민지와 한국 전쟁을 통해 뼈저리게 경험하고 있다. 정의와 평화를 지켜내려고 하는 성숙한 시민의식은 점령군의 오만함도 예의 바른 시민의 일원으로 만들 수 있을 것이다. 그런 의미에서 한국민의 범죄에 대한 인내는 이제는 국제 시민사회에서도 정의와 평화를 해치는 수준으로까지 평가받기에 이르렀다.

'불평등한 SOFA 개정 국민행동'은 SOFA를 개정하여 불평등한 한미 관계에 정의와 평화를 되찾고자 하는 염원을 가진 전국 127개 단체들의 연대체이다. 이들은 때로는 항의 방문, 미국 관계자에 대한 우정 어린 설득, 평화적인 촛불 시위, 서명운동 등을 통해 한미 관계에서 정의와 평화를 바로 세우려고 끊임없이 노력해왔다.

전쟁 없는 사회, 범죄 없는 사회를 만들고자 하는 염원은 한국이나 일본 미국도 다 마찬가지다. 우리는 정의와 평화를 사랑하는 세계 시민들이 한 번도 남을 침략해본 적 없이 평화를 사랑하는 한 민족이 당하고 있는 고통이 남의 일이 아니라는 것을 깨닫게 하기 위해 SOFA 개정 운동에 전 시민이 동참해야 할 것이다.

★
나는 미국을 이렇게 본다

★ ★ ★ ★

미국은 얼마만큼 강력하며, 강한 미국이 지금 세계에 던지는 의미는 무엇인가. 이에 대해 미국과 영국의 저명한 외교정책 전문가들이 영국 신문 〈옵저버〉를 비롯한 세계 주요 언론에 그들의 견해를 밝히고 있다. 그들의 견해와 시각을 알아본다.

금권정치로는 안 된다

▪ 조셉 나이(하버드대 케네디스쿨 학장)

지금의 미국은 로마 제국 이래 가장 강한 나라이며, 이번 세기 안에는 어떤 다른 나라도 미국을 앞지를 수 있을 것 같지 않다. 그럼에도 불구하고 정보혁명과 세계화의 파장은 여전하다. 오사마 빈 라덴의 알 카에다와 같이 국가가 아닌데도 국가 이상의 중요성을 갖는 것들이 늘어나고 있을 뿐더러, 아프가니스탄과 같이 변방에 있는 지역들이 무시할 수 없는 대상이 되고 있다.

내가 내 새 책에 《아메리칸 파워의 패러독스》란 제목을 붙인 이유도 여기에 있다. 왜 세계 유일의 초강대국이 홀로 갈 수 없는가. 세계 제일이 된다는 것은 지금까지의 그것과는 다르다.

다른 나라보다 더 강하다고 해서 곧 전지전능하다는 것은 아니다. 지금의 미국은 자신들이 원하는 것을 얻으려면 다른 나라와 협력해야 한다는 것을 깨닫는 것이 다른 무엇보다 더 중요하다.

▪ 벤자민 바버(미국 메릴랜드대 케크스트 시민사회 교수)
　미국은 여전히 세계에서 가장 빠른 총을 갖고 있다. 그러나 서부 영화의 주인공 론 레인저의 시절은 끝났다. 미국이 세계 유일의 초강대국이고 특히 9 · 11테러 이후 군사 · 경제적 수단을 모두 동원해서 싫다는 세계의 다른 나라들에게 '팍스 아메리카나' 스타일을 강요하고 있다.
　그러나 이는 실제로 가능한 일이 아니다. 테러리즘 자체가 이미 국가 간 상호의존성의 또 다른 표현이며, 국제 네트워크에서 국민국가의 주권이 제한당하고 있음을 보여주는 것이기 때문이다.
　미국이 다른 나라들과 동반자 관계에서 다자간 작전을 하지 않으며, 군사 전술에 일치하는 민주적이고 시민사회적인 정치전략을 개발하지 못하고, 시장과 사적 이익을 세계화하는 데에 성공했던 것처럼 민주주의와 공공의 선을 세계화하는 방도를 찾아내지 못한다면 미국의 강함은 약함으로 바뀔 것이다.
　상호의존하는 세계에서 테러리즘이 민주주의에 의해서가 아니라 금권정치(Plutocracy)에 의해 극복될 것 같지는 않다. 가장 약하고 가장 가난한 자들이 현상을 받아들일 때만 가장 강하고 가장 부유한 자들이 그들의 꽃을 가꿀 수 있는 것이다.

▪ 윌리엄 월러스(런던 이코노믹스쿨 국제학 교수)
　군사적으로 미국에 도전할 자는 아무도 없다. 더이상 군사비를 늘릴 필요가 없을 것 같은데 군사비 특히 신기술과 특수부대 예산이 급증하고 있다. 이렇게 하다가는 미국의 정책 수립가들이 위협보다는 설득이 항상 더 강한 힘을 갖고 있다는 것을 잊게 될지 모르겠다.

물론 미국은 홀로 전쟁의 길로 갈 수도 있다. 그러나 미국이 친구와 우방을 필요로 한다면 평화로운 세계 질서를 유지해야 한다. 지금 워싱턴에 우방국들과 함께 가는 것이 아니라 '홀로 간다'는 분위기가 확산되는 것은 미국의 계몽된 자국 이기주의의 비극적인 후퇴다.

제국 패망 역사의 길들

- 케넌 마키야(해외 망명 중인 이라크 작가)

힘이 군사력만을 뜻하는 것이라면, 미국의 세계 지배는 결국 군사력을 어떤 식으로 배치하느냐에 달려 있을 것이다. 이에 따라 이곳에서는 엄청난 기회가, 저곳에서는 엄청난 위험이 미국을 기다리고 있을 것이기 때문이다.

만약 미국이 장기적인 세계관(군사적이 아닌 정치적인 세계관)에 입각해서 현명하게 군사력을 배치한다면, 미국은 미국의 국가 이미지와 힘을 강화할 수 있을 뿐만 아니라 서방 세계 전체의 민주주의의 가치를 크게 높일 수 있을 것이다. 적어도 지금까지는 미국이 그래왔다.

그러나 이와 반대로 미국이 어느 누구를 단순히 응징한다거나 파괴만을 위한 수단으로 군사력을 사용한다면, 미국의 힘은 결국 약해질 수밖에 없을 것이다. 그리고 지난날 여러 제국들이 걸어온 패망의 길을 그대로 답습할 것이다.

■ 이보 달더(미국 브루킹스연구소 교환 교수)

미국의 힘에 도전할 자는 아무도 없다. 군사적으로도 그렇고 정치·경제적으로도 그렇다. 테이블 위에 구르는 가장 큰 당구공처럼 지금 미국은 나머지 공들을 자기 마음대로 굴리고 있다. 국제정치에서는 힘이 지배를 하고, 절대적인 힘은 절대적으로 지배한다는 것이 부시의 세계관이며, 부시의 이 같은 세계관은 앞으로 한층 더 엄청난 것으로 발전할지 모른다.

물론 미국은 국제사회에서 압도적인 지위를 이용해서 자신이 원하는 것 중에 많은 것을 얻을 수 있을 것이다. 그러나 힘을 오만하게 사용하는 자는 반드시 그만한 대가를 치르게 마련이다. 힘의 균형을 찾아 반미 연합전선을 형성하고자 하는 자들에게 합당한 이유를 제공할 것이기 때문이다.

그리고 미국의 취약점이 터져나올 수 있다. 힘은 현명하게 사용한다면 자신에게도 좋고 다른 모든 사람들에게도 좋다. 1940년대의 미국이 그렇게 했다. 도전자가 없는 힘일수록 더욱 현명하게 사용해야 하는데, 지금의 미국에게 요구하는 것이 바로 이 점이다.

■ 빅토르 벌머 토머스(영국 왕립 국제문제 연구소장)

어느 한 나라가 반드시 군사적으로 지배받아야 한다면 다른 어느 나라보다 미국이 그러는 것이 그런대로 더 낫다. 그러나 역사는 지배에는 힘의 남용이 따른 것과, 국제법이나 대화를 통한 문제의 해결과 같은 것을 거추장스러운 것으로 여긴다는 것을 보여준다.

여기에 제동을 걸 만한 자는 유럽연합(EU) 정도이다. 따라서 '유럽 안전 및 방어정책(ESDP)' 채택을 서둘러야 하고, 유럽연합 국가들은 여기에 필요한 재원을 내놓아야 한다.

유럽이 단결해야

■ 데이비드 클라크(영국 외무장관 전 특별자문위원)

세계의 힘의 중심이 여럿이 아니고 하나라는 사실은 관련 당사자 모두에게 좋은 일이 아니다. 만약 미국이 세계 문제에 초연한 입장을 취한다면 고립주의자라고 비난받을 것이고, 개입을 한다면 제국주의자라는 비난을 받을 것이다. 어떻든 지금 미국은 분개와 폭력의 표적이 되고 있다. 미국을 뺀 다른 모든 자들에게 세계의 힘의 중심이 하나라는 사실은 좌절과 무기력을 뜻한다.

불평 불만은 결코 좋은 일을 만들지 못한다. 우리 모두가 분발해서 미국이 무시할 수 없는 파트너가 되어야 한다. 이것은 영국이 유럽 단일화폐 유로 채택에 나서야 하고, 더 강력하고 단결된 유럽 건설에 참여해야 한다는 것을 뜻한다.

우리는 말해야 한다. 친구이기 때문에

부시 미국 대통령의 '악의 축' 연설이 나온 지 한 달이 가까워 오지만 이를 둘러싼 '말들'이 그치지 않고 있고, 미국의 전통적인 우방국들 사이에 긴장이 높아지고 있다. 특히 악의 축의 하나인 이라크에 대해 미국이 쿠웨이트를 전진 기지로 삼아 40만 명에 이르는 지상군 투입을 검토 중이라는 보도가 나오자 '말들'은 더욱 열기를 띠고 있다. 그만큼 지금의 세계 정세가 날카롭다는 것이다. 대서양과 태평양 양쪽 기슭에서 나오고 있는 '말들'을 전한다

매파들이 백악관을 점령하고 있다. 그런데 이들 매파들이 쓸데없는 호전적인 말들을 남발하고 있으며, 세계에 대해 냉소적이고 거부하는 자세를 보이고 있다.

문제는 인권과 환경 보호, 정의와 평등의 민주주의 가치에 따라 국제 사회가 연대해서 어떻게 하면 더 나은 신세계 질서를 창조하느냐에 달려 있는데, 백악관의 매파들로서는 이를 달성할 수 있을 것 같지가 않다. 영국을 끌어들이려고 하나 영국은 독립국이다. 영국은 미국의 봉이 아니다.

—피터 행(영국 유럽담당 장관)

아부꾼은 진정한 친구가 아니다. 미국의 정책 결정 흐름에 문제가 있다고 생각하는 미국의 친구들은 침묵을 깨고 입을 열어야 할 의무가 있다. 미국은 아프가니스탄 전격 작전에 성공한 나머지 일종의 자아 도취 상태이다. '잘못된 본능'이 미국을 잘못 인도하고 있다.

9·11테러는 미국의 지도력과 국제사회의 협력이 필요하다는 것을 우리에게 교훈으로 주었다. 그런데 미국이 세계 문제에 접근하는 태도는 너무나 단순하고 너무나 일방적이다. 모든 것을 군사력으로 해결하려고 한다. 미국이 군 병력을 이라크에 투입하려고 한다면 미국은 자신 외에 어느 누구에게도 의존할 수 없을 것이다.

테러와의 전쟁이나 '불량국가'를 패퇴시키는 데에 무력만을 유일한 수단으로 삼으려는 것에 대해 우려하지 않을 수 없다. 미국은 세계화의 또다른 어두운 측면인 빈곤과 인간의 상품화, 독재정권에 먼저 도전해야 할 것이다.

—크리스 패튼(전 홍콩 주재 영국 총독, 보수당 전국의장, EU 집행위원)

미국이 '일방주의'의 유혹에 넘어가서는 안 된다.

—리오넬 조스팽(프랑스 총리)

지금 미국은 너무 '일방주의'고, '단순주의'다. 세계 문제를 극단적으로 단순화해서 모든 것을 테러와의 전쟁에 초점을 맞추고 있다. 국제법도 무시하고 다자간 대화에도 관심이 없다. 다른 나라들과 상의 없이 그들 홀로 세계 문제를 해석하고 방도를 세운다. 대서양을 사이에 두고 깊은 골이 패이고 있다. 우리는 미국의 이 같은 입장을 받아들일 수 없다. 우리의 입장을 밝히고 말을 할 수 있어야 한다.

—위베르 베드린느(프랑스 외무장관)

다자주의를 거부하는 것이 아니다. 그러나 원칙이 문제가 될 경우 다자간 합의가 없더라도 우리는 우리가 정의라고 생각하며, 우리의 국가 이익에 일치하는 것을 위해서는 언제든지 일방적으로 행동할 것이다.

레이건 대통령이 소련을 '악의 제국'이라고 했을 때도 유럽은 여러 가지 말들을 했다. 그러나 베를린 장벽은 무너졌고, 소련은 해체되지 않았나. 우리가 옳았다는 것을 역사가 증명하고 있다.

—콜린 파월(미 국무장관)

'너희들이 결정하고, 우리는 따른다'는 식인가.

—칼 라머스(독일 기민당 의원)

우리는 미국의 우방이 아니라 위성국이란 말인가.

—요시카 피셔(독일 외무장관)

사안에 따라 '연합전선'을 형성하자는 미국의 제안을 거부한다. '연합전선'은 사안에 따라서가 아니라 항구적으로 형성되어야 한다. 그런데 미국은 군사기술을 비롯해서 필요한 것을 유럽과 나눠 갖고 조직을 같이 할 의사가 전혀 없다.

—루돌프 샤핑(독일 국방장관)

대서양을 사이에 두고 메울 수 없는 깊은 골이 패이고 있다.

—조지 로버트슨 경(나토 사무총장)

두 개의 기준, 두 개의 잣대가 항상 있다. 모스크바와 체첸에서 아파트를 폭파하는 분리주의자, 종교 광신자들은 '자유의 전사'가 되고, 다른 곳에서 폭탄을 터뜨리는 자들은 테러리스트가 된다. 당신들이 '악의 축'의 리스트를 갖고 있다면 우리도 우리의 리스트를 갖고 있다.

—세르게이 이바노프(러시아 국방장관)

이란을 '악의 축'이라고 하지만 유럽은 이란과 계속 정치적으로 협상을 할 것이다.

—호세프 피케(스페인 외무장관)

이라크의 후세인을 지지하는 사람은 아무도 없다. 그러나 주권국가를 군사적으로 침공할 때는 그에 합당한 이유를 대야 하고 일정한 절차를 밟아야 한다. 그렇지 않으면 국제적인 혼란이 생길 수 있을 것이다.
이라크가 9·11테러에 직접 개입했거나 대량 살상 무기를 사용할 계획을 세우고 있다는 증거를 아직 제시하지 못하지 않나.

—빌 그래햄(캐나다 외무장관)

북한과 이란, 이라크를 같은 줄에 세우는 것은 옳지 않다고 본다. 북한은 알 카에다나 탈레반과 아무런 관계가 없다. 워싱턴이 북한에 대해 취하고 있는 입장을 이해하기가 어렵다. 일본 정부는 이점과 관련, 미국 정부의 어떠한 얘기도 듣지 못하고 있는 상태다.
―나카타니(일본 방위청장)

유럽은 미국의 동생인가

▪ 폴 허스트(런던대학 사회이론 교수)

지금 미국은 군사적으로 어느 누구도 넘보지 못할 지배적인 위치에 있다. 그리고 세계 최대의 경제대국이다. 그런데 유럽연합 15개국이 대오를 정비하고 있다. 그리고 군사적 지배에는 합법성이 필요하다. 미국은 우방국과 유엔의 무화과 잎사귀를 필요로 하고 있다.

미국이 경제적으로도 강하다고 하나 1945년만큼 강하지는 못하고, 세계 다른 나라들도 갈수록 부유해지고 있다. 지금 미국은 세계 최대의 자본 수입국이며, 달러는 국제 금융시장에 의존하고 있다. 따라서 미국은 절반의 우두머리에 지나지 않는다.

▪ 마이클 콕스(영국 왕립 국제문제연구소 연구원)

1970년대가 미국에게 추락의 시기였다면, 1990년대는 재생의 시기였다. 소비에트의 해체로 시작한 미국의 시대가 일본의 경제 폭발, 발칸에서의 유럽의 무기력, 그리고 끝내는 9·11테러에 대한 미국의 대응과 부시의 군사력 강화로 연결되고 있다.

이 모든 것들은 무엇을 뜻하는가. 이제 유럽은 미국의 도전을 받아들여 순응을 할 것인지 아니면 계속 불평분자 노릇만을 할 것인지, 또 그도 아니면 불평을 하면서도 세계 패권국가 미국의 동생 정도로 만족을 할 것인지를 정해야 한다.

■ 던 플레시(영국 왕립 연합서비스연구소 연구원)

제1차 세계대전 때 기관총에 의해 기병대들이 풀잎처럼 쓰러진 것과 비슷한 일이 지금 벌어지고 있다. 미국의 군사비 팽창이 그것이다. 고도의 과학기술 군사 장비 분야에서 미국에겐 더 이상의 경쟁자가 없다. 그런데 9·11테러는 칼의 위협 아래에서 벌어졌다.

아프가니스탄 공습은 승리의 환상을 만들어냈다. 그러나 아편을 재배해서 팔고 있는 중앙 아시아의 여러 나라들과 게릴라전을 끝내려면 아직 가야할 길은 멀다. 조인트 스트라이크 전투기(JSF)나 최신형 대포를 자랑하기보다 진정으로 테러리스트들을 고립시키고자 한다면 다자간의 '주고 받기'를 통한 정치·금융적 조치가 필요하다.

★
미국 보수의 본류, 기독교 근본주의

★ ★ ★ ★

정태식
뉴욕 뉴스쿨 정치사회 종교학 박사. 〈Weekly SOL〉 편집위원으로 활동하고 있다.

  미국 개신교의 근본주의는 국내외 정치·경제·사회 그리고 심지어는 윤리 문제에까지 깊숙이 개입하는 등, 전투적인 모습인 것이 최대의 특징이다. 기독교의 근본으로 돌아가자고 해놓고는, 세상 일에 깊이 개입한다는 것은 미국 근본주의 운동의 모순이 아닐 수 없다.
  미국 근본주의의 기본 신앙 체계인 천년 왕국설은 재림 예수만이 세상을 악에서 구원하고, 이땅에 평화를 가져올 수 있다고 가르치기 때문이다. 그들의 신앙대로 하면, 인간의 정치·사회 및 경제체제를 개선하려는 노력은 별 의미가 없는 것이다. 미국 근본주의자들의 이 같은 자기 모순의 입장은 미국이라는 독특한 정치·문화에서 생겨난 것이다.
  그들은 1980년과 1984년의 대선에서 공화당 후보 레이건을 대통령으로 당선시키기 위해 선거자금을 엄청나게 많이 모았다. 그러나 미국 근본주의자들의 정치 개입은 오랜 역사의 뿌리가 있다.

미국 근본주의자들은 1919년 금주법을 통과시키는 데에 맹활약을 했다. 이어 그들은 여세를 몰아 공립학교에서는 진화론을 가르치지 말아야 한다는 일대 캠페인을 전개했다.

그러나 이는 제1차 헌법 수정안에 규정된 정 · 교 분리 원칙과 미국의 전통 가치인 다원주의에서 분명히 벗어나는 것을 뜻한다. 그럼에도 근본주의자들은 남부 몇 개의 주에 한한 것이기는 하지만 진화론 교육을 금지하는 법령을 통과시키는 데에 성공했다. 진화론 논쟁은 1925년 '존 스콥' 재판에서 절정에 달한다.

'존 스콥' 재판은 테네시 주의 한 고등학교에서 진화론을 가르친 존 스콥에게 유죄 판결을 내린 역사적 재판이다. 금주법 또한 프랭클린 루스벨트가 대통령에 취임하는 동시에 헌법에서 삭제되었다. 이때부터 근본주의자들은 한동안 정치 사회에서 후퇴해서 개인의 구원을 강조하는 미국 근본주의의 시조라고 할 드와이트 무디의 가르침으로 되돌아간다.

미국사회는 1960년대 들어 시민권 운동과 베트남 전쟁, 케네디 대통령과 킹 목사 암살과 함께, 학생 시위와 도시 폭동이 잇따르는 일대 혼란기에 접어든다. 작가 존 업다이크가 "신이 미국에서 축복을 서두어들였다."라고 말할 정도였다.

이 같은 혼란 속에서 미국 교회는 사회 · 윤리적 위기감에 대한 반동으로 나시금 세속 정치와 사회 문제에 개입하는데 개입의 강도가 전보다 훨씬 높아졌다. 개입 과정에서 교회는 정치 이념과 때로는 갈등하고, 때로는 협력하며, 경우에 따라서는 정치 브로커들과

도 접촉한다.

정치의 맛을 알게 된 복음주의자들

미국의 보수 정치인들은 제1차 세계대전 기간에 경험했듯이, 진보적 모더니즘과 투쟁을 벌이는 복음주의자와 근본주의자들이 자신들의 강력한 지원 세력임을 발견한다. 지금까지 지원 세력이었던 북부의 백인 개신교만으로는 충분하지 못했던 것이다. 특히 근본주의자들의 완강한 반공정신은 크게 도움이 되었다.

미국은 하나님에 의해 세계 구원의 선도자로 선택되었다는 복음주의 전통은 미국 기독교교회협의회(ACCC)로 하여금 반공 십자군 전쟁의 전사가 되게 했다. 그래서 민주당이나 공화당 가리지 않고 복음주의 설교자 빌리 그레이엄 목사를 서로 만나보려고 하였다. 그레이엄 목사는 특히 닉슨과 친하게 지냈는데, 닉슨이 대통령에 당선된 순간 "우리가 해냈다!"라고 외칠 정도였다. 그러나 워터게이트 사건으로 닉슨이 사임하자 다른 복음주의 목사들과 함께 그 또한 정치에서 멀어졌다.

여기서 1980년 들어 새롭게 등장하는 인물이 제리 파웰 목사다. 그는 복음주의 정치 참여 불가 원칙에 충실하겠다고 공언한 인물이기도 하다. 그러나 그는 곧바로 태도를 바꾼다. 대법원이 공립학교의 기도 금지 판결과 낙태 허용 판결을 내리자 이에 분노했던 것이다. 이와 때를 같이하여 복음주의자들은 정치 참여 불가 원칙을 철회한다.

그리고 공화당의 정치 '흥행사'들은 파웰 목사가 1978년 '미국을 사랑합니다(I love America)'라는 대규모 군중집회를 열자 그에게서 강력한 정치 및 종교적 우파 연합의 가능성을 발견한다.

이와 동시에 '거듭남'의 종교적 가치를 국가 차원으로 끌어올리려는 복음주의자 지미 카터 대통령 후보가 각광을 받는다. 그러나 대통령이 된 카터는 복음주의들에게서 배신자라는 비난을 받는다. 카터 행정부는 학교에서의 기도 금지나 낙태 문제와 같은 사회적 이슈들에 대해 아무런 조치도 취하지 않았을 뿐 아니라, 복음주의자들을 연방정부의 요직에 앉히지도 않았다.

그럼에도 불구하고 복음주의자들은 선거를 통한 정치 경험으로 기분이 한껏 들떴다. 처음부터 자신들의 삶의 방식을 지키기 위해 정치에 개입했지만 곧 정치가 '아주 재미있는' 일임을 알게 된 것이다.

레이건의 등장

그때 이들 앞에 나타난 것이 그들과 시각이 거의 같은 레이건과 신우익(The New Right)이다. 기존의 보수 우익들이 주로 경제와 외교정책에 주안점을 둔 반면, 이들 신우익은 이에 덧붙여 낙태, 음란물, 교육, 전통적인 성서의 도덕적 가치 등, 사회 문제에 더욱 관심을 기울였다.

그들의 정치적 계산에 따르면 이러한 문제는 근본주의자들뿐만 아니라 노동자, '거듭남'의 기독교인들 그리고 생명 존중을 주장하는 가톨릭 교인들과 유태인까지도 공화당을 지지하게 할 수 있는 충분한 사회적 이슈였던 것이다.

이 같은 시대 상황을 배경으로 해서 파웰 목사가 이끄는 전국적인 정치·종교 결사체 '도덕적 다수(The Moral Majority)'가 태어난다. '도덕적 다수'는 미국을 다시 도덕적으로 건강한 나라로 만든다는 아주 상식적인 목표로 유태인과 가톨릭 교인, 심지어는 몰몬 교인들까지 끌어들이는 데에 성공한다.

이들은 1980년에 레이건 진영과 결합한다. 로널드 레이건은 보수 우익 종교인들이 첫번째로 선택한 사람이다. '크리스천 보이스'가 앞장섰고, 파웰 목사가 뒤따르며 '도덕적 다수'가 레이건을 지지할 것을 약속했다.

대통령이 된 레이건은 지미 카터의 전철을 밟지 않으려고 근본주의자들의 견해에 동조하는 입장을 드러내곤 하였다. 예를 들어 그는 학교에서의 기도 재개와 낙태 금지를 위한 헌법 수정안 제출에 호의적인 태도를 보였다. 여기에 대해 보수 교단측은 가난과 실업을 개인의 책임으로 돌림으로써 레이건의 입장을 지지했다. 이들은 또 레이건의 신자유주의의 성서적 근거로 '일하지 않는 자는 먹지도 말라'는 바울의 권고를 내세우기도 했다.

1989년 6월 11일 파웰 목사는 "이제 우리의 임무는 끝났다."라며 '도덕적 다수' 해체를 선언했다. 많은 것을 이루었다는 것이다. 그러나 성공은 실패와 함께 있다. 근본주의의 TV 설교자들이 잇따라 불명예스럽게 몰락했으며, 지미 슈와거트나 짐 베이커와 같은 근본주의 목사들의 섹스 스캔들이 보수 정치 성직자들에게 타격을 가했다.

'도덕적 다수'를 비롯한 미국의 개신교 근본주의의 문제는 이들이 실제로는 '도덕적 다수'가 아니라는 데 있다. 그들은 '도덕적 소수'로서 도덕적 다양성을 지지하는 많은 미국인들이 표방하는 다원주의에 역행했다.

더욱 중요한 것은 민주주의가 도덕적 다양성을 포용하는 것인데 기독교 우익과 근본주의는 그러하지 못했다. 뿐만 아니라 이들은 도덕이라는 규범적 이슈를 가지고 현대 민주 정치의 경쟁에 뛰어들어 승리하고자 함으로써 현대 세속 사회의 정치적 통합에 해를 끼쳤다.

현대 민주주의 정치는 '대화와 논의' 모델이지 근본주의들의 '투쟁적'인 모델이 아니다. 비록 현대 민주 대의정치가 투쟁적인 측면을 갖고 있다고 하더라도 일정하게 약속한 규칙 아래에서 전개되게 마련인데, 근본주의자들은 아예 타협과 협상의 여지 자체를 거부했다.

'도덕적 다수'라는 이름에서 풍기듯이 그들은 스스로가 도덕적 주도권을 쥐고 있는 걸 전제로 해서 권력과 사회적 영향력을 쟁취하려고 했다. 문제는 '도덕적 다수'가 해산했다고 해서 미국에서 근본주의가 없어졌다고는 할 수 없다는 데에 있다. 다만 수면 아래에 가라앉아 있을 뿐이다. 또 지구촌 시대에서 미국이라는 특수한 정치·사회적 그리고 문화적 조건 아래에서 전개되는 역사 상황은 언제 또 다시 근본주의 세력을 정치 전면으로 이끌어낼지 모른다.

미국의 기독교 근본주의는 다원주의 전통의 한 부분이면서도 이를 집어삼키려 도사리고 있는 잠재적 세력이라고 할 수 있다.

★
악의 축과 위선의 축에 대항하는 '진실의 축'

★ ★ ★ ★

안병진
뉴욕 뉴스쿨포소셜리서치대학 미국정치 Teaching Fellow, 〈Weekly SOL〉 편집위원.

인기 드라마 〈여인천하〉에는 위선적이고 권력욕에 병적으로 굶주린 후궁 경빈이 중전의 이중성을 비난하며 자신의 세를 키워 가는 장면이 자주 나온다. 한편으로는 군주를 위해, 다른 한편으로는 복중의 자식의 미래를 위해 피비린내 나는 현실 정치를 펼쳐야 하는 중전의 딜레마가 후궁 경빈에게는 자신의 권력을 강화할 좋은 계기였던 셈이다.

이 드라마를 보면서 불경스럽게도 필자의 눈에는 경빈과 부시 대통령, 그리고 한나라당 이회창 총재의 얼굴이 겹쳐 보이기만 했다. 왜냐하면 내치와 외교에 대한 지도력에서 두 사람이 세를 키워가는 방식이 꼭 경빈을 벤치마킹하는 것 같아서 말이다.

부시가 2000년 대선에서 고어를 누를 수 있었던 것은 클린턴 정권의 원칙 없는 지도력에 대한 공격이 국민들 사이에서 공감대를 이룬 데에 따른 것이다. 부시는 선거운동 기간 내내 클린턴과 고어가 국민을 이끌기보다는 오로지 여론조사 결과만 추종한다고 선동하며 자신의 세를 키워갔다.

한 가지 아이러니한 것은 그의 이러한 반 여론조사 캠페인 메시지는 그의 책사 칼 로브 같은 컨설턴트들의 부단한 여론조사에 기반을 두었다는 사실이다. 더구나 그는 집권 뒤에도 클린턴처럼 여론 추종 방향으로 선회해서 극우세력의 분노를 사왔다. 그러나 현대 정치의 과도한 여론 의존 성향은 주류 정치의 태생적 기반과도 같은 것인데, 이를 '위선적'으로 활용하는 데에 부시는 뛰어난 재능을 발휘하고 있다.

이회창 총재도 이점에서는 결코 부시에 뒤지지 않는 것 같다. 이회창 총재가 세를 불려온 방식은 김영삼 전 대통령이나 김대중 대통령의 제왕적 지도력을 먹이로 삼는 것이었다. 양 김씨에 대한 국민들의 기대가 좌절로 바뀌면 바뀔수록 국민들이 이회창 총재의 '아름다운 원칙'에 솔깃해지는 것이다.

하지만 당내 개혁을 대권 장악 뒤로 미루고, 제도적 의사결정의 틀보다는 박지원 스타일의 책사 윤여준 씨에게 의존하며, 경빈보다 더한 '창자론'을 말하는 그의 앞으로의 국정 운영 스타일이 과연 아름다울지는 의문이다.

국제 문제에서도 부시는 클린턴 행정부가 원칙 없이 국내 정치적 목적에 외교를 이용해왔다고 비판했다. 사실 영화 〈웩 더 독(Wag the Dog)〉이 잘 보여주듯 클린턴 성부는 르윈스키 스캔들에서 탈출하기 위해 외국에 미사일 공격을 감행한 것이 아닌가 하는 의심을 받아왔다.

하지만 이번 연두교서에서 밝힌 부시 대통령의 '악의 축' 발언이야말로 〈웩 더 독〉의 전형이 아닌가 싶다. 이번 사태에 대해 국내 지식인들이나 언론들은 물론이고, 청와대까지도 부시의 의도를 몰라서 우왕좌왕한 것으로 알려졌다. 이러한 경우에 흔히 등장하는 것이 방한을 앞두고 무기 판매를 쉽게 하기 위한 '군·산 복합체'의 경제적 음모설이다.

그러나 세계 유일 초강대국 미국의 배포를 이해한다면 연두교서에 무기거래 음모를 담을 만큼 그들이 한가롭지 않다는 것을 알아야 한다. 군·산 복합체 음모설이 속류 마르크시즘의 경제 결정론이나 혹은 한반도의 위상을 과대평가하는 심리에서 나왔다고 한다면, 또다른 한편에서는 '악의 축'이 미국 강온파 간의 고도의 역할분담론에서 비롯된 것처럼 보는 약소국 콤플렉스도 없지 않다.

그러나 이렇게 보는 것보다는 차라리 '악의 축' 발언이 엔론 스캔들에서 관심을 돌리고, 국제적 긴장을 조성하여 박빙이 예상되는 중간선거에서 승리하고자 하는 의도에서 나온 것으로 보는 것이 더 옳을지 모르겠다. 문제를 이렇게 이해한다면 당장 전쟁이라도 일어날 것처럼 호들갑 떠는 일은 없을 것이다.

한국의 많은 지식인들이 이회창 총재의 방미에 대해서는 〈웩 더 독〉적 의도를 간파하면서도 주류 정치인인 부시에 대해서는 눈을 감아버린다. 그런데 부시는 연두교서에서는 '악의 축'을 말하고, 한국 기자들과의 회견에서는 줄곧 '자유'만을 말하고 있는 것이다.

상호 모순된 것 같으나 '악의 축'이 〈웩 더 독〉과 '공포의 정치'를 담았다면, 후자는 한국을 대상으로 '순수한' 외교적 목적 아래 행해진 것이다. 전자와 후자는 분명히 다른 대상을 향한 다른 메시지이다.

북핵을 바라보는 해외 시각

클린턴의 대북 포용정책은 실패했다

클린턴의 대북 포용정책에 비판적이던 사람들이 8년 전부터 예측해 온 것을 지난 주 북한이 시인했다. 평양이 비밀 핵무기 개발계획을 추진해온 것이다.

이 사실이 밝혀진 뒤 부시 미 행정부의 태도는 엄격하다. 북한의 핵무기 개발은 즉각 중단되어야 하며, 중단한다고 하더라도 이에 따른 보상은 없을 것이라고 한다. 그리고 부시 행정부는 북한과 이라크는 같지 않다는 것을 우리에게 설득하려고 하는 것 같다. 진짜 같지 않은 것일까?

북한과 이라크 두 나라는 살인적인 폭군의 지배 아래에 있고, 테러리즘을 부추기며 대량 살상무기를 개발 중이다. 한 고위 관리의 말처럼 북한과 이라크를 차별하는 것 자체가 잘못이다.

북한과 이라크를 달리 보는 것은 부시 대통령 자신의 말과 통찰력, 특히 '악의 축'에 대한 대통령의 신뢰도를 떨어뜨릴 뿐이다. 왜 바그다드는 그렇지 않은데 평양은 평화적으로 다루어야 하는가?

진실은 단순하다. 북한과 이라크 정권은 둘 다 '악'이다. 그리고 그들이 가하는 위협을 제거하기 위한 최종적인 수단은 결국 이 두 곳의 정권을 바꾸는 것뿐이다. 다른 점이 있다면, 상황이 서로 다르기 때문에 정권 교체를 가능하게 하는 수단이 다를 것이라는 정도이다.

북한은 핵무기와 남한의 대부분을 파괴할 수 있는 거대한 군사력을 갖고 있는 데 비해, 이라크는 그렇지 못하다. 사담 후세인을 제거하는 데에는 민간인과 미군의 희생이 크지 않을 수 있다.

그러나 불행하게도 북한의 경우는 그렇지 못하다. 그렇다고 해서 우리가 클린턴 시절의 잘못된 접근, '포용과 관계 정상화'만이 유일한 대북정책이라는 결론을 서둘러 내리는 것도 정신 없는 일일 것이다.

북한이 1994년 제네바협정을 지키지 않음으로써 부시 정부는 더 현실적이고 효과적인 대북정책을 세울 새로운 기회를 갖게 됐다. 이것은 쉬운 일이 아닐 것이다.

그 동안 워싱턴이 앞장을 서고 그 뒤를 따라 일본과 한국은 대북 포용정책 속에서 북한에 상당히 정치 투자를 해왔다. 워싱턴은 또 이라크와 대결하고 테러와의 전쟁을 수행하면서 또 하나의 위기를 조성하려고는 하지 않을 것이다. 그러나 이것이 과거의 답습이 되어서는 안 된다. 포용정책은 작동을 하지 않았다.

한반도가 더 안전한 곳이 되지도 못했고, 북한에 제공한 거액의 원조 자금은 붕괴 직전에 있던 북한 정권을 다시 일으켜 세우는 데에 도움을 주었을 따름이다.

이제 북한은 워싱턴과 다시 '치킨 게임(마주 달리는 차의 운전수가 충돌 직전 먼저 피하면 패배자가 되는 미국 마피아들의 게임)'을 시작했다. 북한은 핵무기 개발 계획을 시인하고 그보다 더 강력한 무기들을 갖고 있다면서, 미국이 아마 과거처럼 대응하고 나서줄 것으로 기대하고 있는지 모른다.

새로운 회담, 새로운 원조 제공 약속 등. 그러나 부시 정부는 과거와 같지 않을 것이다. 부시 정부는 정권 자체의 문제 해결 없이는 북핵 문제의 해결도 없다는 관점을 갖고 과거와 전혀 다른 아젠다를 제기할 것이다.

미국과 미국의 우방국들은 수십억 달러의 일본의 대북 전쟁보상 약속을 비롯, 모든 경제 원조와 연료 제공을 중단할 것이고, 북한으로 보내는 〈라디오 자유 아시아(Radio Free Asia)〉 방송 시간을 지금의 하루 2시간에서 24시간으로 확대해야 한다.

또 아시아 태평양 지역의 미국 우방들과 협력해서 중국으로 하여금 탈북자의 행렬을 중단케 하도록 압력을 행사해야 한다. 북한 내부에서부터 북한 정권을 무너뜨리는 전략이 필요하다.

지난 10여 년 동안 〈뉴욕 타임스〉와 클린턴 행정부 그리고 또다른 사람들은 북한을 다루는 가장 이성적인 전략은 포용정책이라고 우리에게 말해왔다. 그러나 포용정책은 작동을 하지 않았다. 포용정책은 북한이 더욱 위험한 협상 칩을 개발케 했을 뿐이다.

—미국 | 〈The Weekly Standard〉(2002.10.28) ■

평양의 배신

지미 카터 전 미국 대통령은 북핵 문제를 해결한 공로로 노벨 평화상을 탔다. 그러나 한반도의 핵 위협은 더욱 증가하고 있다. 이것이 지난 8년 간의 어리석은 노력들의 진짜 결과다.

북한의 핵 개발 시인은 또 한 차례의 한국 전쟁만이 아니라 일본과 중국까지도 전쟁으로 몰아넣는 상황을 부를지 모른다. 동북아 전역의 안전이 위협받고 있는 것이다. 1994년 CIA는 북한이 핵폭탄 2개를 이미 생산했는지 모른다고 했고, 북한 지도자들은 한국을 불바다로 만들 것이라는 말을 했다. 여기에 '평화 만들기'의 카터가 뛰어들었다.

카터는 북한으로 하여금 워싱턴의 뇌물을 받도록 했다. 그 결과 2개의 경수로 원자로 건설을 약속받고, 지금 건설 작업이 진행 중이다. 또 극심한 빈곤에 시달리고 있는 북한(GNP의 25%를 군사비로 지출)

■ 미국의 대표적인 신보수주의 이론가 William Kristol이 편집장으로 있는 보수 우파 주간 신문. 언론왕 머독이 최근 창간한 신문으로, 부시 정부에 큰 영향을 미치고 있다.

이 50억 달러 상당의 경제 원조와 긴급 식량 원조를 제공받게끔 됐다. 그런데 지금 북한은 미국이 들이대는 새로운 정보 앞에서 94년 제네바협정을 준수하지 않았음을 시인했다. 카터와 클린턴은 북한에 대해 극도로 순진했던 것인가?

북한 딜레마를 해결하기 위한 쉬운 길은 없다. 그리고 지금은 여전히 이라크가 공격 대상 제1호이다. 북한은 벼랑 끝의 핵 게임을 다시 하려고 하는 것 같다.

그러나 다행이도 지금 미국은 북한을 어떻게 다루어야 하는지를 잘 아는 대통령을 갖고 있다.

—미국 | 〈New York Post〉(2002.10.18)

폭탄을 떨어뜨리다

그것은 부시 대통령이 듣고자 했던 뉴스가 아니었다. 미국이 들이대는 정보 앞에서 한 불량국가가 극비리에 핵무기 개발 계획을 추진해 왔음을 시인하는 한편, 또 다른 대량 파괴무기를 갖고 있으며, 1994년의 제네바협정을 실질적으로 찢어버렸다는 힌트를 위협적으로 주었다.

그러나 이 나라는 이라크가 아니라 북한이다. 이제 부시 행정부는 이라크와의 전쟁을 준비하는 동시에 아시아의 잠재적인 핵 위기에 직면하게 되었다.

북한의 이 같은 발언은 단순한 협박일지 모른다. 그러나 김정일은 예측할 수 없는 인물이다. 지금 당장 미국은 외교 노력을 벌이고 있다. 이달 초 평양에 갔던 켈리 특사가 다시 미국의 친구, 우방들과 이 문제를 협의하기 위해 일본과 한국, 중국으로 파견되었다. 그러나 켈리

■ 〈뉴욕 타임스〉에 맞서는 뉴욕의 보수 신문

와 함께 여행 중인 존 볼타 미 군축담당 부차관은 강경파로 이름이 높은 인물이다.

콘돌리자 라이스 백악관 안보보좌관도 북한과 이라크가 크게 다르다는 것을 믿고 있다. "우리는 북한을 다룰 다른 방식이 있다는 것을 믿고 있다"라고 라이스는 말한다. 그러나 남한 국민을 놀라게 하고 그들을 분노케 한 북핵 문제는 결코 쉬운 외교 문제가 아니다.

북한은 더욱더 협박을 가하면 외부세계에서 더 많은 원조와 양보를 받아낼 수 있다고 생각하는지 모른다. 실제로 이 방식이 제2차 한국전쟁이 발발 직전의 상황까지 갔던 1994년에는 통했다.

그러나 9·11테러 이후 미국의 대외정책이 변했다. 부시 행정부는 북한이 보이고 있는 이른바 일련의 '개혁'들에 깊은 의심을 갖고 있다. 그러나 이라크와의 전쟁을 앞두고 미국이 또 하나의 정권을 바꾸기 위해 제2의 전선을 형성할 수 있을지는 의문이다. 전장도 전혀 다르다.

—영국 I 〈Economist〉(2002.10.18)

북·미 사이에 위기가 조성되고 있다

지금 당장의 관심사는 북한이 국제 핵사찰단을 받아들일지 여부다. 여기에 대한 북한의 응답이 어떻게 나오느냐에 따라 2개의 한국만이 아니라 북한과 일본과의 관계도 크게 달라질 것이다. 평양이 부정적인 응답을 보낸다면 동북아 전역의 안전이 위협받을 수도 있을 것이다.

부시 대통령은 장쩌민과 고이즈미, 김대중 등 아시아 지도자들에게 협력을 요청할 것이다. 그러나 평양이 계속 미국과 아시아 인접국들의 말에 귀기울이기를 거부한다면, 북핵 문제는 단순히 94년 제네바

협정 파기의 수준에 머물지 않고 북한이 이라크 이상으로 위협적이라는 목소리들을 미국 안에서 나오게 할지 모른다.

—일본 | 〈아사히 신문〉(2002.10.18)

당황하는 워싱턴

이라크, 이란에 이어 북한이 '악의 축'으로 등장하고 있는 것 같다. 북한의 핵개발 추진 고백은 지금까지의 미국의 주장을 강하게 해주는 것인 동시에 미국에게 상당한 당혹감을 안겨주고 있다.

지금까지 미국 정부는 이라크를 '특별 케이스'로 분류해서 이른바 예방 응징의 독트린을 이라크에만 적용할 것이라고 말해왔다. 그런데 북한의 고백은 아주 나쁜 시점에 나왔다.

미국은 이라크와 북한을 분리해서 다룰 것이라고 말하고 있다. 이라크와 달리 북한은 인접국을 정복할 의사도 없고, 테러리스트와 일정한 연계도 없으며, 외교 압력에 민감하다는 것이다.

그러나 미국이 북한에 대해 더 신중한 태도를 보이고 있는 것은 이와 다른 또 하나의 이유가 있다. 이라크는 아직 핵무기를 보유하고 있지 않은 데에 비해 북한은 이미 갖고 있을지 모르기 때문이다.

더군다나 '테러리즘과의 전쟁'에서 미국의 필수불가결한 우방 파키스탄이 농축 우라늄 기술을 북한에 비밀리에 제공했다는 보도가 나오고 있다. 미국이 이 새로운 위기에 흑백의 논리로 접근하고 있지 않는 까닭이 여기에 있는 것이다.

군사력을 통해서가 아니라 능동적인 외교를 통해 '냉전의 최후의 전선'을 정복하겠다는 것이다. 또 워싱턴은 우방국들에게 북한과 외교관계를 단절하라고 요구할 것 같지도 않다.

레이거니즘 연구센터의 하나인 '아메리카 신세기 프로젝트(Project for the New American Century)'의 엘렌 보크와 같은 사람은, 부시 대통령이 이라크에 전념하고자 하겠지만 그렇다고 해서 평양이 던지고 있는 위협의 성격과 평양 정권 교체의 필요성을 접어두지도 않을 것이라고 말하고 있다.

미국의 또 다른 그룹의 보수파들은 부시 대통령에 대해 문제를 뒤섞지 말라고 말하고 있다. 카토연구소의 전략문제 전문가 더그 뱅도는, 일본과 한국을 끌어들여 작전의 주도권을 그들에게 줌으로써 한반도 사태를 미국과 북한 간의 대결로 몰고 가려는 그들의 의도를 차단할 필요가 있다고 말하고 있다. 북한의 고백으로 가장 크게 체면이 손상된 것도 지금까지 경제 원조를 가장 많이 한 이들이다.

워싱턴에서 미 정부 고위관리들과 회담을 한 미셸 앨리오트 마리 프랑스 국방장관은, 당분간 미국은 평양과는 직접적인 대결 노선과 새로운 협박을 받아들이는 외교 노선 사이를 오갈 것으로 본다고 말하고 있다.

—프랑스 | 〈Liberation〉(2002.10.19)■

핵 댄스 파티의 초대

이라크 다음 순서가 북한인가? 북한의 핵무기 개발 시인 뒤에 동북아 전체가 떨고 있다.

그리고 워싱턴에서도 미국과 북한 간의 위험한 대결 가능성에 대한 우려가 크게 일고 있다. '악의 축' 발언이 나왔을 때 부시 정부는 이미 이 모든 것을 염두에 둔 장기계획을 수립하고 있었던 것일까?

미국은 이라크에 이어 북한에 대해 제2의 전선을 구축할 수 있을 것인가? 미국이 북한에 대해 어떠한 전쟁도 기획하고 있지 않은 상태여서 이번 뉴스가 워싱턴에 더욱 충격적인 것이다. 주한 미군을 그 동

■ 프랑스의 진보적 신문

> 안 강화하지 않았던 것도 여기서 비롯된 것이었다고, 미국의 미디어
> 들은 정부 소식통을 인용해서 보도하고 있다.
> 뿐만 아니라 서울이 대포의 사정거리 안에 있다는 것도 공포의 대상
> 이 되고 있다. 전쟁이 터졌을 때 어떤 일이 벌어질까?
> 왜 이 시점에서 북한이 핵무기 개발계획을 시인하고 나섰는지 그 이
> 유도 분명치 않다. 북한은 새로운 핵 위협을 통해 워싱턴과 하는 협
> 상에서 그들의 입장을 강화하려고 한 것일까?
> 9·11테러 뒤에 크게 달라진 미국의 새로운 세계 전략에 대해 북한
> 은 맹목이었던가? 아니면 남한측 말대로 워싱턴과의 포괄적인 안보
> 협상을 노려서일까?
> 어느 경우든 워싱턴은 아시아 우방국들의 말에 귀를 기울인 뒤 평양
> 과 대화에 나서야 할 것이다. 이라크 하나만으로 충분하다.
>
> ―독일 | 〈Sueddeutsche Zeitung〉(2002.10.18)

한국의 라이스로 전락한 개혁파들

이회창 총재의 〈웩 더 독〉은 부시보다는 훨씬 이해하기가 쉽다. 한편으로는 김대중 정부의 가장 큰 강점을 최소한 중화하려는 노회한 전술이고, 다른 한편으로는 경빈이 중국 황제에게 친서를 보낸 것처럼 미국 공화당 정권의 승인을 받으려는 것이다. 그러하기에 이회창 총재는 방미 기간 내내 미국 극우 세력의 주장에 맞장구를 쳤다.

부시의 연두교서 발언에 대해 미국의 다양한 정치 세력들이 숨가

쁘게 대응하고 있다. 〈뉴욕 타임스〉의 유명한 논객 토마스 프리드만 같은 사람은 "미국도 때로는 미칠줄 알아야 한다"(2월 13일자)며 '악의 축' 발언을 '미친듯이' 지지하고 있다.

그런가 하면 파월 국무장관과 같은 사람은 '악의 축'을 안이기는 하지만 팔레스타인에 대한 이스라엘의 역사적 잘못을 언급하여 미국의 금기를 깨기도 한다.

같은 흑인이면서도 파월 국무장관과 라이스 외교 특보가 서로 아주 다르게 행보하고 있는 것을 보면 참 이상하다는 생각이 든다. 흑인에 대한 극우 백인들의 잔혹한 폭력을 보면서 어린시절을 보냈지만, 우파 백인 정권의 철저한 시녀로 전락한 라이스의 경우가 결코 남의 일이 아니기 때문이다.

군사 독재와 냉전의 피해자이면서도 근본적 긴장 완화의 아젠다 제기는 그렇다 치더라도 파월만큼의 행보조차 보이지 못한 채 극우 냉전세력의 시녀로 전락하고 있는 일부 개혁파들의 모습에서 우리는 너무도 많은 한국의 라이스를 발견하고 있기 때문이다.

그런 점에서 보면 '위선의 축'은 의외로 매우 넓고 질긴 모양이다. 아무쪼록 미국이나 한국에서 이러한 위선의 축에 대항하는 '진실의 축'이 국민들 사이에 넓게 퍼져나가기를 바랄 뿐이다.

★
미국, 강하고 강하나 강하지 않다

★ ★ ★ ★

스티븐 클레몽스(Steven Clemons)

워싱턴 소재 중도파 공공정책 싱크탱크 뉴 아메리칸 재단 부회장. 아시아 정책 전문가. 워싱턴의 닉슨 센터 초대 이사장을 지냈으며, 《블로우 백(Blow Back)》의 저자 찰머스 존슨과 함께 일본정책조사연구소(Japan Policy Research Institute)를 창설했다. 미국의 진보 언론 〈뉴 리퍼블릭(New Republic)〉과 프랑스의 〈르몽드 디플로마틱〉에 자주 글을 쓰고 있다.

1989년 베를린 장벽이 무너지고 냉전이 종말을 고했을 때, 우리는 더 나은 세계를 건설할 수 있는 기회를 맞이했다. 그러나 미국은 이 모든 것을 혼자 하려고 했다. 그 결과 걸프전을 거치면서 유일한 초강대국이 된 미국은 세계를 전보다 더욱 불안하게 만들고 있다.

지금 미국은, 어떤 일이 있어도 미국만은 안전할 것이라는 신화가 깨지는 것을 보고 있다. 테러와의 전쟁을 선포했으나 이것은 인내가 필요한 일이다.

"신은 미국의 적들로 하여금 미국이 지켜야 할 가치가 무엇인지를 알게 해주었다."

TV 전도사 제리 파웰과 팻 로버트슨의 말이다. 이들에 따르면 이교도와 낙태주의자, 페미니스트, 동성연애자, 시민운동가들이 결과적으로 9·11비극의 방조자라는 것이다. 방조자인 이상 9·11비극의 책임 또한 면하기 어렵다는 것이다.

승리에 도취해 장님이 되었나

유일 초강대국이라는 오만이 미국으로 하여금 현실을 제대로 보지 못하는 장님으로 만들었는지도 모른다. 미국은 새 세계 질서의 본질과 다른 나라들도 그들대로 국가 이미지를 갖고 있다는 것도 제대로 파악하지 못했다. 새로운 현실에 적응하지 못하는 것이다. 소비에트 제국이 해체됐다면 미국 역시 고비용과 저효율로 대표되던 미국 제국의 토대를 해체해야 하는데 그렇게 하지 않고, 미국의 절대 우위를 한층 더 강화하려고만 했다.

9·11비극은 일시적이고 우발적인 것이 아니라 국제 관계의 한 부분이다. 동시에 그것은 새 시대에 대응하지 못하는 미국의 무능력을 반영하고 있다. 지난날 미국과 소련이 대립하던 시절은 미국의 정치 및 군사 엘리트들에게는 오히려 안전한 것이었다. 그들 사이의 작용과 반작용은 예측 가능한 것이었기 때문이다.

그런데 안보에 대한 위협이 다른 곳에서 나오고 있다. 국가가 지원하는 비국가적 테러 조직이 가장 큰 위협 요소로 등장한 것이다. 1999년 〈하트-루드만 보고서〉는 다음과 같이 말하고 있다. 그들의 말이 실제 상황이 되었다.

"이제 무기산업에 대규모로 투자하지 않아도 될지 모른다. 위협이 국가가 아니라 무장한 조직 범죄 단체와 개인, 그리고 테러 그룹에서 나오고 있기 때문이다. 미국인이 미국 영토 안에서 죽는 상황이 벌어질지도 모른다."

국방성과 CIA, FBI, 국가안보국(NSA)을 비롯한 미국의 안보기구들이 새로운 위협을 눈앞에 두고 대오를 정비할 의사와 능력이 없다면, 그리고 과거 방식 그대로 미래의 위협에 대처하려고 한다면, 그들은 분명히 직무유기를 하고 있는 셈이다.

1995년 5월 오클라호마 시의 연방정부 청사를 폭파한 티모시 맥베이와 마찬가지로, 오사마 빈 라덴 역시 정보혁명을 도구로 이용했다. 맥베이와 빈 라덴은 작은 것으로 엄청난 파장을 불러일으킬 수 있으며, 큰 것이 작은 것의 힘을 무시하다가는 어떤 일을 당하는가를 보여주었다.

옛 방식에 익숙해 있던 국방성과 국무성 관리들은 이른바 불량국가를 거론하며 이들의 테러에 대처하는 데에는 탄도미사일(MD)이 최선의 방패라고 주장했다. 그러나 민항기가 그렇게 효과적이고도 쉽게 탈취당하고 있는데 무엇 때문에 탄도미사일에 매달릴까.

한 마디로 옛 방식은 전지구 규모의 새로운 위협에 대처하는 데에 적합하지 않으며, 정치적으로도 경쟁력이 약하다는 걸 보여주었다. 이것은 국방성이 적의 얼굴을 모르는 분쟁에서 왜 이처럼 무기력한가를 말해주는 이유이기도 하다.

소비에트가 해체되기 훨씬 오래 전인 1985년부터 위험 신호가 있었다. 로널드 레이건 정부의 군비 확대가 미국 정치와 경제를 불안하게 했다. 그러나 당시 미국이 지출한 것은 병력과 무기 유지에 드는 비용이 아니었다.

미국의 군사 지배에 따른 가장 큰 비용은 미국 군사 동맹국들에게 베푼 특별 무역조항이었다. 일본에 대해서는 미군이 일본에 주둔하는 대가로 미국 시장에 최우선으로 접근하는 것을 허용했다. 냉전 구도가 여기에 작용했다.

일본은 스스로 미국에 복종함으로써 찰머스 존슨의 말대로 '동아시아 최대의 미국 위성국가'가 되었다. 1985년까지는 이른바 플라자 협정시대였다. 미국은 세계 제1의 채무국이었고, 일본은 세계 제1의 채권국가였다. 레이건은 엔화 대비 달러 가치를 거의 50%나 떨어뜨리는 국제 금융시장 재편을 요구했다. 미국 경제를 활성화하기 위해서였다.

그러나 환율 개입은 잘못된 방향으로 무역 불균형을 일으켰고, 하룻밤 사이에 두 배나 뛰어오른 일본의 자산 가치는 밀물과 같은 일본의 대미 투자를 불러일으켰다. 동경의 땅 값이 캘리포니아 전체의 땅값보다 더 비싸질 때 어떻게 시장경제가 제대로 작동을 할 수 있겠는가. 미국 제국의 유지비가 이제는 감당하기 힘들 정도가 된 것이다.

냉전 시기에 미국은 다른 나라에게 어느 편에 설 것인가를 분명하게 밝힐 것을 끊임없이 요구했다. 그리고 다른 나라들을 미국의 영향권 안에 묶어두기 위해 무역과 군사 원조, 군대 배치, 상대방 약점 캐기를 비롯하여 수많은 지렛대를 사용했다.

그런데 소비에트 해체와 함께 미국 제국의 투자 환경 또한 급격하게 달라졌다. 제국 유지 비용을 더 이상 부담하려고 하지 않은 것이다. 제2차 세계대전 뒤의 세계 경제체제를 바꾸고 싶은 욕심이 생긴 것이다.

1990년대에 들어 미국은 동아시아 국가들에게 금융시장의 규제 완화를 강도 높게 요구하기 시작했다. IMF를 비롯 브레턴우즈 체제를 통해 미국은 이 국가들에게 신자유주의를 수용할 것을 강요하기 시작한 것이다. 이렇게 해서 어떻게 보면 준비되어 있던 1997년의 아시아 경제 위기가 왔다.

금기가 되어버린 안정의 닻들

미국의 무능은 1991년 미군의 사우디아라비아 주둔 결정에서 최고조에 달한다. 미 제3지상군 문서에 따르면 당시 미군의 사우디아라비아 배치는 일시적인 것으로 되어 있다. 그런데 이것이 이제는 항구적으로 되었다. 미군 주둔은 이슬람 문화와 그들의 종교적 순수성만이 아니라 국민 자존심과 관련해서 미묘한 분노를 불러일으켰다.

미국은 사우디아라비아 주둔 미군이 시간이 지나면서 중동 지역에서 가장 친미적이던 사우디아라비아 왕국을 불안하게 할 수도 있음을 생각했어야 했다.

미국 언론과 전략가들은 보스니아 주둔 미군에 대해서는 생사가 걸린 국익 등등의 이야기를 수도 없이 하면서도, 사우디아라비아 주둔 미군에 대해서는 침묵으로 일관하고 있다. 이들은 팔레비의 이란과 사우디아라비아 사이에 어떤 차이점이 있는가를 말해보라는 요구를 받았을 때 '노 코멘트'만을 거듭했을 따름이다.

그들은 미군 주둔이 사우디아라비아 지배자들의 정통성을 위태롭게 하고, 이슬람 근본주의자들을 더욱더 과격하게 할지 모른다는 점을 아예 고려하지도 않았다는 말인가. 미국은 사우디아라비아 주둔 미군을 '안정의 닻(anchors of stability)'이라고 말한다. 따라서 미군 철수 문제는 언제부터인가 금기가 되어버렸다.

오사마 빈 라덴의 말

오사마 빈 라덴은 현재 국제적인 분노의 대상이 되어 있다. 그러나 그가 하는 말들은 귀기울여 들을 가치가 있다. 사우디아라비아, 아랍 에미레이트 연방, 오만과 쿠웨이트의 수많은 지배층 엘리트들이 빈 라덴과 비슷한 생각을 하고 있다.

《성전 주식회사(Holy War Inc.)》에서 저자 피터 버건은 오사마 빈 라덴의 생각을 다음과 같이 전하고 있다.

"소련이 망함으로써 미국은 더욱 오만해졌다. 미국은 자신이 세계의 주인임을 자처하기 시작했고, 미국 주도의 신세계 질서라는 것을 구축하고 있다. 여기에 동의하지 않는 자는 미국측 기준에 따라 테러분자가 되고 만다. 미국은 우리 조국을 점령하고, 우리 자원을 강탈하며, 우리를 지배하는 꼭두각시를 키우고 있으면서도, 이 모든 것에 우리가 동의해주기를 바란다."

여러 개발도상국 지도자들의 분노와 섬뜩하리만큼 비슷하다.

클린턴이 집권 초기에 그가 원하는 방식대로 대외정책을 수립했을 때, 미국에 대한 다른 나라들의 분노가 크게 줄어들었다. 클린턴은 경제적 이해관계를 안보적 이해관계와 같은 수준으로 끌어올림으로써 국가안보에 대한 사고 자체를 바꾸려고 하였다. 그는 미국의 오만함이 어떤 결과를 초래할 것인지에 대해서도 깊이 생각하고 있었다.

1992년 아칸소 주 수도 리틀록에서 그는 무역과 상호 호혜의 경제 결속을 통해 다른 나라에 접근할 필요가 있다고 강조했다. 그리고 그는 군사 엘리트들을 멀리하려고 했다. 그러나 여기에 반발한 국방성이 섹스 스캔들로 클린턴의 발목을 잡아버렸다.

부시는 미국의 역대 다른 어느 대통령보다 일찍 정기적으로 정보 기관의 브리핑을 청취했다. 그의 안보 외교정책 팀은 놀라우리만큼 빨리 구성되었다. 공직자라기보다는 충성스러운 신하와 같은 루이스 프리는 FBI 국장에, 조지 태닛은 CIA 국장에 임명됐다. 프리는 예멘에서 콜 미국 상원의원을 공격했던 테러리스트를 추적하는 데 핵심 구실을 한 적이 있고, 태닛은 중동 평화회담을 결렬시키려던 단체들을 추적하는 데에 중요한 노릇을 한 정보 맨이다.

부시는 자신 없는 국내 정책 대신, 관심의 초점을 국제관계로 옮긴 것 같다. 이것은 심각한 선택이었다. 그러나 9·11비극은 아버지 부시 대통령이 사담 후세인과의 싸움에서 이기지 못했다는 부담감, 대통령 선거의 '기형적'인 승리에 따른 국민의 무관심에서 벗어나는 계기가 되었다.

부시와 그의 가신들은 다른 국가와 전쟁을 원한다. 그러나 그들은 21세기형 위협의 실체를 알지 못하고 있다. 부시는 이제 모든 국가들에게 '내 편, 네 편'의 명확한 선택을 요구하는 한편, 의회에서 군사전과 첩보전의 군사시설 구축에 드는 엄청난 예산과 권위를 넘겨받았다.

이와 함께 미국의 시민들이 누려왔던 자유는 종언을 고하고 있다. 부시는 그가 찾을 수 없는 적을 찾기 위해 우리의 삶을 변화시키려 할 것이다. 빈 라덴은 거의 동료들이 그러했던 것처럼 계속 쫓겨다닐 것이다. 그러나 우리가 정력을 쏟아야 할 실제 목표는 기본적으로 잠재하는 조건들을 변화시키는 것이어야 한다. 이 조건들을 더욱 세련되고 더욱 현대적인 것으로 만들어야 한다. 냉전은 끝났다.

미국이 새로운 현실과 타협할 때까지 우리가 지출해야 할 비용은 계속 늘어날 것이다. 토마스 쿤은 "과학의 혁신은 점진적으로 일어나지 않는다. 보호받고 정당하고 합리적인 하나의 패러다임이 궁극적으로 무너질 때 혁신이 일어난다."라고 말했다.

이와 마찬가지로 미국이 세계의 지배자로 계속 의기양양해 한다면 과학에서의 혁신과 비슷한 일들이 미국을 기다리고 있을지 모른다. 미국에게 필요한 것은 전쟁보다는 오히려 미국의 자비심을 구하고 있는 세계 여러 지역 비정규기구(NGO)들과 협력하는 일이다.

★
오만한 권력은 붕괴한다

★ ★ ★ ★

이대훈
영국 브래포드대학 평화학 박사과정.

아프가니스탄 전쟁 당시 미군 특수부대 요원들이 몰고 있던 카불 공항의 군견은 공포의 대상이었다. 협조하지 않으면 문다는 것이었다. 그런데 지금 유럽의 모양이 카불 공항의 군견을 피해가며 조심스레 자기 짐을 찾아가는 여행자들을 닮았다.

유럽은 미국의 군사적 패권주의에 어떻게 대응해야 할지를 놓고 곤경에 처해 있다. 가장 손쉬운 입장 표명으로 당분간 이해해주자는 쪽이 있다. 예를 들어 유럽의 한 외교관은 이렇게 말한다.

"9·11에 무력했던 미국은 미국이 무기력하지만은 않다는 것을 보여주는 큰 몸짓을 할 필요를 느끼고 있다고 본다."

이러한 조심스런 반응은 부시의 잇단 강경 발언이 국내 정치용이라는 해석과 맥을 같이한다. 엔론사 비리 사건과 국내 경제사정을 비껴가고, 곧 있을 중간선거를 겨냥한 정치적 목적이 이 같은 강경 발언의 배경이라는 것이다.

그러나 얼마 전까지 아프가니스탄 공격에 '무제한적 연대'를 표시하며 미국을 지지했던 유럽의 입장에서는, 유럽과의 동맹이 국제 반테러 전선의 '토대'라며 국제 협력을 강조하던 미국이 아무런 의논 한 마디 없이 확전론을 펴며 군사적 일방주의로 가는 데에 당황해할 수밖에 없다.

그래서 부시의 '악의 축' 발언 뒤에 불편한 마음을 드러내는 말들이 튀어나오고 있다. 그리고 교토 환경협약 의정서, 포괄적 핵실험금지조약, 생물무기협약 의정서, 유엔 소형무기협약 등 미국이 일방적으로 무력하게 만든 국제조약의 목록이 점점 더 자주 언론에 등장하고 있다.

프랑스에서는 부시 행정부를 겨냥해 '군사적 과대망상증'이라는 표현을 자주 사용하고 있다. 베드린 프랑스 외무장관은 부시의 연두교서를 '단순'하고 '어리석은' 것이라고 말했으며, 유럽연합(EU) 외교정책 책임자 자비에 솔라나는 미국의 '글로벌 일방주의'를 경계하자고 했다. 영국의 전 홍콩 총독이자 EU 대외담당 집행위원인 골수 보수파 크리스 패튼조차 워싱턴이 '일방주의로 과속 질주하기' 전에 이를 막기 위해 유럽 정부들이 나서야 한다고 촉구했다. 나토 사무총장 조지 로버트슨 경 역시 미국이 '이라크, 이란, 북한에 행동을 하려면 그에 상응하는 증거를 제시해야 할 것'임을 요구했다.

또 영국 외무장관은 콜린 파월 미 국무장관과 만난 뒤에 '악의 축' 발언과 관련, 영국은 이란의 개혁세력과 대화를 지속할 것이라고 밝혔다.

그러나 미국은 이러한 우려를 대체로 무시하는 쪽으로 대응하고 있다. 그래서 유럽은 당황해하고 있는 것이다.

마피아식 외교인가

유럽의 당혹감은 곧이어 미국의 이스라엘 지지정책에 대한 비판으로 출구를 찾기 시작했다. 스페인 외무장관은 최근 미국의 중동 정책에 대해 강경하게 비판을 제기해 주목을 끌었으며, 유럽의 다른 나라들도 미국에 대해 아라파트와의 관계 '복원'을 강하게 요구하고 있다.

특히 스웨덴 외무부에서는 외교 관례를 벗어나 워싱턴이 아라파트와 관계를 단절하려는 것은 '미친 짓'이며, 미국의 중동 특사가 행동하는 모양은 '마피아식'이라는 표현까지 사용했다.

부시 행정부는 유엔을 통한 압력이나 경제제재가 효과가 전혀 없었다고 판단하고, 군사적인 방법으로 사담 후세인 정권의 붕괴에 나설 태세이다. 반면 유럽 한쪽에서는 동맹의 위기를 거론하며 확전을 지켜보는 태도를 노골적으로 표명하고 있다.

1990년 걸프전 때와는 달리 군사력과 전쟁 의지가 크게 약화된 이라크는 미국의 상대가 되지 않는다. 이라크에 대해 전면전을 벌일 경우, 미국은 사담 후세인 정권을 붕괴시킬 수는 있겠지만, 대규모 민간인 살상이라는 대가를 치른 뒤에야 가능할 것이다.

더구나 후세인 이후 이라크의 통치는 깊은 수렁에 빠지고 중동의 정세는 오랜 기간 혼돈에 빠져들 것이다. 그러나 대 이라크 전쟁을 반대한 입장에서도, 대 이라크 제재와 압박이 그 동안 크게 효과를 보지 못하고 민간인 피해만 가져왔기 때문에 다른 대안을 제시하기 어려운 처지이다.

오만한 힘의 사용

이처럼 부시의 '악의 축' 선언은 유럽 정치권에서 심정적 동조에서 파트너로 대우해달라는 요구 그리고 강도 높은 견제와 비판에 이르기까지 갖가지 반응을 낳고 있다. 이와 함께 미국 부르킹스연구소 선임연구원 이보 달더의 지적처럼 '오만한 권력의 사용은 분노를 낳고, 약자들이 연계해 미국의 취약성을 드러내게 할 것'이다.

여기에는 강제보다는 설득이 세계 경영에 더 효과적인 전략이라는 정책 주문이 뒤따른다.

또다른 한편에서는 미국의 경제력이 세계 경제에서 차지하는 규모가 전만큼 크지 않다는 점과 미국 단독으로 국제적인 군사행동 경비를 충당할 수 없다는 점에서, 미국은 단지 '반쪽짜리 보스'일 뿐이라는 견해도 존재한다. 유럽의 적극적인 역할을 강조하는 입장이다.

이 같은 배경 아래에 악의 축을 둘러싸고 현재 유럽연합에서 전개하고 있는 정책 논쟁은 겉으로는 주로 미국이 계속 일방주의로 갈 것인지, 조만간 다자간 협의로 되돌아갈 것인지가 중심 주제이지만 내용으로는 세계 경영을 미국과 함께 주도하기 위해서 유럽이 어떤 지위를 차지할 것인가에 관심이 쏠려 있다.

그 반면 여러 번 개에 물려본 약소국의 입장에서 보면, 악의 축 선언은 그 수사학의 수준을 논외로 할 때 미국의 군사주의 세계 전략에서 별로 새로운 현상이 아니다.

악의 축 선언은 아프가니스탄 전쟁에서 얻은 '승리의 환상'을 미국의 세계 패권전략과 연계해 여세를 몰아가겠다는 것이다. 이 전략은 세계 곳곳에 미군기지 확대와 군사활동 확대, 석유에 대한 집착, 약소국 주권을 무시한 미국 이익의 일방적 관철로 표현되고 있다. 9·11 이후 '테러리즘과의 전쟁'은 '악의 축'에 대한 응징으로, 그 뒤에는 언제든지 새로운 적에 대한 새로운 군사행동으로 이어질 것이다.

그러나 제국은 반드시 쇠하며 오만한 권력은 붕괴한다. 부시 행정부가 추진하는 협박의 정치와 군사주의 외교에서는 일면 팍스 아메리카나의 취약성에 대한 단선적인 사후 대응의 성격이 보인다. 그만큼 미국이 패권의 정당성을 유지하는 데 별로 선택할 여지가 많지 않다고도 할 수 있다.

부시의 협박의 정치는, 미국의 국제 정치 및 국내 정치의 정당성이 이미 심각하게 훼손된 상태에서 패권을 연장하는 방법에 군사적 방법 외에는 동원할 정책수단이 많지 않다는 미국의 취약한 현실을 보여준다.

아메리카 애국주의

재시 잭슨
미국 흑인 인권운동 지도자.

기회를 극대화하고 피억압 민중의 지평을 넓히기 위한 싸움이야 말로 애국주의 행위이다. 그런데 이런 애국자들이 노골적인 공격 그것도 길거리에서 하는 공격이 아니라 백악관과 의회, 법원에서 하는 공격의 희생물이 되고 있다.

내가 아홉 살이었던 사우스캐롤라이나 그린빌에서의 어느날 오후였다. 어떤 사람이 우리 집 문 앞에 와서 물 한 잔을 달라고 했다. 그 사람이 떠나자, 왜 그 사람 말이 우리와 그렇게 다르냐고 아버지에게 물었다. "독일인이어서 그렇지. 독일 사람들은 말이야 우리가 유럽에서 싸운 덕분에 자유를 가질 수 있었다고 봐도 돼. 정말 유럽 전쟁에 참전했던 것이 자랑스러워. 그런데 여기 있는 독일인들에게는 투표권이 있고 나에게는 투표권이 없단 말이야."라는 것이 아버지의 답이었다.

이런 대접을 받고서도 우리가 여전히 나라를 사랑하고 있다는 것은 아이러니한 일이다. 이곳은 우리들의 땅이고 이땅을 우리가 일구었으며, 이 나라를 건설하는 것을 우리는 도왔다. 그런데 정부는 우리들의 것이 아니다. 더 나은 정부를 갖기 위해 싸우는 것은 애국적인 일이다.

이 나라 헌법의 초안자들은 아프리카에서 온 노예의 후예들은 5분의 3만이 인간일 것이라고 생각하는 나라를 상정했던 것 같다. 이 나라는 흑인의 어머니와 아내, 딸들에게는 투표권을, 아메리카 인디언들에게는 생존권을 주지 않았다.

애국주의를 통해 우리는 우리나라를 더 좋게 만들었다. 우리는 투표권을 얻었다. 여자와 흑인들이 이 나라 역사의 나아갈 방향과 성격을 바꾸었다고도 볼 수 있다. 우리 아버지는 이 나라에 대한 믿음을 평생 동안 잃은 적이 없었으며, 이런 신뢰가 그와 그 가족들이 더 좋은 미국을 건설하는 데에 몸과 마음을 바치도록 했다. 그런데도 이 나라의 최고 최선의 원칙을 지키기 위해 싸웠던 진정한 애국주의자들은 끊임없이 중상모략과 괴로움을 당해왔다.

진정한 애국주의자들은 이른바 평화라는 것에 혼란을 가져왔고, 혼란에 다시 질서를 가져왔다. 그리고는 처형당했다. 그들에게 찬양의 박수가 쏟아진 것은 대부분 그들이 죽은 뒤였다.

힘겹게 얻은 정의와 평등

미국이 노예제를 폐지한 것을 지금은 정치인들이 자랑스럽게 말하고 있지만, 당시로서는 노예제 옹호가 정치의 주류였으며 노예제 폐지를 주장하다가는 처벌을 면치 못했다.

여성의 참정권 획득을 지금은 정치인들이 자랑스럽게 말하지만, 당시에는 여성에 대한 투표권 거부가 정치의 주류였으며 여성의 참정권을 주장하다가는 애국주의적인 도덕성 자체 때문에 처벌을 면치 못했다.

민권과 평화, 환경법, 국제협력을 위해 싸우는 자들이야말로 진정한 애국자들일 텐데 이들에게는 아무런 영광이 없다. 우리는 잘못된 국가관 때문에 정의를 희생해서는 안 된다. '옳든 그르든 우리나라'라는 식은 도덕적이지도 않고 지적이지도 않다.

누가 백악관의 주인이 되든 간에 이 나라의 최고 가치를 지지하는 것이 바로 애국주의이다. 시민으로서 우리는 계속 정의와 평등을 위해 싸워나가야 한다. 그래야만 더 나은 미국과 더 나은 세계를 건설할 수 있을 것이다.

★
율리시스의 눈은 먼 지평을 향하고 있었다

★ ★ ★ ★

아마드 사드리(Amad Sadri)
미국 레이크포레스트대학 사회학과장. 이란 등 중동 문제 전문가.

여신이시여, 아카이아인(청동시대의 그리스인)들에게 헤아릴 수 없이 많은 재난을 가져왔으며, 그렇게 많은 불굴의 영혼들을 죽음의 집으로 던져버린 펠레우스의 아들 아킬레스의 분노에 대해 노래해주오.

―호메로스의 〈일리아스〉, 제1장

서구의 전통은 분노의 시로 시작한다. 시의 신〔詩神〕은 자기 파괴적이고 강한 분노로 그리스와 트로이인들의 피가 강을 이루어 흐르게 했던 아킬레스를 노래한다.

그러나 바로 그 시의 신은 또한 눈먼 시인을 통해 자신의 분노를 다스린 사람을 찬미한다. 현명한 율리시스는 그가 휘두르는 무기가 닿을 수 있는 거리에서 괴물이 그의 동료들을 삼켰을 때조차도 분노를 삼켰다. 율리시스는 아킬레스 못지않게 맹렬히 싸웠으나, 그의 눈은 더 먼 지평을 향하고 있었다. 그는 가까운 분노를 큰 뜻을 위해 접어두었으며, 아킬레스와는 달리 결코 피를 보려는 욕망에 빠지지 않았다.

애국심의 열기에 휩싸여 입대하려고 줄을 선 미국의 젊은이들을 보는 것은 고무적이다. 그러나 어른들이 2001년 9월 11일의 희생을 응징하기 위해 아킬레스식 수단을 취하는 것은 당황스러운 일이 아닐 수 없다.

나는 바보도 아니고 평화주의자도 아니기 때문에 미국에 그들의 적을 용서하거나 잊거나 그들을 포용하라고 요구하지도 않으며, 전쟁 대신 그들을 사랑하라고 하지도 않는다. 그러나 나는 복수심이 가득한 영웅적 행위를 경고한다. 강한 분노심으로 땅 위의 모든 테러리즘과 절대 악을 뿌리뽑아 세상을 구하겠다는 마니교적인 망상에 대해 경고하고자 하는 것이다.

빈 라덴의 비열한 살인마 무리를 찾아내서 처벌하는 것은 정당하다. 그러나 전세계에 흩어져 있는 명확치 않은 적을 상대로 제한 없는 전쟁을 펼치는 것은 어처구니없는 어리석음의 피를 부르는 행위에 지나지 않는다. 어떻게 국가가 아닌 적에게 전쟁을 선포할 수 있을까? 아마도 '전쟁'이 너무 문자 그대로 사용되고 있는지 모른다. 그러나 지금 상황에서 '전쟁' 수행이 '마약과의 전쟁'과 같은 것일까? 무엇이 우리의 지도자들에게 테러리즘과의 전쟁이 마약과의 전쟁보다 더 쉽다고 생각하게 하는지 모르겠다.

종족에 기반을 둔 테러 조직망을 뚫는 것이 마약 카르텔을 받쳐주는 충성심을 파괴하는 것보다 더 쉽다고 생각하는가. 폭탄 자살

자들의 성격구조가 마약 중독자나 마약 공급자의 심리상태보다 덜 복잡하다고 여기는 것은 아닌가. 추적하고 붙잡는 데 마약 밀매자들보다 테러리스트들이 훨씬 쉽다고 여기는가. 우리가 테러리즘의 징후와 싸우기보다는 테러리즘의 원인에 대해 귀를 기울이기까지 얼마나 많은 폭탄과 시체 운반용 부대가 쓰일 것인가 생각하지 않을 수 없다.

광신자가 생겨나는 웅덩이

무엇부터 먼저 해야 하는가. 우선 9월 11일의 범죄자들을 법정에 세우자. 동시에 우리는 더 이상의 테러 행위를 막기 위한 보안 대책을 강구해야만 한다. 그러나 콜린 파월 국무장관이 인정했듯이, 자살 테러리스트들을 막기 위해 할 수 있는 일이란 별로 없다. 결국 논리적으로 다음에 해야 할 단계는 테러리스트 무리를 사냥하는 것이 아니라 테러리즘의 원인에 대해 연구하는 것이다. 내 생각에는 테러리즘을 막는 가장 효과적인 방법은 '전쟁을 벌이는(waging war)' 것이 아니라, 그것에 대항하여 '평화를 유지(waging peace)' 하는 것이다.

우리는 빈 라덴 같은 광신자가 생겨난 웅덩이로 흘러들어간 빈곤과 불공평, 권리 침해와 무기력의 불행을 줄여야 한다. 불행은 자기희생을 설득할 수 있는 마비된 자아의 인큐베이터이다. 독일 출신 정치학자 한나 아렌트는 전체주의의 기원에 관한 그녀의 3부작에서 허구적 자아 부재와 잠재적인 영웅과 순교자의 온상에 대해 비슷한 탐구를 했다. 벌써 반대의 목소리가 들린다. 지구촌의 불행을 줄이는 것은 지극히 어려운 일이라고……

그러나 그것은 제3차 세계대전을 일으키지 않고 테러리즘을 소탕하는 일만큼 어렵지 않고, 미국의 민주적 생활방식을 침해하지 않고 테러리스트들에게서 미국을 구하는 일만큼 어려운 일은 아니다. 나는 우리 대통령과 달리 불행에 '대항하여 세계를 승리로 이끄는' 일에 대해 말하지는 않는다. 나는 다만 이 불행을 '줄이려는' 목표를 세우자는 것뿐이다. 불행을 줄이는 일만큼이나 중요한 것은 그렇게 하려고 나서는 것이다.

우리는 세계가 우리들에 대해 더 좋은 이미지를 갖기를 원한다. 그런데 우리는 왜 우리가 보낸 해외 원조와 평화봉사단의 활약에도 불구하고 그것을 갖지 못할까. 너무나 오랫동안 지구촌의 난폭자로 행세해왔기 때문이다.

정치 전선에서, 우리는 지팡이를 잡고 느긋하게 걷다가 지팡이를 몽둥이로 바꾸는 거친 거인이 되어서는 안 된다. 우리는 더 이상 수하르토와 노리에가, 그리고 피노체트 같은 '우리의 더러운 자식들(our SOBs)'의 동료로 비쳐져서는 안 된다. 우리는 더 이상 국경 침공과 피점령국 국민들을 학대하는 것을 지원해서는 안 된다.

사회 전선에서, 우리는 지구촌 규칙에서 예외인 거인으로 행세하던 것을 멈추어야 한다. 지난 몇 달 사이, 우리는 우리의 작은 상업적 이익을 보호하기 위해 교토환경협정을 깨버렸으며, 이스라엘을 비난한다고 해서 국제 인종차별 회의장에서도 뛰쳐나왔다. 우리는 화학무기나, 지뢰 생산 그리고 전범 처벌과 같은 문제에 대해 우리가 국제 사회에 던지는 반대 카드가 우리를 이라크와 같은 국가군으로 몰아넣고 있다는 것을 알아야 한다.

그러면 어떻게 하면 이런 일들을 할 수 있을까. 이 모든 것은 결국 외교정책에 대한 시민들의 정치적 참여를 통해야만 가능하다. 9·11의 비극은 외교정책을 더 이상 정치가와 행정관료, 군인들에게만 맡겨서는 안 된다는 것을 보여준다.

★

지구촌 남쪽 사람들의 '이상야릇한 반응'

★ ★ ★ ★

베르트랑 바디(Bertin Badi)
파리 정치대학원 교수. 이란인 아버지와 프랑스인 어머니 사이에서 태어나
제3세계 특히 중동 정치를 둘러싼 국제 관계에 깊은 학문적 성과를 이루고 있다.

2001년 뒤 국제무대에 어떤 변화가 있나?

상처가 너무 크기 때문에 변화가 있을 수밖에 없을 것이다. 이제 세계는 더 이상 폭력이 일상적인, 이른바 야만지대와 폭력으로부터 비교적 안전한 '회색지대'로 분류되지 못할 것이다. 대규모 폭력이 이제는 지구의 남반부에만 집중되지 않을 것이다. 폭력이 세계 곳곳으로 거듭 퍼져나갈 것이며, 폭력이 국가만의 관심사로 그치지 않고 개인과 단체의 관심사로 떠오를 것이다.

더군다나 '폭력을 판매하는' 특수 기업마저 등장하고 있다. 말하자면 지금 우리는 폭력 시장에서 전면적인 규제 해제가 진행 중인 세계에 살고 있다. 폭력 앞에서 만인이 평등한 시대가 찾아오고 있는 것이다. 국제사회에서 새로운 전략을 생각할 수밖에 없는 시대가 오고 있다.

폭력과 매체 사이에 상관관계가 있다는 것은 각종 연구 보고서가 이미 보여주고 있다. 이번의 비극도 예외가 아니다. 그 자체가 폭력적일 수 있는 수많은 논쟁들이 벌어지고 있다. 보복과 연대의 말들이 홍수를 이루고 있다. 이런 논쟁들이 새로운 재앙을 불러올 수 있음을 배제할 수 없다.

새뮤얼 헌팅턴의 '문명 충돌'에 대해서는?

결코 문명 충돌이 아니다. 문제는 이슬람 자체가 아니고 테러리스트들이 이슬람을 자신의 정치 도구로 사용한 데에 있다. 문화와 그 문화를 정치 목적에 따라 조작하는 것을 구분해야 한다.

어떻든 9·11의 비극은 '강자'에 대한 반항의 행위이지 민주주의와 서방 및 기독교 문명에 대한 반항이 아니다. 비극의 현장 모습에 환희하는 자들이 있었다면 그들은 아마 '강자'가 최초로 비틀거리는 모습에 환호했을 것이다.

무력한 것 같던 하나의 힘이 일어서서 자신을 지키려 한다는 말인가?

1990년 이후 우리들은 초강대국의 존재에 대해 말해왔다. 그런데 사실 이 초강대국이라는 존재는 어떤 점에서 가공의 것이었고, 버팀목이 없는 것이었다. 가공의 것이었다는 것은 이 초강대국이 기술과 경제 및 군사면에서 모두 엄청난 자원을 축적하고 있으면서도 이 자원을 제대로 활용할 줄 몰랐기 때문이다.

1990년 이후 상황이 크게 바뀌었다. 더 이상 동서 대결의 상황이 아닐 뿐더러 국가 간 대결 상황도 아니다. 전혀 다른 문법에 따라 전혀 다른 자원을 활용하며, 전혀 다른 형태의 폭력을 사용하는 새로운 국제 분쟁이 널리 퍼지는 상황이 벌어지고 있는 것이다. 우리는 미국이 소말리아와 이라크, 리베리아와 유고슬라비아에서 이 새로운 형태의 폭력에 직면해서 어떤 식으로 경련을 일으켰는가를 보았다. 말하자면 '빈자의 폭력'이라는 것이 그것이다.

그런데 이 빈자의 폭력은 가공의 것이 아닐 뿐만 아니라, 버팀목이 없는 것도 아니다. 세계 새 질서와 여기에 따른 새로운 책임을 미국에게 지운 데에 따른 것이다. 냉전에서 승리함과 동시에 미국의 구실이 옛 로마의 검투사에서 해결사로, 분쟁의 재판관이 아니라 분쟁의 한 당사자로 달라졌다. 이 때문에 긴장이 극도로 높아졌고, 미국의 세계 개입이 중립적이고 균형잡힌 것이 아니라는 느낌이 널리 퍼졌다.

중동 분쟁에서도 그렇다. 지금까지는 평화와 화해의 중재자였는데, 지금은 대결에 직접 뛰어든 새로운 검투사로 비치고 있다. 그래서 미국의 어깨 위에는 갈수록 무거운 폭력의 짐이 쌓여만 간다. 이제 미국은 이 새로운 분쟁에 직면하여 자신의 노릇에 대해 다시 생각해야 한다. 힘은 상대적인 것이지 절대적인 것이 아니다. 고립주의로 가라는 것이 아니라 국제 분쟁에 뛰어드는 일에 더 신중해야 한다는 것이다.

이 새로운 상황 아래서 국가가 갈수록 무력해진다는 말인데

테러리스트들 뒤에는 누가 있는가. 국가인가 개인인가. 아마 이 둘 가운데의 그 무엇일 것이다. 이 '가운데의 그 무엇'이라는 것이 정말 중요하다. 이것이 국가와 개인 간의 경계선에서 일어나는 모

든 일들을 디자인하고 있다. 제도화된 국가만을 상대한 서방 세계가 어려움을 겪고 있는 것도 이 때문이다. 이란이라는 국가는 어디에 있는가. 하타미 아니면 하메네이, 그도 아니면 아야툴라(호메이니)들의 사무실이 국가인가? 우리는 이를 알지 못한다.

절대 주권과 절대 고립이 가능하지 않은 것처럼 폭력과 폭력에 대한 대응 또한 서로 떨어져 있지 않다. 어제의 재앙이 내일의 재앙으로 연결되어 있고, 한 나라의 재앙이 곧바로 다른 나라의 재앙으로 번지고 있다. 에이즈가 그런 것처럼……. 우리 모두가 자신을 돕는 것 외에 다른 선택의 여지가 없다.

그런데 여기서 우리는 국제관계의 척도라고 할 한 가지 황금의 법칙을 잊지 말아야 한다. 평등에 대한 열망이 그것이다. 사람은 똑같은 인간의 가치를 가진다. 수많은 팔레스타인들이 죽어갈 때, 50만의 루안다인들이 무차별 대량 학살을 당하고 있을 때, 서방세계가 어떤 반응을 보였는가. 그래서 우리는 여전히 사람이라고 해서 똑같지 않은 세계에 여전히 머물러 있다고 할 수밖에 없다. 뉴욕의 참사에 지구의 남반부 사람들이 보인 '이상야릇한' 반응의 뿌리도 여기에 있다.

★
미국, 사랑받지 못하고 있다

★ ★ ★ ★

알랭 프랑숑(Alain Françon)
프랑스 언론인.

　옥스퍼드의 첼시아(21)는 요새 의기소침하다. 공부 때문에 그런 게 아니다. 빌과 힐러리 클린턴의 딸인 첼시아는 지금 영국 대학에서 국제 관계를 공부하고 있다. 첼시아가 클린턴의 딸인 만큼 그녀에 대한 배려가 어떠할 것인지는 말할 필요조차 없을 것이다.
　그런데 외국 생활이 처음인 첼시아는 영국에서 보내는 대학생활이 즐겁지 않다. 미국 월간지 〈토크(Talk)〉 12~1월호에 써보낸 글에서 첼시아는 "하루도 갖가지 형태의 반미감정에 부딪치지 않고 지나지 못한다."라고 호소하고 있다. 심지어 영국에서조차 사람들이 미국의 좋은 점에 대해서는 눈을 감고 어떻게 하든 나쁜 점만 캐내려 하고 있다는 것이다.
　워싱턴 펜실베이니아 가 1600번지, 조지 부시는 스스로에게 묻고 있다. 금년 55세의 이 미국 대통령은 지금까지 3주 이상 해외에서

머문 적이 없다. 그런데 그는 백악관 안에서 런던의 첼시아와 똑같은 감정을 맛보고 있다. '미국에 대한 증오의 감정에 대해 도대체 내가 어떻게 해야 옳다는 말인가?'라고 자신에게 묻고 있는 것이다.

9·11테러 한 달 뒤인 10월 11일에 열린 기자회견에서도 똑같은 질문이 던져졌다.

"미국이 무엇인지를 사람들이 잘 알지 못할 뿐더러 무조건 미국을 미워하고 있는 데에 놀랐다. 대부분의 다른 미국인들이 그런 것처럼 나도 선의를 갖고 있다. 그런데 다른 사람들은 왜 미국의 선의를 몰라주는가?"라고 부시는 말했다.

왜 우리를 미워하나

민주 당원 첼시아 클린턴과 공화당원 조지 부시는 조금은 슬프고 조금은 괴로우며 그리고 진짜로 놀라워하는 감정을 다 같이 갖고 있다. 그들은 9·11 비극 다음 날 전세계에서 날아온 조문 편지에 고마워했다.

그런데 그들은, 아프가니스탄에서 군사작전이 벌어지자 마자 조문과 미국과의 연대가 급속히 사라져버렸다는 것을, 그리고 국제 여론 일부분이 돌아섰다는 것을 잘 이해하지 못한다. 처음에는 동정을 했는데 곧바로 비판 여론이 일어난 것이다. 특히 아랍과 이슬람 국가들에서 그러한데, 미국의 대외정책에 대한 비난이 빗발치고 있다. 미국을 희생자로 보던 해외 신문 사설들도 이제는 미국을 다시 비난을 받아야 할 자로 보고 있다.

한 마디로 반미주의가 여전하다. 물론 반미주의라고 해서 다 같지는 않다. 멕시코의 〈라 호르나다(La Jornada)〉지는 지난 몇 주

사이 라틴 아메리카의 여타 지역이나 아시아 국가들의 신문에서 흔히 읽을 수 있는 사설을 게재했다.

"미국이 테러리즘을 비난하고 나선 것은 당연하다. 그러나 미국 역시 국가 테러리즘에 의존했던 적이 여러 차례 있지 않은가. 인도네시아와 캄보디아, 이란, 남아공과 라틴 아메리카 나라들에서 그러했지 않은가. 콘도르(Condor)라는 이름의 더러운 전쟁을 벌였지 않은가?"라는 투였다.

북경의 웹사이트, 동경의 나카소네

경제적인 측면의 반미주의도 있는데, 이것은 세계 여러 저개발국가들의 빈곤과 비참함이 미국식의 시장경제와 자유무역 때문이라는 주장에서 나오고 있다. 세계의 저명한 경제학자들도 이 의견에 동의하고 있다.

노벨 경제학상 수상자인 미국의 제임스 토빈, 인도의 아마르티아 센과 같은 사람이 그들인데, 이들은 지난 25년 사이에 진행된 금융과 상품 거래에서의 자유 무역주의가 저성장과 비참함을 불러일으켰다고 주장하고 있다.

그리고 좌파와 우파 모두에게 깊은 영향을 미치고 있는 문화적인 반미주의가 있다. 승리의 나팔을 불고 있는 미국식 대중문화의 성공에 대한 반발이 커지고 있는 것이다. 물론 질투와 시기심이 실려 있다.

그런데 첼시아와 부시는 9 · 11 다음 날 전세계의 동정을 한 몸에 받았던 미국이 이제는 그렇지 못하고, 초강대국 미국이 역사의 형벌인지 모르나 어떻든 갈수록 확산되고 있는 반미주의에 땀을 흘리고 있는 것을 보고, 많은 나라들이 은밀하게 웃음짓고 있다는 것을 발견했다.

터키 작가 오칸 파무크는 9·11 당시 이스탄불 근처 작은 섬 카페에서 사람들에게 미국이 천벌을 받았다고 말하고 있었다고, 터키 신문 〈인로쿠프티블레스(Inrockuptibles)〉가 전하고 있다.

세계 언론들의 반미 논평이 쉼 없이 달리고 있다. 북경 당국은 '오만한 미국'을 비난하는 극우 민족주의 성향의 웹사이트를 열어두게 하고 있고, 야스히로 나카소네 전 일본 총리는 미국이 세계의 주인인 것처럼 행세하는 것은 비난 받아 마땅하다는 말을 했다(아사히 신문). 그리고 휴고 차베스 베네수엘라 대통령은 '테러와의 전쟁에 함께하지 않는 자는 우리와 함께하지 않는 자'라는 '워싱턴에서 온 칙령'을 받아들이기를 거부했다.

그러나 반미주의는 '미국은 싫다'라는 단순한 감정만이 아니다. 여기에는 좋아함과 싫어함, 끌림과 저항이 뒤섞여 있다. 지난 몇 주 사이에 반미주의가 고조에 달했던 아랍 이슬람 국가들의 경우, 한쪽에서는 반미 시위를 벌이고 있고, 다른 한쪽 할리우드 영화가 상영되는 극장 앞에는 관객이 장사진을 치고 있다.

카이로에서 자카르타에 이르기까지 〈타이태닉〉과 〈쾌걸 조로〉 〈고질라〉 〈인디펜던스 데이〉 〈쥬라기 공원〉이 미국 폭격기가 아프가니스탄을 공습하든 말든 연속으로 성황을 다루고 있었다. 그들은 반미 시위를 할지는 몰라도 미국의 영화를 거부하지는 않는다. 그래서 첼시아가 웃음을 되찾는다.

★
사람들은 왜 부시의 미국을 위험하다고 하는가

★ ★ ★ ★

얀 외베르크(Yan Øeberg)
스웨덴 소재 '평화와 미래를 위한 초국가 재단' 이사장. 덴마크 출신의 사회학 박사.

부시의 연두교서는 어투가 대단히 화려했다. 그는 자기 확신에 가득 차 있었으며, 비전을 갖고 있었다. 그는 미국인의 영혼을 어루만졌다. 연두교서가 끝나자 상·하원 의원들은 열광적으로 기립박수를 보냈다.

나도 그의 연설을 주의깊게 들었고 연설문을 다시 읽어보았으며, 그것들이 무엇을 뜻하는지를 분석해보았다. 그런데 나는 왜 그의 연설이 호전적이며 남에 대한 존중이 전혀 없고, 이 세계에 해로운 것으로 받아들여질까?

우리는 결코 반미주의자들이 아니다. 그런데도 우리들 중 상당수가 보고 듣는 것과 사실이 일치하지 않는 데에 당황하고 있다. 지금 우리는 이 사실을 두고 미국인들과 대화를 해야 할 의무를 지고 있다고 생각한다.

나는 미국에 대한 감탄사와 함께 성장했다. 내 아버지 세대들 또한 미국이 어떤 식으로 유럽을 도와주었는가를 말했으며, 마셜 플랜과 미국 사회의 다이너미즘, 미국의 예술과 문학, 음악 그리고 경제 기적에 대한 이야기를 했다.

1950년대에서 60년대 사이의 미국은 분명히 수많은 사람들이 경탄을 보낸 나라였다. 그때의 미국은 휴머니티와 사회에 대한 비전을 갖고 있었다. 미국은 우리들의 이상이었다.

그런데 2002년 부시의 연설은 내 안에 두려움을 심어주었다. 그의 연설은 나를 혼란스럽게 했으며, 세계를 위해 어느 하나 좋은 것을 찾아볼 수 없게끔 만들었다. 지금 미국은 다른 나라들과 동등한 파트너이기를 거부하고, 오로지 지배하려고만 하고 있다.

자기 만족에 끝이 없는 부시

부시의 연설에는 휴머니티는 물론이고 자기 비판과 남에 대한 존중이 없다. 부시는 자신의 나라만 찬양하고 미국이 지금 이상으로 강력했던 때가 없었다고 말했다.

"전쟁에서는 항상 이기고 있으며, 미국 국기가 휘날리고 미국의 힘, 미국의 뜻은 언제나 정당하다."라는 식이다. 미국인들은 자유와 인간의 존엄성을 위해 일어서며 그러한 미국인 곁에 신이 함께 한다고 했다.

한 마디로 미국은 선이며 따라서 선한 일만을 행한다는 것이다. 그러나 세계의 여러 수많은 국가들을 보아온 우리들은 어느 나라든 긍정적인 측면과 함께 부정적인 측면을 갖고 있음을 안다. 그런데 미국인들은 그들 사회에 문제가 있는 걸 알지 못한다. 가정 폭력이 그런 것이고, 매일 9·11테러 희생자보다 훨씬 더 많은 사람들이 살해당하고 있는 것이 그런 것이다.

세계의 어느 나라 지도자든 자기 나라에 대해 부시처럼 말하는 사람은 없다. 우리는 뽐내고 싶은 것이 있더라도 일정한 한계는 지켜야 한다는 것을 들으며 자랐는데, 부시는 우리와 전혀 딴판이다. 자기 만족에 끝이 없는 것 같다.

부시와 그의 곁에 있는 정책 결정자들, 부시의 연설문을 쓴 사람들이 자기들만의 세계에서 살면서 세계와 자기 나라에 대해 혹시 잘못된 생각을 하고 있지 않은가 의심하지 않을 수 없다.

그렇지 않다면 어떻게 미국이 하는 말을 세계가 어린아이들처럼 그대로 믿을 것이라고 생각할 수 있단 말인가. 부시의 연설에는 세계의 다른 지도자들과 우방국들에 대한 한 마디 감사의 말도 없었다. 연두교서라고 하면서도 그는 나토와 유럽연합(EU), 경제협력개발기구(OECD), 유엔에 대해서도 아무런 언급도 하지 않았다.

그는 또 인권과 국제법에 대해서도 아무 말도 하지 않았으며, 세계의 빈곤과 에이즈 환자, 건강과 보건 문제에 대해서도 말하지 않았다. '인간의 기초적인 욕구' '지구 환경문제' '글로벌 개발'과 같은 단어 또한 어디론가 사라졌다.

우리는 또 9·11 사태와 같은 미스터리가 두 번 다시 반복되지 않도록 노력하겠다는 말도 듣지 못했다. 미국사회와 정치제도를 개혁하겠다는 말도 없었다. 그리고 경제력이 다국적 기업으로 집중되고 있다거나 군·산 복합체가 어떻다는 말도 빠져 있었다. 한 마디로 민주주의라는 말이 실종된 것이었다.

그 다음으로 부시는 미국의 이익과 세계의 이익을 끊임없이 혼동하고 있다. 미국의 가치를 인류 보편의 가치로 믿으며, 세계 모든 나라가 이를 받아들여야 할 것이라고 주장했다. 부시 대통령의 연설문에서 제국주의적이고도 선교사적인 측면이 가장 강하게 부각되는 것도 이 때문이다.

그리고 그는 '자유 군단' 창설을 발표했는데, '자유 군단'이 전세계를 누빌 것이라고 밝혔다. 이슬람 세계의 교육과 개발, 기회의 확대를 촉진할 것이라고 그는 말하고 있다.

그는 또 미국식 정의의 개념을 세계 모든 곳에 적용하려고 했다. "미국의 모든 적들에게 우리 군대가 우리의 메시지를 분명하게 전달할 것이다. 산 위에 있든 동굴 속에 있든 대륙과 바다를 건너도 미국의 정의에서 벗어날 자는 아무도 없다."라는 것이다.

미국이 적이라고 보는 자는 바로 정의의 칼날을 맞아야 할 자가 된다. 미국식의 정의가 국제법과 다른 나라의 국내법을 능가하는 것이다. 세계를 위협하는 것이 곧 미국을 위협하는 것이고, 미국에 나쁜 것은 곧 세계에 나쁜 것이라는 말이다. 워싱턴의 지도에 따라서 미국은 위협을 받는 모든 나라들을 지킬 의무와 특권을 갖고 있다고 했다.

무엇이 위협이며 위협의 무거움과 가벼움을 정하고 어떤 수단을 동원할 것인지를 결정하는 자도 미국이고, 어떤 대가를 치르더라도 미국은 자신과 세계를 지킨다는 것이다.

그리고 부시와 생각을 항상 같이하지 않는 자에 대해서는 "당신들이 하지 않으면 미국이 한다."라는 말을 하고 있다. 이것은 분명히 일종의 경고인데, 기습으로부터 미국과 미국의 우방을 지키기 위해 필요한 것이 있다면 그것이 무엇이든 미국은 할 것임을 모든 나라들이 알아야 한다는 것이다. 말하자면 세계는 협의의 대상이 아니라 사후 통보만을 받을 따름이다.

미국이 결코 잘못을 저지르지 않는 근본적으로 좋은 나라라는 맥락이 아니면 이를 이해할 수 없다. 따라서 미국은 무엇이 남에게 좋은 것인가를 다 안다. 다 알고 있기 때문에 그것에 대해 남들과 의논할 필요가 없다는 것이다.

세계는 절대 선과 절대 악만 존재한다?

그의 연설에 등장하는 부시의 세계는 단순하다. 미개에 가까운 세계인 것이다. 이곳에는 서부 영화처럼 선한 사람과 악한 사람만이 있는데, 누가 선하고 악한가를 판단하는 것은 미국이다. 부시는 수천 명의 테러리스트들을 체포하고 죽인 것을 자랑한다. 그리고 레이건이 '악의 제국'에 대해 말하던 것과 같은 방식으로 '악의 축'에 대해 말한다.

절대적인 '악'과 절대적인 '선'의 흑과 백만이 그의 세계에 존재한다. 내 편과 네 편만이 있으며, 테러리즘이 이제는 코뮤니즘을 대신하고 있다. 냉전의 언어들이 되돌아오고 있는 것이다. 복잡하기 짝이 없는 현실 세계를 그는 이 같은 공식으로 단순화하고 있다.

이 같은 세계관이 미국 국내용이라면 미국 사람들이 너무나 스마트하고 교육을 잘 받아서 이렇게 미숙한 말들까지 알아듣는구나 하고 생각할지 모른다. 그러나 이것이 세계 유일의 초강대국 지도자의 진짜 생각이라면 문제는 심각하다. 정말 선의를 가진 전문가들의 도움이 필요하다. 미국의 외교정책들을 결정하는 것이 술집에서 나누는 잡담과 같을 수는 없는 것이다.

미국은 예외이며, 선택받은 자이며, 따라서 곧 선이다

미국은 다른 모든 나라의 위에 서 있으며, 심판을 하고 세계를 구원하는 존재라는 예외자의 이미지를 부시는 보이고 있다. 미국은 국제사회의 일원도 아니며 파트너도 아니다.

나는 크로아티아와 세르비아, 소말리아와 일본 등 민족주의 감정이 강한 여러 나라에서 일한 적이 있다. 그러나 지난 4개월 사이에 미국이 보이고 있는 민족주의 감정에 비하면 이들 나라의 민족주의는 아무것도 아니다.

위기에서 함께 일어서서 그들 자신의 나라를 사랑하는 것은 좋은 일이다. 아마 그런 의미의 민족주의를 사람들은 '애국주의(Patriotism)'라고 부를 것이다. 애국주의는 쇼비니즘과 다르다.

"미국은 정당하고 곧 진리다. 그래서 앞장 서서 세계 모든 사람들을 위해 자유와 정의를 수호한다."라고 그들은 말한다.

그러나 이 말은 공허한 것이거나 아니면 위험한 것이다. 자유와 정의가 다른 방식으로도 해석되고 실천에 옮겨질 수 있다는 것을 그들은 무시하고 있을 뿐더러, 다른 사람이 그렇게 하는 권리마저 인정하지 않고 있기 때문이다.

그런데 부시는 자기가 생각해도 너무 멀리 나갔다고 여겼는지 "우리는 우리 문화를 강요할 생각은 없다."라고 말한다. 그러면서도 또 미국은 항상 굳건하게 서 있을 것이라고 했다.

미국이 선택받은 나라라는 생각은 두 가지 근거에서 나오고 있다. 역사적인 근거와 성경적인 근거가 그것인데, "신이 우리 곁에 있으며, 미국으로 하여금 행동을 하게끔 소명을 주었다."라는 것이다. 부시가 보는 미국은 성경 속의 미국이다.

역사와 신에게서 택함을 받은 백성, 선한 일을 행하게끔 택함을 받은 나라라는 것이다. 그러나 이것은 다른 종교의 근본주의와 싸움을 하는 기독교 근본주의에 지나지 않는다.

미국의 군사주의가 세계 민주주의의 종말을 불러올지 모른다

압도적인 미국의 군사력과 기술의 힘에 자부심을 느끼며, 지금 미국은 폭력의 길로 기울고 있다. 부시 대통령은 세계를 향해 지금 미국이 전쟁에 쏟아붓고 있는 돈이 하루에만도 3천만 달러나 된다고 자랑스럽게 말하고 있다.

그리고 이것은 시작에 불과하고 훨씬 더 많은 돈이 필요하다고 한다. 지금 미국의 국방예산은 전세계 군사 지출비의 거의 50%에 육박하는 4천억 달러에 달하고 있다. 이것은 미국이 적으로 규정하고 있는 세계 모든 나라들의 군사비를 합한 것보다 10배나 많은 것이고, 미국의 군사기술 시설은 20배나 크다. 그런데도 왜 미국이 위협의 강박관념에 시달리고 있는 것일까. 병적인 반응일까.

역사상 지금의 미국만큼 강력했던 나라가 없다. 미국의 세계 지배는 하나의 가능성이며, 이 가능성은 분명히 민주주의와 부딪치는 것이다. 어느 한 사람이 남에게 자신의 정책을 받아쓰게 하는 것은 전체주의에 가깝다.

이 말은 미국만이 아니라 간디든 만델라든 테레사 수녀든 어느 한 사람, 어느 한 가지 이념, 어느 한 가지 정책이 절대적인 힘을 가져서는 안 된다는 것을 의미한다.

왜 부시의 미국을 위험하다고 하나

타인 배제, 자존 망대, 자기 자신의 가치를 세계 전체에 적용하려고 하는 것, 복잡한 현실 세계를 단순화하는 것, 미국을 예외의 존재로 생각하는 것, 자기 환상, 신에게 선택받았다는 믿음. 이 모든 것들이 미국의 경제력 및 기술의 힘과 함께 작용할 때, 전세계적인 장기 전쟁 위험이 있다고 본다. 그리고 이 전쟁은 미국 자신을 포함해서 모든 사람들에게 큰 해를 끼칠 것이다.

미국의 지도력이 세계와 함께 있으려고 하지 않고, 세계 위에 서려고 하거나 미국과 세계의 최선의 이익과 반대되는 방향으로 나아갈 때, 또 한 차례의 세계 전쟁과 극단적인 혼돈이 현실이 되어 우리 앞에 전개될 것이다.

따라서 지금은 고통스럽더라도 미국에 감탄했던 사람들, 미국의 우방국들이 그들의 우려를 분명한 목소리로 나타내야 할 때이다. 지금 우리가 미국을 축복이 아니라 위험하다고 보는 데에는 그만한 이유가 있다는 것을, 어떻게 미국 사람들에게 이해를 시켜야 할까.

★

엔론사 스캔들이 드러낸 미국의 부패 시스템

★ ★ ★ ★

윌리엄 그레더(William Greider)

미국의 저명한 정치 기자. 프린스턴대학을 졸업한 뒤 〈워싱턴 포스트〉 편집부국장, 〈롤링 스톤〉 편집장 등 신문 방송에서 35년 동안 일했다. 〈워싱턴 포스트〉 시절, 레이건 정부의 예산국장 데이비드 스톡크만이 어떤 식으로 레어거노믹스에 실망하게 되는가를 추적한 기사를 써서 큰 반향을 일으켰다. 1985년 PBS 특파원 때 제작한 다큐멘터리 〈베이루트에 돌아와서(Return to Beirut)〉로 에미상을 받았다. 지금은 미국 진보적인 주간신문 〈내이션〉의 칼럼니스트로 활동하고 있다.

엔론사의 붕괴는 정치인들과 연계된 금융 스캔들이지만 더 심각한 것은 시장경제 원칙의 붕괴라고 할 수 있다. 은행은 물론 회계법인, 심지어는 워싱턴의 정치권에서도 지원을 받았던 엔론사는 부도덕하고 왜곡된 경영의 장이었던 것으로 드러났다.

그러나 이러한 일들은 최근의 월가가 상승기류를 타는 동안 흔히 반복적으로 발생해온 불법행위였기에 놀랄 만한 일이 아니다. 다만 이번 경우에는 규모가 더 컸다는 의미에서 무시될 수 없을 뿐이며, 워싱턴의 잘 나가는 한 변호사가 말했듯이 "엔론사 같은 회사가 한 둘이 아닌 상태"라는 데 문제가 있다.

구조적이고 조직적인 미국 금융시스템의 부패는 커다란 규모의 허위와 눈속임 그리고 절도 행각으로서 매우 복잡하기에 인간이 저지른 범죄와는 구별해야 할 정도로 어느 누구도 관련이 없는 것처럼 보인다. 엔론사 사건의 전모는 경찰의 추적 조사로 드러날 것이지만, 사실 사건의 핵심은 금전 매수 행각보다 더 깊은 수면에 잠겨있다.

정부 규제 철폐를 주장하는 자유방임주의 이념은 시장의 힘이 게임의 법칙을 어기는 자들을 징계하고 처벌하는 데 더욱 효과적이라는 것을 근본적인 전제로 삼아왔다.

더 높은 능률과 혁신을 위해 정부는 뒤로 물러나야 했으며, 사실상 정부는 그렇게 해왔다. '투명성'이 높아졌고 투자가들은 증권, 은행, '독립된' 회사 중역과 외부 회계감사, 그리고 증권거래위원회와 같은 여러 감독 기관들이 정기적으로 발표하는 공정한 정보에 의존하도록 훈련받아왔다.

그러나 엔론사 사건은 이러한 모든 안전장치들을 웃음거리로 만들어버렸다. 부패는 단순히 탐욕과 무지에서만 비롯되는 게 아니다. 새로운 재정·금융 방식은 워싱턴의 묵인 아래 어떤 회사들은 규제와 감독을 받으나 다른 회사들은 그렇지 않은, 아주 이상한 구조적 악몽을 만들어냈으며, 아첨을 통해 돈을 빌리고 꿔주는 거래를 가능하게 했다.

그 결과로 투자자에 대해 신용 의무를 지고 있는 은행과 금융회사들의 성실성에 심각한 잡음이 생겨났다. 은행과 중개업자들은 때로는 소비자, 예금자 또는 투자가들에게 진실을 말하지 않음으로써, 고객들에게 상처를 입힐 뿐만 아니라 때로는 그들 자신들도 서로 진실을 숨기는데, 그들 또한 위험 부담을 안고 자신의 자본금을 투자하고 있기 때문이다. 이러저러한 기형적 행태가 하룻밤에 사라질 수는 없으나, 엔론사의 사례를 통해 근본적인 개혁을 이끌어내야 할 것이다.

엔론의 내부자들이 그들 몫으로 10억 달러를 교묘하게 챙기는 동안, 1만2천 명의 직원들은 40만 1천 달러의 연금 저축을 잃게 되었는데, 이들만이 손해를 본 것은 아니다. 사실상 엔론의 소유자인 미국 전역에 퍼져 있는 노동자들이 또한 손해를 보았다.

대표이사가 갑자기 사임을 하고 주가가 급락한 6월 30일 당시, 엔론의 7백44억의 주식 중 64%는 기관 투자가들의 소유가 되었는데, 그것은 연금기금뿐만 아니라 개인 계좌를 가지고 있는 가정의 투자신탁(mutual fund)으로 이루어진 것이었다.

작년 중반기에 이 회사의 자산 가치는 3백65억 달러였으나 6개월이 채 안 되어 70억 달러로 떨어졌다. 주가는 바닥으로 떨어졌고 연금기금 혜택을 받는 평범한 미국인들은 2백50억 내지는 5백억 달러를 손해보았다.

실로 충격적이지만 새로운 현상은 아니다. 엔론과 마찬가지로 시장에서 자산 가치가 제너럴 모터스보다 높다고 여겼던 글로벌 크로싱사는 주가가 60달러에서 몇 페니로 떨어졌는데, 대표이사인 게리 위닉은 6억 달러를 챙겼지만, 다른 내부자들은 다른 주식 보유자들과 함께 나쁜 소식을 미리 전해듣지 못했다.

글로벌 크로싱사가 매입한 여러 전화회사에서 일하는 노동자들은 그들의 은퇴를 위해 회사의 주식을 받도록 강요당해왔다. 룩센트사 또한 주가가 고용자들과 주주들에게 비슷한 결과를 가져왔는데, 반면 경영진들은 1천2백만 달러의 주식을 망하는 회사에 팔아넘겼다(룩센트사가 바닥으로 떨어진 뒤 대표이사인 리처드 맥긴은 1천1백30만 달러의 사직 수당을 받고 회사를 나갔다).

엔론 소동은 스스로 예금을 했거나 은퇴에 대비해 임금을 연금으로 받은 평범한 미국인들을 정기적으로 강탈한 행위와 다르지 않다. 중요 연금기금을 횡령하면 소송에 걸릴 수 있지만, 이것은 미약한 형식의 징벌에 지나지 않는다.

미국 노동부 관리들은 몇 년 동안 연금기금 보호의 취약점에 대해 정기적으로 하원에 수정안을 냈지만 양당에 의해 무시되었다. 금융권에서도 이러한 절도행각은 사실상 범죄로 취급받지 않는데, 피의자는 죄를 인정하지 않고 다시는 그러지 않겠다고 약속하면서 벌금으로 해결한다.

문제를 해결하기 위한 최선의 개혁은 노조에 가입하였든 아니든 간에 고용자들 스스로 그들의 연금기금과 함께, 40만 1천 달러 플랜을 감시토록 목소리와 권한을 부여하는 법률을 제정하는 것이다.

엔론의 경우, 해고당하지 않은 고용자들은 엔론이 소유한 자회사에서 일하는 판금 노동자들인데, 이들 회사의 지역 노조들은 연금기금을 따로 분리하여 운영할 것을 주장해왔다. 약 4천억 달러에 이르는 노동자 중심의 운영기금은 미래의 수혜자들을 회사의 하한선을 유지하기 위해 희생하게 하는 기업 통제기금에 의해 성장을 방해받는다.

하지만 노조측과 경영자측이 함께 감시하는 연금기금은 비록 적은 수의 스캔들이 있었지만 더 나은 평균 이득과 적용범위를 넓게 제공해준다. 자기네들의 돈을 위험 부담이 있는 곳에 맡기는 사람들을 연금위원회에 포함시킨다면 책임 있는 행동을 하게 하는 강력한 힘이 될 것이다.

끝없는 행진

한편 '독립' 회계감사가 임무를 충실히 했다면 집단 범죄는 일어나지 않았을지도 모른다. 의회에서 금융권의 주도적 보호자격인 필 상원의 부인인 웬디 그램은 엔론의 '독립된' 이사이기에 고용자들과 외부 주주들을 대변하도록 되어 있었다.

그러나 그녀 또한 대신 자신의 지분을 파는 데 급급했다. 몇몇 예외인 경우를 제외하고는 대부분의 회사 중역회의에서 '독립' 이사들은 유명한 사기꾼들로 대표이사에게 충성하고자 하는 자들 중에서 대표이사가 선택하는데, 이들은 경영 수당 결정위원회에서 대표이사에게 지급하는 금액을 인준함으로써 자신들을 선택해준 그에게 보답한다.

대표적으로 월트디즈니사의 마이클 아이스너를 들 수 있는데, 그는 대표이사로서 아이들이 다니는 초등학교의 교장과 영화배우 시드니 포이티에, 자기 집 설계자 그리고 이 회사에서 1백만 달러를 기금으로 받은 한 대학의 총장을 회사의 중역회의에 포함시켰다. 기업 경영에 비판적인 로버트 A. G. 몽크스와 넬 민나우는 "누가 감시자를 감시하는가?"라고 그들의 책에서 묻고 있다.

아서 앤더슨이 생생하게 보여준 것처럼 '독립' 회계감사 또한 믿을 수가 없다. 전에는 대량의 서류 파기는 없었지만 앤더슨의 행위는 전세계에 걸쳐 상거래와 금융 회계감사를 독점하고 있는 빅 파이브(Big Five) 회계 법인 사이에서 실제로 벌어지고 있는 전형적인 일이다.

관례에 따른 회계감사의 타락, 즉 이익의 실재와 허구를 결정하는 데 필요한 난해한 회계상의 속임수를 기업이 지원하는 중역회의가 설정해준다는 사실은 부분적으로는 빅 파이브사들이 갖는 경영 상담과 회계감사라는 두 가지 노릇 때문에 비롯되었다.

회사로 하여금 사업 전략을 설정하도록 도와주며 경영진의 장부를 검사하는 이 갈등적인 이해관계는 오래 전부터 금지했어야 했다. 그러나 사건이 무르익은 지금은 더 급진적인 해결책이 필요한데 이는 산업체 부담 보험료로 비용을 지불하고, 정부가 고용한 공적인 회계감사제도를 만들어내는 것으로, 이는 물론 사기업과 정치권에서 완전히 독립해야 할 것이다.

사실 이것은 그리 급진적인 방책은 아니다. 이미 정부가 비슷한 조사와 감독을 시중은행들에 실시해왔기 때문이다. 지난 20년 동안 금융 분야는 대출을 주도하는 구실을 상실해왔기 때문에 똑같은 공적 회계감사와 감독 보호는 시중은행을 대신하고 있으면서도 규제를 받지 않는 금융시장과 기금까지 책임지도록 확대해야 한다.

엔론사는 거대한 금고와 같았지만 규제를 받지 않았다. 이러한 상황은 엔론에 의해 매각됨으로써 캘리포니아의 오렌지카운티에 충격적인 붕괴를 가져온 외국의 금융 자회사들도 마찬가지였다. 정부 또한 책임이 없지 않은데, 이는 적절하게 대처하지 못하고 휘청거렸고, 합법적 탈 규제를 들먹이며 책임을 지려 하지 않았기 때문이다.

문제의 핵심은 워싱턴이 아니라 뉴욕

그러나 문제의 핵심은 워싱턴이 아니라 뉴욕에 있다고 본다. 월가의 중요 회사들은 자신들의 고객과 이중 게임을 하고 있는데, 자신의 개인 사무실에서 회사들과 투기 거래를 하는 한편, 그들의 주식 분석가들은 같은 회사의 주식에 열기가 일도록 적극 나서고 있다. 갑작스럽게 12억 달러의 주식이 폐기되었던 상황에서조차 엔론의 주식을 "사라"고 조언하는 골드만 삭스사를 생각해보라.

최근 몇 년 동안 엔론사를 보증함으로써 골드만은 6천9백만 달러의 수입을 올렸다. 이는 엔론사가 월가의 법률회사들에게 지급한 3억2천3백만 달러 중에서 가장 많은 수익을 올린 것이다. 유명한 메릴 린치와 같이 나스닥 고객들에게 조언을 해준 대가로 5백만 달러의 연 수입을 올린 신생회사인 헨리 블로젯을 생각해보라.

더 커다란, 그리고 훨씬 더 위험한 이해의 상충은 정부가 보증하는 시중은행과 투자은행 간의 합작이다. 왜냐하면 이 둘의 밀약은 투자가들을 달아오르게 할 뿐만 아니라, 금융시스템과 전 경제를 흔들 수 있는 잠재력을 갖기 때문이다. 만약 새롭게 형성된 과대 자본의 대형 은행들에게 문제가 생기면, 권력을 쥐고 있는 그들의 친구들이 '망하기에는 너무 크다'고 생각되는 회사들을 보호하고자 정부의 긴급 융자를 주선해줄지도 모른다.

우리는 은행시스템이 얼마나 손상되었는지 아직 모르지만, 그것의 손실은 새롭게 드러날 때마다 늘어날 것처럼 보인다. JP 모건 체이스와 시티그룹은 엔론사에 수십 억 달러를 제공하는 한편, 전세계에서 벌어지는 거대한 투자 거래를 뒤에서 조정하고 있다.

민주주의의 교활한 붕괴

이러한 사실들은 현재 시티그룹에 있는 전 재무장관 로버트 루빈이 왜 재무부의 옛 동료에게 전화를 해서 연방정부의 개입을 제안했는가를 이해하는 데 도움이 될 것이다. 루빈의 은행은 은행 소유의 융자 증권에서 손실이 증가하고 있다.

엔론을 망하지 않게 하려고 루빈은 재무성이 신용평가 회사들에게 압력을 넣어주기를 요구했던 것이다. 비록 자신은 고매한 공공 봉사자의 태도를 취하지만, 루빈은 자기 몸을 지키려고 노력했던 것이다.

사실 그가 전화를 한 재무부의 직원은 1998년으로 거슬러 올라가면 뉴욕연방 준비제도의 직원이었을 때, 시티그룹과 메릴 그리고 다른 중요 금융회사들이 지원했던 망해가던 투자신탁인 장기자본관리를 보호하는 긴급 융자를 이끌어낸 장본인이다. 문제가 생긴 '커다란 아이들을 위한 신사다운 근심'은 워싱턴과 월가를 연결했고, 양당에 다리를 걸치게 했다.

이 자유방임주의의 신세계에서 일이 제대로 이루어지지 않을 때, 정부 자체가 불운한 투자가들과 함께 위험에 노출된다. 이것은 대규모 은행 내부의 '방화벽'에 의해 금지된 것으로 알려졌지만 한 은행가가 심각한 문제에 봉착했을 때 그는 주의의 방화벽으로 빠져들어가는 데 필요한 '창조적인 계산(creative accounting)'의 유혹을 받게 될지도 모른다.

이 시대의 오류가 지금 도마 위에 놓여 있는데, 모두가 볼 수 있지만 어리석은 자들은 정치적 혼란을 동반한 급속한 도전을 좋아하지 않는 듯 싶다.

엔론사에 의해 노출된 또 다른 명백한 추함은 정치 자금에 의한 민주주의의 교활한 붕괴다. 주기적으로 정치인과 연방 감시요원 및 법을 매수하는 사람은 아무도 감옥으로 보내지지 않는데, 이는 그것이 모두 합법적인 것처럼 보이기 때문이다.

우리는 실제적인 금융 개혁 캠페인을 위한 새로운 방안을 가지고 있다. 시장경제 이념은 돈으로 사기에 가장 적합한 정부를 만들어 냈다. 민주주의가 판매되는 한, 강탈은 끝나지 않을 듯 싶다.

★
미국 경제가 위기의 강을 건너고 있다

★ ★ ★ ★

로르 벨르(Rore Belle)
프랑스 〈르몽드〉 기자.

　미국 경제가 20세기 말의 황홀했던 인터넷 붐이 일으킨 투기의 거품이 꺼지면서 위기의 강을 건너고 있다. 이 증시 위기는 엔론(Enron)과 월드콤(Worldcom), 타이코(Tyco), 글로벌 크로싱(Global Crossing) 등 거대 기업들의 회계 부정과 사기행각이 몰고 온 자본주의 가치 자체에 대한 신뢰 위기와 겹쳐 한층 더 심각해지고 있다.
　일대 지진이 일어나고 있다고 할 수밖에 없다. 그리고 겹으로 몰려오는 이 지진은 자본주의 체제 아래에서 생기고 있는 지층 균열이 얼마만큼 심각한 것이며, 따라서 지금 자본주의가 어느 정도의 개혁을 요구하고 있는지를 보여주기 시작했다.
　지금 자본주의 체제에 지진이 일어나고 있는 곳은 미국이라고 하지만, 유럽과 아시아 또한 여기에서 벗어날 수 없다. 특히 정경유착의 그물망이 거대 기업들을 지배하고 있는 곳들이 더욱 그러할 것이다.

"위조와 사기가 자본주의를 파괴하고 있다."

앨런 그린스펀 미국연방은행 총재가 한 말이다. 엔론과 월드콤, 타이코 등 꼬리를 물고 있는 미국 기업의 부정이 미국 자본주의 체제의 허약함을 그대로 드러내고 있고, 전세계 금융시장이 여기에 휘말려들고 있다. 그런데 근본 문제는 이 위기 속에 위기 해결의 밑그림이 스스로 그려지고 있다는 것이다.

어떻게 기업 행정을 개선할 수 있나

구성원이 10명에서 20명 내외인 이사회는 이론적으로 첫번째 견제장치다. 회장에게 조언을 하는 한편, 그의 독단을 견제해서 옆 길로 빠지는 것을 막는 것이 이사회다.

그러나 실제는 이와 다르다. 이사회는 대부분 기업 간부들로 구성되어 있고, 따라서 이사회라는 것 역시 회장의 말을 받아적는 곳에 지나지 않다.

이사회에서 문제가 되는 것은 정보와 시간 부족이지, 동료의식의 부족이 아닌 것이다. 그래서 잇단 기업 부정의 스캔들 속에서 부시 미국 대통령도 실질적으로 회장에게서 독립되어 있는 사람들로 이사회를 구성할 것을 거듭 요구하고 있다.

전지구적인 회계 규범은 언제?

기업들은 기업 회계에 대해 동일한 언어로 말하지 않는다. 유럽의 경우, 지금부터 2005년 사이에 국제회계기준(IAS, International Accounting Standard)을 공동의 회계 언어로 채택할 예정이다. 그런데 미국은 그들의 일반회계원칙(GAAP, Generally Accepted Accounting Principles)에 근거를 두고 있다.

이 같은 차이 때문에 일이 엄청나게 복잡해지고 있다. 여기서는 이런 방식이, 저기서는 저런 방식을 채택하는 결과, 기업 그룹들의 수지 결산이 부풀려지기도 하고 줄어들기도 한다. 금융가들의 '창발성'을 활짝 꽃피게 하는 것도, 회계의 투명성을 방해하는 것도 회계방식이 이처럼 복잡한 데서 비롯된다.

기업회계 시스템을 건강하게 하기 위해서는 이 두 가지 회계규범을 통합하는 것이 절대적으로 필요하다. 프리츠 볼케스타인 유럽연합(EU) 위원이 지난 7월 11일 IAS의 조속 적용을 거듭 요구하고 나선 것도 이 때문이다.

〈매켄지〉의 최근 여론조사에 따르면 전세계 기업체 장들의 90%가 단일 회계 규범에 찬성표를 던지고 있다. 그런데 유럽 기업체 장 10명 중 8명이 IAS를, 미국 기업체 장 10명 중 8명은 GAAP를 세계 공동 규범으로 삼기를 고집하고 있다. 유럽과 미국 간의 대결 의식이 문제인 것이다.

스톡 옵션의 작용 결과를 어떻게 다스릴 것인가?

1990년대 말 스톡 옵션에 따른 수입이 미국 사장들 보수의 80%를 차지했다. 바로 이점이 갖가지 비정상적인 상태를 불러일으켰다. 어떤 경영자들은 회사의 장기전략에 상관없이 단기 이익 확보에 급급했다.

뿐만 아니라 위장된 형태의 보수체계로서 스톡 옵션은 기업비용으로 잡히지를 않는다. 그래서 IAS 규범을 설계하고 있는 사람들은 스톡 옵션을 회계에 포함시키는 것을 강제 조항으로 둘 작정이다. 그런데 미국에는 양론이 있어, 부시 대통령과 그의 정부는 분명히 여기에 반대를 하고 있는 반면, 코카콜라와 같은 몇몇 거대 기업 그룹들은 그렇게 하기로 결정했다.

계속 분석가들의 말에 귀를 기울여야 하나

기업 부정 스캔들과 함께 금융분석가들이 명성을 잃고 있다. 엔론사 도산 몇 주 전에 몇몇 분석가들은 에너지 관련 주의 매입을 권고했던 것이다. 그들이 기업의 금융정책과 일정한 거리를 유지하는 데에 실패했다는 비난을 받고 있다.

뿐만 아니라 금융계의 일부 분석가들은 이해 분쟁의 한가운데에 서 있다. 자기들을 고용한 은행 고객들에게 그들은 감히 부정적인 의견을 피력하지 못했던 것이다. 그 결과 지금 미국에서는 10명 이상의 시장 전문가들과 은행들이 증권거래위원회(SEC)와 뉴욕 주정부의 조사를 받고 있다.

그 중에서 메릴 린치는 1억 달러의 벌금형을 선고받은 한편, 금융관계 분석가들의 보수 체계를 건전하게 해야 한다는 판결을 받았다. 프랑스의 경우도 2002년 초부터 분석가들에 대한 근무 규정을 대폭 강화했다.

증시가 너무 단기 이익에 치우쳐 있지 않은가

기업의 시간과 증시의 시간은 일치하는 것인가 아닌가? 일부 경영자들은 여기에 당연히 의문을 갖고 있고, 따라서 시장의 성숙이나 기업의 성장 전망과 관계 없이 일방적으로 가해지는 증시가 주는 시간상의 강한 압력에 반발하고 있다.

그래서 15%를 적정선으로 삼고 있는 투자 회수비율에 대해 지금은 대부분의 사람들이 이 방정식은 더 이상 효력이 없다고 말하고 있다. AGF의 사장도 "모든 투자자들이 이 비율을 받아들이고 있는 것은 아니다."라고 말한다.

회계감사를 신뢰할 수 있나

엔론사에 대한 빗발치는 비난 속에서 회계법인 앤더슨이 사라진 것은 회계사들의 세계에 폭탄이 터진 것과 같았다. 미국 연금기금을 위해 투자관리를 해온 베싱 레이팅사는 7월 10일자 최종 보고에서 미국 회사의 94%가 재정 상태가 건전하다고 선언하고 있다.

지금도 이 보고를 믿을 수 있을까? 지난 6개월 사이 파산을 한 1백 개 기업체 중 42개가 미국의 유명 회계법인 베싱 레이팅사에 의해 2001년 말 현재 건전 재정 회사로 분류되었고, 22개 사만이 부정확한 회계를 하고 있었음이 드러났다.

회계법인들이 정말로 일정한 거리를 두고 고객들의 회계장부를 감사하고 있는가? 프랑스의 경우, 더 큰 독립성과 투명성을 위해 동일 회계장부를 두 개의 회계법인이 감사하도록 하고 있다. 벨기에와 독일, 이탈리아, 아일랜드도 이 제도에 관심을 보이고 있다.

국제회계사연맹(IFAC)도 7월 10일 금융시장의 신뢰 회복을 위한 실무 작업반을 곧 구성할 것이라고 발표했다.

신용평가 회사를 지나치게 중시해온 것은 아닌가

그 동안 신용평가 회사들이 무대의 전면을 차지해온 것은 사실이다. 기업체들에게 매기는 그들의 점수가 그대로 투자자와 금융분석가들의 길잡이가 되어왔다.

"우리는 기업의 미래를 예언할 수 없다. 단지 지불 능력을 판단할 따름이다. 시스템이 불완전한데 우리라고 해서 완전할 수는 없다."라는 것이 스탠더드 앤드 푸어스사가 한 말이다.

그런데 문제는 그들이 평가하는 기업들의 돈으로 살고 있을 뿐더러 기업체가 그들에게 건네 주는 자료에 의지해서 평가를 한다는 점이다. 자료의 질이 좋지 못하면 평가의 질 또한 좋은 것이 될 수가 없는 것이다.

"조직적인 부정행위를 알아채는 것은 정말로 어려운 일이다. 회사가 우리에게 제공하는 숫자들을 믿을 수밖에 없지 않은가" 스탠다드 앤드 푸어사의 유럽 담당자 프랑수아 베르베르카의 말이다.

1990년대에는 신용평가 회사들이 공개된 정보를 기초로 기업체들의 동의를 기다리지 않고 진짜로 '야만적'인 신용평가를 했다.

꼬리를 무는 금융 스캔들

엔론(Enron):에너지 중계사. 2백20억 달러의 부채를 감춘 것이 드러남으로써 2001년 12월 파산했다.

타이코(Tyco):회계 처리를 하지 않은 채 7백 개 회사를 사들이는 데에 80억 달러를 지출했음이 지난 2월 밝혀졌다.

월드콤(Worldcom): 텔레커뮤니케이션 업계의 거인. 2001년과 2002년 1/4분기 사이에 경상비 38억 달러를 투자 비용으로 변칙 처리했음이 6월 말 드러났다.

제록스(Xerox): 1997년에서 2001년 사이, 납세 이전 회사 수익을 14억 달러나 부풀렸다고 6월 말에 자백했다.

아델피아(Adelphia): 경영 상태가 어려운 미국의 케이블 오퍼레이터(Cable Operator). 주요 주주에게 23억 달러의 차입금을 제공했음을 지난 3월 인정했다.

그 밖에도 지금 미국에서는 텔레커뮤니케이션 그룹 글로벌 크로싱과 퀘스트, 제약 그룹 머크와 브리스틀 마이어스에 대해 회계와 숫자 조작 혐의로 조사를 하고 있고, 프랑스에서는 미디어 그룹 비방디(Vivendi Universal)의 '금융정보'에 대해 조사가 진행 중이다.

증시에 대한 규제와 통제를 강화해야 하는가

그 동안 우리들은 금융분석가들이 기술의 가치에 대해 값을 매기는 것을 근거가 있든 아니든 그대로 따라왔다. 인터넷 붐을 가져온 것도 이것이다. 그런데 시장이 자기 규제에 실패한 것이다.

시장의 자기 규제 실패가 다시 정부 규제를 불러들이고 있다. 프랑스의 경우, 프랑시스 메르 경제장관은 주식거래위원회와 금융시장위원회를 하나로 통합한 금융시장청(AMF)을 신설하겠다고 발표했다. 미국 역시 부시 대통령은 증권거래위원회(SEC)의 권한을 강화하기 위해 예산의 빗장을 풀었다.

"우리가 필요로 하는 것은 증시의 개입과 규제를 위한 수단이다. 회계의 투명성과 소액 주주 보호, 견제 장치가 꼭 필요하다. 이런 것들이 제대로 되어 있지 않아 지금의 위기가 생겨나지 않았는가. 증시 활동을 방해할 뜻은 전혀 없다."라고 정부측 변호사들이 말하고 있다.

그 반면 금융분석가들은 "정부 개입이 어떤 기적을 가져올 것으로는 믿지 않는다. 행동에 구체적으로 드러날 윤리의식과 정신이 먼저."라고 주장했다.

★
엔론, 월드컴, 비방디 유니버설 사태, 신자본주의의 위기인가?

★ ★ ★ ★

도미니크 필리옹(Dominique Pillion)
파리 노르대학 경제학 교수. 프랑스 과학위원회 과학분과 위원장.

엔론(Enron), 월드컴(WorldCom), 비방디 유니버설(Vivendi-Universal)이 일으킨 일련의 일들은 서로 독립된 사고가 아니며, 우리가 얻어내야 할 일정한 교훈을 담고 있다. 이 사고들은 상당수의 경제학 교수들과 언론들이 밝히고 있는 것처럼 주식시장 시스템이 완전히 실패한 것은 아니라고 하더라도 큰 파탄을 맞고 있음을 보여준다.

말하자면 회사라는 것이 뜻하는 개념 자체가 도전을 당하고 있다. 주식을 사고 팔고, 기업을 매수·합병하며, 이익이 적게 나는 부문은 서슴없이 매각 처분하는 등, 어떤 대가를 치르더라도 주가를 높여야 하는 금융적 존재가 곧 회사라는 식이다. 가스와 전기를 사고 파는 등의 일만 하다가 파산을 한 엔론 사태가 산업활동에 별다른 영향을 미치지 못한 것도 이를 말해준다. 엔론 사태는 금융활동의 결과일 따름이다. 엔론은 에너지 시장의 작동에 실제로 아무런 공헌도 하지 않았으며, 따라서 엔론이 사라졌어도 에너지 시장은 별다른 영향을 받지 않고 있다.

비방디 유니버설 또한 금융자산을 축적함으로써 금융 지주회사가 되었을 뿐, 산업활동과 어떠한 직접적인 연계도 맺고 있지 않았고, 주주를 위한 주가 상승만을 끊임없이 시도하고 있었다. 전통산업과 신경제 간의 이 같은 균열이 비방디 위기의 뿌리에 자리잡고 있는 것이다.

주식시장의 신자본주의가 자기 규제의 힘을 잃고 있다

그리고 동시에 금융시장이 과연 생산활동을 조정할 수 있는 능력이 있는가라는 의문이 제기된다. 주주 사회의 이른바 신자본주의에서 주식시장은 세 가지 구실을 하고 있는 것으로 추정해왔다. 첫번째가 기업에 대한 자본 공급 구실이다. 그런데 이것이 사실과 다르다는 걸 우리는 보고 있다. 미국과 유럽 기업에서 보듯, 회사가 주주에게 준 돈이 새로 받아들인 돈보다 더 많다.

두번째는 회사의 거래 가치를 높이는 노릇이다. 그런데 주식시장의 이 노릇 또한 확실하지 않다. 신기술 산업이나 전통 산업이나 한 회사의 주가가 과연 그 회사의 실제 가치를 반영하고 있는지에 대해서는 의문이 많다. 세번째로 주식시장은 산업 구조조정을 촉진하는 것으로 알려져 있다. 그러나 실제로는 대부분의 경우, 금융 이익에 따라 산업이 재편되고 있을 뿐 산업 활동 자체가 구조조정의 기본적인 추동력이 되고 있지는 않다.

여기서 우리는 근본적인 모순에 부딪친다. 주식시장이 한편으로는 신자본주의를 지배하고 있고, 다른 한편으로는 기업을 장기 발전의 길로 안내할 능력이 없다는 것이다. 시장은 스스로 자기를 조정하는 힘을 갖고 있다는 이론이 이제는 통하지 않는 것이다. 주주들 특히 투자 펀드의 최대 관심사는 단기 금융 이익이지 어느 기업체의 장기 발전이 아니다. 엔론과 월드컴, 비방디 유니버설을 회계 부정의 길로 몰아 넣은 것도 이것이다.

주식시장의 또 다른 활동가들이 기업 부정을 감시하는 노릇을 한다는 이론 역시 실제와 다르다. 엔론의 회계법인 앤더슨사의 예에서 보듯, 기업의 회계를 감사하는 자들이 능동적이든 피동적이든 기업체 경영진들과 한패인 것이다. 최근 들어 가장 상징적으로 경제·사회적인 대변란이 일어나고 있는 분야가, 자유 무역주의자들이 시장의 자기 규제 능력을 말할 때 흔히 들먹이는 텔레커뮤니케이션 분야라는 것은 한 번 눈여겨볼 만하다. 한 마디로 말해, 역사가 이미 가르쳐준 대로 자본주의는 자기 규제의 힘을 갖지 못하며, 큰 파탄이 났을 경우에 그 부담을 좁게는 종업원들이, 넓게는 전세계 보통 사람들이 질 수밖에 없음을 최근의 사태들이 보여주고 있다.

말하자면 '주식시장 자본주의'의 기본 메커니즘이 위기에 처해 있고, 따라서 근본적인 개혁이 필요하다는 것이다. 기업과 경제 전반에 대한 증시의 장악력을 약하게 해야 한다. 이를 위해서는 두 가지 일을 해야 하는데, 우선 회사가 무엇인지에 대한 개념을 재정립해야 할 필요가 있다. 주주들이 소유하고 있는 어떤, '물건'이 아니라 하나의 '이익 공동체'로서 회사를 봐야 한다. 그래서 회사의 목적 또한 이윤 내기에 두기보다는 일자리와 부의 창출에 두어야 한다.

그리고 두번째로는 국경의 전면 개방과 국가 역할의 강화, 특히 공기업 유지에 생각이 미쳐야 한다. 자본시장을 비롯, 시장에 대한 공공의 감시 활동을 약화해서는 안 되는 것이다.

   정부나 국제기구들이 지금의 상황을 잘 인식해서 스스로 신자유주의의 독단에 도전할 것으로 기대하는 것은 헛된 일이다. 국민적·국제적 차원의 사회운동이 없는 한 우리가 위에서 말한 그러한 개혁은 제발로 찾아오지 않는다.

★

월스트리트, 2000년 3월 이후 6조 7천억 달러가 연기로 사라지다

★ ★ ★ ★

이정옥

서울대학교에서 사회학을 공부하고 박사학위를 받았다. 하버드대학과 와세다대학에서 교환교수를 지냈으며, 지금은 대구 가톨릭대학 사회학 교수로 재직 중이다. 〈Weeky SOL〉 편집위원장과 아시아 지식인 모임 Arena 실무이사, '국제민주연대' 공동대표를 맡고 있다. 저서로《한국 성사회학의 방법론적 모색》,《한국의 공업화와 여성 노동력》과 역서로《페르낭 브로델의 역사학 논고》 등이 있다.

잘 나가던 미국 증시가 엉망진창이 되고 있다. 1987년의 10월 공황 이후 최악의 사태가 전개되고 있는 것이다. 우선 다우존스 지수를 보면, 1998년 1월 수준 이하인 8,000포인트선 아래로 떨어지고 있다. 그러나 더욱 우려가 되는 것은 투자자들의 마음이 일종의 공황상태에 빠져들고 있는 점이다.

그리고 가장 심각한 것이 'SP500(Stan-dard & Poor's 500)'이다. 이것은 미국 5백대 기업의 건강상태를 평가하고 있는 것인데, 지난 28개월 사이에 수치가 반으로 떨어진 것이다. 1973년에서 74년 사이의 제1차 오일쇼크 때도 이렇지는 않았다.

1930년대의 대공황 이래 처음으로 SP500이 3년 연속으로 하향 곡선을 긋고 있을 뿐더러, 2011년 전에 지난날 잃었던 돈을 회복할 것 같지도 않다.

미국 은행의 추산에 따르면 2000년 3월 이후 6조 7천억 달러가 월스트리트에서 연기로 사라졌다는 것이다.

주식 신화가 무너지고 있다

한 마디로 모건 스탠리사 경제학자 비아런 비인의 지적처럼 '주식의 신화가 무너진' 것이다. 확실히 주식은 큰 노릇을 해왔다. 그러나 주식거래에서 얻는 돈은 위험 부담의 대가이기도 하다. 그런데 주가가 지속적으로 떨어질 수도 있다는 교훈이 1930년대와 1970년대에 이어 지금 다시 나오고 있다. 미국의 8천만 주식 소유자들은 그들이 추구하던 꿈을 잃었을 뿐만 아니라 사기당했다는 감정을 갖기 시작했다.

그들은 미국 기업과 그들의 지도자, 재무제표, 분석가들, 은행가들과 회계감사 그리고 시장의 권위를 믿어왔다. 그들은 또 증시가 미국연방은행 총재 앨런 그린스펀이 1987년과 1998년에 그러했던 것처럼 지속적으로 팽창하며, 어떤 일이 있어도 재앙은 피해갈 것이라고 믿었다.

그런데 주식시장에 대한 사람들의 신뢰가 근본적으로 흔들리고 있다. 잃었던 신뢰를 다시 회복하기 위해서는 앞으로 몇 년이 걸릴지 모른다. 한 주의 주식을 사는 것은 미래에 대한 믿음을 사는 것과 같은 것이다.

그래서 주식 이익이 더 이상 보장되지 않고, 기업체 간부들이 이를 통해 부자가 되지 못하는 사회는 더 이상 자본주의 사회라고 할 수 없다고, 브루킹스연구소의 경제학자 로버트 리탄 박사는 말한다.

부시 대통령도 체제에 대한 신뢰를 다시 회복케 할 수 없는 것 같다. 오히려 그 반대이다. 7월 9일 그의 월스트리트 연설은 백악관이 도저히 믿기 힘들 정도의 큰 실패로 끝났다. 백악관은 부시 대통령과 딕 체니 부통령의 과거 행적을 변호하기에 급급한 나날을 보내고 있을 따름이다.

지난 10년 동안 미국의 경제적 번영을 뒷받침해온 토대 자체가 위협을 받고 있는 것 같다. 주식시장이 계속 이 같은 리듬으로 하향 곡선을 긋는다면 금융 위기가 미국 경제 전체를 파괴할 만큼 심각해질 수도 있다는 것이다. 증시의 하향 곡선을 어떻게 하든 즉각 중단시켜야 하는 이유도 여기에 있다.

미국은 국내총생산(GDP)의 3분의 2 이상을 지출에 돌리고 있다. 9·11테러와 불황 국면이 올 가능성에도 불구하고 놀랄 만큼 잘 저항하고 있는 것도 이 때문이다. 그러나 위기가 오고 있다. 월스트리트의 추락과 함께 미국 가계가 거덜이 날 경우, 진짜 위기가 찾아올 것이다.

이를 피하려면 저축을 늘리고 소비를 줄여야 한다. 사이버 비즈니스 크레디트(Ciber Business Credit)의 수석 경제학자 리처드 해스팅스 박사 같은 사람은 1930년대 이후 볼 수 없었던 상황이 벌어지고 있음이 분명하다는 경고를 거듭하고 있다.

지금의 시계 방향을 반대로 돌리는 일은 이제 월스트리트(주식시장)와 메인스트리트(소비자)의 몫이다. 그 결과에 세계 경제가 목을 맬 것이다.

★
악의 축에서 말하는 '악'이란 무엇인가?

★ ★ ★ ★

정태식
뉴욕 뉴스쿨 정치사회 종교학 박사. 〈Weekly SOL〉 편집위원으로 활동하고 있다.

부시의 '악의 축' 발언은 단순한 범죄적인 악행이나 냉전 시기에 레이건 대통령이 소련을 가리켜 말하던 '악의 제국(Empire of Evil)'과 같은 이념 논쟁 수준을 넘어서는 것이다. 부시 대통령이 말하는 '악의 축'에서 '악'이 무엇을 말하는가를 정확히 알게 되면 이 말이 갖는 무시무시한 의미에 전율을 느낄 수밖에 없을 정도다.

'악의 축'에서의 '악'에는 체제 갈등과 대립의 이념적 수준을 훨씬 넘는 '선과 악'의 궁극적 대결 구도인 종교적인 의미를 함축하고 있는 것이다. 말하자면 여기에 정치적으로는 보수 우익, 종교적으로는 기독교 복음주의가 배경으로 깔려 있는 것이다.

그래서 '악의 축'은 이른바 불량국가(rog-ue countries)들과의 전쟁을 종교 차원의 성전(crusade)으로 끌어올리겠다는 것을 간접적으로 선언하고 있는 것이나 다름없다. 따라서 우리는 과연 기독교에서 말하는 악에 대해 종교적으로 어떻게 해석하고 있는지를 살펴볼 필요가 있다고 믿는다.

신의 모든 창조물에 대한 위협

신학적으로 악(evil)은 존재(being)의 적극적이고도 긍정적인 성향에 대한 역행, 즉 존재의 파기라고 할 수 있다. 따라서 본질적으로 악은 부정적이고 파괴적인 것으로, 신의 창조 행위 자체에 대한 거부이며 존재의 적이다. 따라서 악은 창조된 모든 존재에 대한 위협이자 창조 과정에 대한 반전과 압도라고 할 수 있다.

그렇다면 악은 존재인가 행위인가? 이 질문은 악한 존재가 원래부터 있는가 아니면 악은 행함에 의해 이루어지는가 하는 것이다. 대부분의 종교는 악을 초자연적 존재로 인정한다. 예를 들어 사탄이나 루시퍼 등은 악령 또는 악의 화신으로 여겨진다.

종교적 의미의 신에 대적하는 악한 존재가 인간으로 구체화하는가 아닌가 하는 것은 사실상 합리적 차원에서는 대답하기 어려운 질문이다. 따라서 우리가 다룰 수 있는 것은 인간이 악인이 될 수 있는가, 또는 한 번 악인이 되면 영원히 악한 존재가 되는가 하는 것이다. 또한 인간은 어떤 과정을 통해 악을 행하게 되고 악인으로 낙인이 찍히는가 하는 점 등이다. 그러므로 실존주의에 바탕을 둔 현대 신학의 관심은 악령 등의 초자연적인 악한 존재(supernatural evil being)에 있지 않고, 실존 속에 존재하는 인간이 저지르는 행위를 통한 악의 형성에 더욱 관심을 기울인다.

따라서 지진이나, 태풍, 기근, 질병 등 자연적 파괴행위와 구별되는 인간 존재와 자연 존재에 대한 파괴행위로서의 악에 대한 논의는 죄에 대한 논의에서 시작한다. 죄가 악을 낳는다는 것이다. 그런데 중요한 것은 악을 행하는 어떤 특정한 인간 자체가 악이냐 하는 것은 마치 선을 행한 특정한 인간이 선 그 자체냐 하는 것만큼 위험한 발상이 아닐 수 없다. 다만 인간의 어떤 행위가 악마적(demonic)인 속성을 띤다는 것을 의미하는데, 인간 존재를 파괴하고 파괴할 가능성을 지닌 어떤 세력 또는 위력을 나타내는 것을 악이라 할 수 있다.

그렇다면 이러한 악마적인 힘으로서의 악은 어디에서 비롯되는 것일까? 신학적으로 인간의 죄는 원죄(original sin)에서 비롯된다. 그런데 여기서 원죄는 '행위(commitment)'를 말하지 않고 '상태(state)'를 말한다. 따라서 죄는 존재 상태에서부터 시작하는데, 이 제한적 존재 자체가 인간이 죄를 저지를 수 있는 실존적 상황을 제공한다는 것이다.

좀더 구체적으로 말하면 인간은 불안정한 존재이고 자연적 우연성에 노출된 존재, 즉 자연법 안에서 시·공간적으로 제한된 능력을 가진 존재라는 것이다. 이러한 의미에서 인간 존재는 무소부재 불능의(omni-present and omni-potent) 그리고 자기결정성(self-determinism)을 지닌 신과 대비되는 존재이다. 그러나 기독교 신학은 동시에 이러한 인간이 피조물의 한계와 불안정성을 극복하고자 하는 자유의지(free-will)를 지닌 존재라는 것을 인정하기도 한다.

인간의 죄는 인간 실존에서 오는 자신의 한계를 인정하지 않고, 점차로 자신의 유한한 한계를 초월하고자 하며, 동시에 무한한 존재가 되고자 하는 것에서부터 시작한다. 종교적으로는 인간의 한계를 극복하고 신의 반열에 서고자 하는 것이기 때문에, 신에 대한 인간의 반란이 곧 죄이며, 도덕적 또는 사회적으로는 정의롭지 못한 것이라고 할 수 있다.

자신의 한계를 부정하고자 하는 행위는 존재의 중심을 자기에게 두는 것으로, 이는 필연적으로 권력에 대한 '의지(will-to-power)' 로 연결되어 다른 존재를 자신의 의지 아래에 두거나 다른 존재의 생명에 대한 침해와 파괴로까지 연결된다. 그래서 죄는 기독교에서 말하는 사랑의 부재 또는 인간과 신으로부터의 소외(alienation) 내지는 불화(estrangement)라 할 수 있다. 인간 관계의 파괴는 곧 신과의 관계의 단절을 의미한다. 애인(愛人) 없는 경천(敬天)은 불가함을 의미한다.

용서받을 수 있는 죄와 용서받지 못할 죄의 구별

이러한 죄가 곧 악이라 불리는 죄라고 할 수 있다. 가톨릭에서는 이를 죽을 수밖에 없는 죄(mortal sin)라 하여, 용서받을 수 있는 죄(venial sin)와 구별한다. 용서받지 못할 죄는 고의적이고도 의도적으로 신에 대적하는, 따라서 영원한 저주에 빠질 수밖에 없는 죄이기 때문에 비록 심각하기는 하지만 신과의 관계를 파괴하지 않는 용서받을 수 있는 죄와는 구별된다.

토마스 아퀴나스에 따르면 죽음에 이를 수밖에 없는 죄는 신에게서 완전히 돌아서서 자기 자신을 궁극적인 목적으로 여기는 성향에서 비롯된다. 실존주의 관점에서 보면 죽을 수밖에 없는 죄는 근본적으로 생명으로 향하는 인간의 성향과 지향을 뒤엎어버리고자 하는 파괴 행위다.

현대 개신교 신학자들은 악에 이르는 죄, 즉 파괴로 이어지는 행위의 죄를 교만(pride) 또는 그리스어로는 'hubris(스스로 높이기, self-elevation)'라고 칭한다. 이는 근본적으로 신과의 관계의 단절을 의미한다. 따라서 죄는 불신(unbelief)과 스스로 높이기, 그리고 탐욕(concupiscence) 등으로 기술되는데, 여기서 가장 사악한 죄가 스스로를 높이는 죄이다. 그것은 인간의 유한성을 인정하지 않는 정신적 죄(spiritual sin)로서, 실존적으로 스스로를 세계의 중심으로 여기면서 인간이 지니는 잠재적 무한성을 통해 불멸의 이미지를 스스로 창조하는 행위, 또는 인간이 지니는 부분적인 진리를 궁극적인 진리와 동일시하는 행위 등을 일컫는다.

폴 틸리히는 스스로를 높이는 죄는 개인 차원에서만이 아니라 문명 차원에서도 발생한다고 한다. 그리스 비극은 주로 유한한 존재의 인간이 그 한계를 넘어서 스스로를 높이고 그 결과 신의 분노를 사서 결국 파멸에 이르는 것을 그리고 있다. 따라서 비극에 이르는 인간의 스스로를 높이는 죄는 주로 권력과 절대가치를 주장하는 위대하고 아름답고 뛰어난 인물들이 저지른다.

한편 제한된 선을 절대적 선과 동일시하는 행위로서 스스로를 높이는 죄는 바리새인은 물론 많은 기독교도들도 저질러왔다. 틸리히에 따르면 유대교와 청교도 그리고 현대사회의 부르주아지 도덕주의도 이러한 죄를 저질렀는데, 인간이 자신들이 만들어낸 문화적 창조를 신이 창조한 것과 동일시할 정도로 교만과 우쭐함에 빠지고 있다는 것이다.

특히 합리성을 기반으로 하는 현대 서구문명은 만들어낸 문화에 무한한 가치를 부여하고, 물질을 하나의 숭배의 대상으로 삼으며, 물질문명을 삶의 궁극적인 관심으로 끌어올리는 어리석음을 저질렀다는 것이다. 역사에서 자주 드러났듯이, 인간 문명의 스스로를 높이는 죄에 대한 신의 대답은 모든 위대한 인간 문화의 분열과 붕괴였다고 틸리히는 말한다.

신의 이름으로 악을 벌하다

죄가 악으로 연결되는 것은 죄가 파괴와 소외를 동반할 때다. 죄는 자기 파멸의 결과를 수반하기 때문에, 악의 원인이며 동시에 악 자체로 여겨진다. 악의 기본적 표시는 죄로 인한 한 인격체의 중심의 상실을 의미한다.

인격체가 중심을 지키면 신과 남과 그리고 세계와 균형을 이루는 전인(全人)으로 존재한다. 그러나 자기와 세계 그리고 남과의 통합을 해치는 파괴적 충동이 자주 자기 중심을 잃게 한다. 자기 중심의 상실은 남과의 관계에 파멸을 가져오기 때문에 악은 결국 스스로 높이기가 극에 달할 때 발생하며, 이때 세계와 남은 물론 신과의 관계도 단절되는 것이다.

신의 이름으로 그리고 신의 군병으로 악을 징치하고자 하는 행위는 역사상 빈번히 일어났다. 이는 대부분 국가 간의 전쟁을 통해 일어나는데 서로가 서로를 신의 이름으로 정죄하며 악이라고 칭한다. 제1차 세계대전 참여 여부를 놓고 미국의 근본주의자들은 기독교와 애국심을 동일시하면서 지옥과 국가에 대한 배반은 같은 것이라고 하였다.

미국을 절대화하고 미국을 선한 싸움을 위해 존재하는 신의 군병의 나라로 생각하는 것이다. 미국의 보수 기독교 우익 정치인들은 미국은 신이 세운 나라이기에 민주주의 가치의 국제적 십자군운동의 하나로 불량국가들과 전쟁을 마다하지 않겠다고 한다.

그러나 이것 역시 국가 차원의 또 다른 스스로 높이기는 아닐지? 적을 적으로 여겨야지 '악의 화신'으로 여기는 것은 전쟁을 종교적 차원으로까지 끌어올려 정당성을 얻고자 하는 시도가 아닌가 싶다. 전쟁을 국가 간의 이익을 위한 갈등으로 보지 않고, 문명의 충돌 운운하는 것도 결국 파괴 행위인 전쟁에 종교적 면죄부를 씌우려는 강자들의 교묘한 행위가 아닐까.

★
미국을 적으로 여길 수도, 여길 필요도 없다

★ ★ ★ ★

김종오
SK 전 북경지사장. 대만 등에서 공부한 중국 문제 전문가.

조지 W. 부시 미국 대통령은 지난 21일, 1박 2일 일정으로 중국을 공식 방문했다. 그는 지난 해 10월, 상하이(上海) 아시아태평양경제협력체(APEC) 정상회담 참석 뒤 4개월 만에 중국을 다시 방문했으나, 공식 방문은 이번이 처음이다.

이번 방문은 리처드 닉슨 전 대통령이 1972년 2월 21일 중국 공산당 주석 마오쩌둥(毛澤東)과 정상회담을 하기 위해 중국을 방문한 지 꼭 30년 되는 날 이루어졌다. 하루 반나절도 채 안 되는 베이징(北京) 체류기간에 부시 대통령은 장쩌민(江澤民) 주석과 세 차례 만났으며, 주룽지(朱鎔基) 총리와는 조찬을 함께 했다. 또한 올 가을에 장 주석의 뒤를 이어 다음 세대 지도자로 떠오를 후진타오(胡錦濤) 부주석의 안내로 칭화(淸華)대학에서 학생들을 대상으로 연설했다.

중국 언론들은 부시 도착 전부터 그의 이번 방중이 1989년 천안문 사태 뒤에 벌어진 두 나라의 거리를 좁힐 수 있는 역사적인 방문이 될 것이라고 우호적인 분위기 조성에 노력했다. 중국 정부는 미국이 인권·종교 등 민감한 사안을 거론할 것을 의식, 파룬궁(法輪功) 수련자의 재판 연기와 미국 국적 기업인 석방 등으로 성의를 보였다.

외신에 따르면 1998년 클린턴이 베이징(北京)대학에서 연설할 때 학생들의 날카로운 질문에 곤욕을 치렀던 점을 감안하여, 칭화대학 측은 부시와의 질의응답 때 자극적 언사를 삼가도록 학생들을 적극 설득했던 것으로 알려졌다.

특히 대미 협상에서 중국이 가장 민감하게 반응해왔던 대만 문제에 대해서도, 19일에 부시가 일본 의회에서 밝힌 대만관계법(臺灣關係法 : 대만에 무기 제공 포함)을 이행하겠다는 데 반해 미국 정부가 '하나의 중국' 정책과 중미 간 '연합공보(聯合公報)'를 준수키로 했다는 원칙만을 확인했다.

장 주석은 21일 정상회담 뒤 부시 대통령과 공동 기자회견을 갖고, 중미관계가 부분적으로 이견이 있으나, 더욱 광범위하고 중요한 것은 공동 이익이라고 역설하였다. 또한 "적이 아니면 동지라는 낡은 사고에서 벗어나, 상호 신뢰로 안정을 찾고, 공동 이익에서 상호협력을 추구하는 새로운 안선 관념(新安全觀念)을 확립"하자고 하였다.

이는 중국 정부가 미국과 마찰이나 이견을 갖기보다는 우호 협력 분위기를 강조하겠다는 강력한 의지를 반영한 것이며, 양국 관계 설정에 중국의 기본 입장을 드러낸 것으로 볼 수 있다.

중국의 대미 우호 협력에 대한 노력은 2001년 9월 11일, 뉴욕 WTC(세계무역센터) 테러와 4월 1일 해남도에서 발생한 미군 EP-3 정찰기 불시착 사건 처리 과정에서도 잘 나타나고 있다.

장 주석은 9·11테러가 발생하자 즉각 부시 대통령에게 전화를 걸어 애도의 뜻을 전하면서 "중국은 일관되게 테러리즘에 반대해왔으며, 테러리즘과 싸우게 될 미국을 최선을 다해 지원할 것"이라고 밝혔다.

4월 해남도 부근 상공을 비행하던 미군 정찰기를 요격하던 중국 전투기 한 대가 추락, 조종사가 사망하고 미국 정찰기는 해남도 군용비행장에 불시착하는 사건이 벌어지자, 중국 정부는 '패권주의'를 들먹이며 드러내놓고 미국을 맹렬하게 비난했다.

그러나 불과 11일 뒤에 중국 측은 24명의 미군 조종사를 본국으로 송환해주었고, 비행기 기체 또한 처음에 미국에 청구한 보상금을 받지도 않은 채 돌려주며 '우호적'으로 처리했다.

강경책에서 협력 구도로

이러한 중국의 태도는 1999년 코소보 사태와 유고 주재 중국 대사관 폭격 사건 때 미국을 맹렬히 비난하던 때와는 사뭇 다른 모습이다.

1999년 3월 코소보 사태가 발생하고 미국과 나토가 유고 공습을 결정하자, 중국의 언론과 방송매체는 이는 미국이 '패권주의 발상'에서 저지르는 명백한 유고 내정간섭이며, 코소보 사태의 평화적 해결에 도움이 되지 않는다고 연일 보도했다. 중국 정부 대표는 기회가 있을 때마다 유엔이나 국제사회에서 반미 발언의 수위를 높여

갔다.

중국은 코소보 사태에 잘못 대처할 경우, 대만을 비롯 티베트나 신강 등과 관련, 앞으로 미국과의 협상에서 좋지 않은 선례를 남길 것을 우려했기 때문이다.

1999년 5월 7일, 유고 주재 중국 대사관이 폭격을 당해 세 명의 중국 언론인이 사망하고 27명의 대사관 직원이 부상한 사건이 발생했다. 사건이 발생하자 베이징, 상하이, 광저우(廣州) 등지에서 학생과 시민들이 미국이 주도한 폭력 행위에 항의하는 격렬한 시위를 벌여 미국 대사관과 영사관이 잠정 폐쇄되었다.

또한 중국 정부는 단순한 '오폭'이었다는 미국 측 해명을 일축하면서 미군 항공기 및 함정들의 홍콩 정박을 금지하는 강경 일변도의 태도를 고수했다. 당시 한 외교관은 "지난 5월 7일 대사관 피폭 사건 이후 미·중 관계는 1989년 천안문(天安門) 사태 이래 최악의 상황이었다."면서 "특히 중국의 미 핵기술 절취설 보도는 양국 관계를 냉각시킨 결정적 계기로 작용했다."라고 말했다.

'다극화(多極化) 이론'의 반성

유고의 중국 대사관 피폭 사건은 '오폭' 또는 '폭격'의 갑론을박 끝에 미국이 중국에 사과하고 매듭지었다. 처음에 미국 측은 "조종사가 낡은 지도를 사용하는 바람에 빚어진 사건"이라고 변명했으나, 중국은 자국 대사관은 "빈터에 지은 건물이며, 낡은 지도에 빈터로 나와 있는 곳을 폭격한다는 것은 말도 안된다."며 미국을 꼼짝 못하게 밀어붙였다.

그러나 중국은 사건 발생 두 달여 만인 7월, 피폭사건 배상금으로

4백50만 달러를 주겠다는 미국 측 제의를 수용하고, 미군 화물기의 홍콩 기착을 부분적으로 허용하여 양국 관계는 급속히 복원되었다.

중국의 WTO 가입을 위한 미·중 양자 회담은 중단된 지 4개월 만인 1999년 9월 다시 시작됐고, 재개된 지 두 달 만에 최종 합의에 도달했다. 중국의 WTO 가입은 사실상 이때 확정된 것이나 다름없었다.

그렇다면 왜 중국 정부가 대미 강경 전략을 대화 및 협력 구도로 바꾸었을까?

옛 소련 붕괴로 인한 냉전 종식 뒤에 후발 중국은 미국을 '유일 강대국'으로 인정하면서도 러시아, 중국, 유럽 국가 등의 다강(多强)이 공존하는 구도로 세계 정세를 인식했다. 유고 대사관 피폭 사건 전에 중국의 국제전략은 중국을 이미 1강(强)으로 자리매김했고, 기타 강국들과 잘 협조하면 미국의 '패권주의'의 일방 독주를 어느 정도 견제할 수 있다는 이른바 다극화이론을 근거로 한 것이었다.

중국은 경제적으로도 지난 십 수년 간 연평균 GDP 성장률이 10%를 상회하는 고속 성장을 유지하고, 특히 1997년 말 아시아 주변국가를 강타한 IMF 위기를 나름대로 잘 극복했다. 정치적으로도 안정된 여건은 중국 정부를 북돋았으며, 이러한 국제 정세 분석에 무게를 실어주기에 충분했다. 96년과 97년에 대만을 겨냥한 대규모 미사일 발사 훈련과 상륙 훈련 그리고 중국 지도부의 다각화 외교도 이러한 분위기에서 추진된 것이다.

이처럼 고무되어 있는 상황에서 대사관 피폭은 중국 정부를 당혹하게 했다. 특히 주룽지 총리가 현지 언론의 호평 속에 미국 방문에서 돌아온 지 채 한 달도 안 되는 시점에서 일어나, 중국 지도부로 하여금 미국의 '의도' 파악에 노심초사케 했다.

대사관 피폭 뒤 중국 정부가 상황을 파악하는 기본 틀이 몇 가지가 있다.

첫째 외교적으로 상호 '전략적 동반자' 관계라고 하지만, 미국은 중국을 제일의 가상의 적으로 여기고 있다.

둘째 '오폭'이 아닌 치밀하게 계획된 '폭격'이다. 오폭이라면 어떻게 다섯 발의 미사일이 서로 다른 방향에서 같은 목표물을 공격했는지, 미군과 나토의 전폭기가 연일 공습하고 있는 유고 지역에 그것도 수도 베오그라드에서 매일 지상의 작은 물체까지 촬영하고 있는 미국의 첩보위성이 과연 5층짜리 중국 대사관을 오인할 수 있는지 그 의문을 해결해줄 만한 근거가 전혀 없는 것이다.

이때 중국 지도부에 제기된 것이 '미국 음모설'이다. 즉 대사관 '폭격'은 중국의 실력과 태도를 시험해보고, 중국 안에 혼란을 일으켜보자는 목적에서 미국이 치밀하게 계획한 것이라는 인식이었다. 이러한 인식을 토대로 중국의 전문가 그룹은 미국의 '의도'에 대해 몇 가지 가설과 이에 대한 대응 전략을 제시했다.

미국의 의도는 첫째, 유엔이나 국제 사회에서 빈번히 반미 세력의 지도자 노릇을 하는 중국에게 무언가 따끔한 교훈을 줄 필요가 있다는 것이다. 둘째, 군부를 자극하여 군비 경쟁에 참여토록 하여 중국의 현대화 속도를 늦추자는 것이다. 지난 십 수년 간의 지속적인 경제 성장은 앞으로 미국을 위협하는 국가로 성장하기에 충분하다. 옛 소련 붕괴의 직접적 원인이 미국과 무모하게 벌인 군비 경쟁으로 인한 경제 파탄이었으니, 중국 군부 강경파를 자극하여 소기의 목적을 달성하려는 것이다.

셋째, 주룽지 총리의 방미 뒤에 국내외에서 신망을 얻고 있는 주 총리를 위시한 개혁파에게 제동을 걸고, 당과 정부의 보수파에게 반격의 빌미를 제공한다는 것이다.

이에 대응하는 전략의 주개념은 대미 관계에서 덩샤오핑(鄧小平) 노선으로 회귀하는 것이다. 즉 '21세기 중엽에 중국은 국민소득이 선진국 수준에 도달할 것이고, 그때까지 중국은 미국을 적대시할 수도 할 필요도 없다.'는 결론이었다.

또한 외교적으로 최근까지처럼 쓸데없이 미국의 감정을 자극하는 것을 삼가자는 자체 반성과 함께, 경제적으로나 국민 생활수준 면에서 미국과는 상당히 격차가 있음을 자각하고 '다극화이론'을 재평가한다는 것이다.

아울러 주요 정책면에서 몇 가지 불변의 원칙을 천명했는데, 첫째 개혁 개방 정책은 불변, 둘째 미국은 지속적으로 중국의 전략적 동반자이며, 셋째 당과 국가는 앞으로 계속적으로 경제 발전이 중심이며 군의 무리한 군비 확충은 삼가한다 등이다.

미국을 적으로 여길 수도, 여길 필요도 없다

이러한 국제전략에 대한 기본 개념과 국내 정책의 핵심과제는 이번 부시 방중 때 장 주석의 공동 기자회견에서도 계승되고 있다.

"개혁 개방 이후, 중국 국력은 증강되고 국민의 생활수준은 향상되었다. 그러나 미국과 비교해볼 때, 우리 국가 경제와 문화 수준은 아직도 낙후되어 있다."

또한 왜 미국과 우호 협력 관계를 지속해야 하는지 그 배경에 대해서도 "우리 나라는 13억 인구가 있고, 기본적으로 현대화해야 한다. 모든 국민이 윤택한 생활(선진국 수준)을 할 수 있으려면 아직도 먼 길을 가야 한다."라고 밝혔다.

또한 "역량을 결집하여 경제를 발전시키고 국민생활을 개선하는 것이 우리의 장기적인 중요 임무이며, 따라서 우리에겐 평화로운 국제 환경이 필요하다."라고도 덧붙였다.

이상의 대미 전략의 기본 틀이 99년 이후 중국 정부가 추진하고 있는 상호 우호 협력 관계의 배경이며, 중국은 미국과 협상을 통해 2008년 북경 올림픽 유치, WTO 가입 등 실리를 얻었다. 이번의 부시 방중도 이러한 맥락으로 이해해도 무리가 없을 것 같다.

★
미국 5백대 기업 중 3백 개 기업이 중국에 투자하고 있다

★ ★ ★ ★

한광수
인천대학교 동북아 국제통상학과 교수.

조지 W. 부시 미국 대통령은 2001년 10월 상하이에서 열린 APEC 정상회의 참석에 이어 4개월 만에 중국을 다시 찾았다. 양국은 15년을 끌면서 정치적 줄다리기를 해왔던 중국의 WTO 가입 문제가 해결되자 곧바로 수뇌부가 마주앉아 당면한 한반도 문제를 비롯하여 테러 문제와 대만 문제, 경제 문제 등 상호 관심사를 협의했다. 앞으로 양국이 21세기의 세계 정치 및 경제 질서의 재편과 관련하여 주도적 입장에서 상호 협력할 것임을 내외에 예고했다.

우리 입장에서 볼 때, 이번 부시의 방중은 '악의 축' 발언에 따른 우리 국민의 '미국 비판'이 과거 어느 때보다 거세게 고조된 시기에 이루어진 것이어서, '과연 중국은 미국을 어떻게 보고 대하는가'에 대해 새삼스러운 관심을 갖지 않을 수 없다.

우선 중국은 수년 전, 유고 대사관 피폭 사건과 지난 해 해남도 정찰기 충돌사건 등으로 상처를 입은 일반 국민들의 냉소적인 태도가 역력했음에도 불구하고, 정부의 '부시 모시기'가 깍듯했다는 것이 일반적인 평가이다.

천안문 광장은 폐쇄되었고, 부시가 묵는 세인트 레지스 호텔 주변은 군경이 물샐틈없는 경계를 폈으며, 시내 어디에도 환영 플래카드나 성조기를 찾아볼 수 없었다. "누가 부시 대통령을 환영하고 싶겠느냐."는 한 시민의 말이 분위기를 대변한다.

미국의 입장에서 이번 순방의 가장 큰 목적은 테러와의 전쟁에 대한 한·중·일 3국의 공조를 확인하고, 동아 경제권과 상호 협력을 강화하는 데 있었다. 중국 정부로서는 지난 해 11월 WTO에 가입한 상황에서 미국과의 경제 협력을 무시하기 어려운 현실이 반영된 것으로 해석한다. 중국으로서는 부시 정권 등장 이후 갈등을 겪고 있는 미·중 관계를 재정립하는 데 주력했다.

미국은 중국 제2위의 무역 상대국

이제 미국은 중국에 대해, '중국이 시장 경제에 접근해가면서 경제적 성공을 이루는 것은 미국의 이익에 부합된다'는 쪽으로 입장을 정리하고 있다. 사실 중국 시장의 거대한 잠재력에 대한 현실적 인식과 그에 따른 정지작업은 클린턴 전 대통령 재임 중에 착실히 이루어졌다.

미국의 동아시아 지역에 대한 경제적 이해가 이처럼 중국 쪽으로 점차 이동하고 있는 가운데, 일본 경제는 식어가고, 한국 경제는 중국을 중심으로 하는 중화 경제권에 빠른 속도로 접근하고 있음을 유의하는 시각도 늘고 있다.

중국은 이미 일본을 제치고 대미 무역흑자 1위국이 되었고, 미국은 최근 3년 연속 대중국 직접 투자 1위국이다. 양국 간 교역은 1979년 수교 이래 연평균 18%씩 증가하여 지난 해에는 8백억 달러를 넘었으며, 미국은 중국의 제2위 무역 상대국이자 최대 수출시장으로, 중국은 미국의 제4위 무역 상대국으로 올라섰다.

미국의 5백 개 기업 중 지금까지 3백여 개 기업이 중국에 투자하고 있는데, 중국 투자 건수는 모두 3만3천 개, 총투자액은 실제 투입 기준 3백50억 달러로 일본의 대중국 투자 규모와 비슷하며, 우리 나라의 7배 수준이다.

양국 간 교류도 풍성해지고 있다. 중국에 투자한 미국 기업의 사장 중에는 자신의 할아버지 때부터 중국에서 무역이나 외교 등에 종사하면서 살아온 사람들도 있다. 고색창연한 오랜 역사를 가진 하버드대학의 옌칭연구소에는 최근 중국에서 오는 학자들이 크게 늘어나고 있으며, 미국 학자들의 중국 연구도 전례 없이 진지해지고 있다.

그런가 하면, 1972년 2월 미·중 화해의 산실이었던 상해의 국제문제연구소는 당시 화해 주역의 한 사람인 키신저를 초청하여 미·중 화해 30주년 기념행사를 벌이면서, 대만 문제와 한반도 문제 등을 놓고 자유로운 토론의 장을 벌였다. 또한 북경과 상해, 심천 등에서는 미국 명문대학 출신의 젊은 금융 전문가들이 미국연방준비제도 이사회를 모델로 은행과 주식시장 등 중국의 신생 금융체제를 손질하고 있다.

남·북한의 발빠른 대응 필요

바야흐로 미·중 관계는 제한적인 정치적 갈등 구조 속에서 전례 없는 경제 협력의 가속화가 이루어지고 있으며, 이러한 미·중 관계의 역동적 상황은 한반도 상황의 물밑 환경을 이루고 있다.

1972년 미·중 화해가 이루어진 4개월 뒤, 한반도에서는 '7·4 남북 공동성명'이 나왔으며, 최근 미·중 관계가 진전되면서 남·북한 당사자의 노력은 '6·15 남북공동선언'으로 나타났다.

우여곡절 속에서도 주변 환경의 호전을 적극적으로 활용하는 발빠른 움직임과 노력이 남·북한 사이에 이어지고 있는 것이다. 우리의 적극성은 한·중 경제 협력에서 더욱 드러나고 있다. 동남아 외환 위기의 풍랑을 거친 뒤 한·중 사이의 경제 협력은 중국의 WTO 가입을 계기로 새롭게 주목받고 있다.

지난 10년 간 우리의 대미 수출은 2배 증가하는 동안, 중국과 중화권에 대한 수출은 18배 이상 증가하여, 두 지역에 대한 수출이 각각 4백억 달러 수준으로 비슷해지고 있다.

이제 우리는 미국과 중국 모두가 중요한 국제 경제 환경을 맞이했다. 무역과 투자 1, 2위국인 이 두 나라 간의 경제 협력과 정치적 갈등에 대해 전략적 사고로 대처하는 과제가 우리 몫으로 다가와 있다.

★

부시는 닉슨보다 더 높이 만리장성을 올랐다

★ ★ ★ ★

이강범
중앙대학교 중문학과 교수.

　1972년 2월 21일 미국 대통령 닉슨은 문화 대혁명의 광기가 조금씩 가시기 시작하던 중국 대륙을 방문했다.
　그 자체만으로도 전세계 최고의 관심사가 된 그의 방문은 닉슨 자신에게는 커다란 정치적인 승리를, 중국에게는 폐쇄와 미망에서 조금씩 벗어나 세계로 향한 창을 여는 계기가 되었다. 그리고 그뒤 상당히 긴 시간 암중모색과 시행착오를 거쳐 개혁과 개방으로 나아가는 도화선으로 작용했다.
　그로부터 정확히 30년이 지난 지금, 같은 공화당 소속의 부시 대통령이 같은 날 중국을 방문했다. 방문 날짜에 상당히 의미를 부여하고 싶은 중국의 심정은 환영사에서 장쩌민 주석이 같은 날 방문해준 데 대해 감사를 표시한 데서도 읽을 수 있다.
　물론 지난 30년 동안 상황이 엄청나게 달라졌다. 창문을 열어봐야 보여줄 것이라고는 광기에 지친 춥고 고달픈 무표정한 인민과 예외 없이 곡괭이와 망치에 동강난 석비만 어지럽던 중국은 마침내 개혁 개방이라는 최선의 묘책을 찾아내었고, 이제는 WTO 가입, 올림픽 유치에 이르기까지 순조롭게 국운 상승을 과시하고 있다.

9 · 11테러를 적극 활용

이번 부시의 방문도 중국에서는 비교적 성공한 것으로 평가하고 있다. 첫째 30년 전처럼 극적인 전환이나 타결은 없었지만, 미국의 중국 대사관 오폭과 정찰기 충돌과 같은 우여곡절을 겪은 뒤 다시 신뢰를 쌓는 계기를 만들었다는 것이다.

처음 부시 행정부가 출범하면서 많은 사람들이 우려한 대만 문제나 MD 문제, 인권 문제 등 첨예하게 신경전을 벌일 만한 이슈들에 대해서 이번엔 원론적으로 언급하거나 확인을 하고 넘어감으로써 무난히 기대 이상의 성과를 거둘 수 있었다.

이렇게 된 데는 미국의 9 · 11테러가 역설적으로 큰 몫을 해냈다고 볼 수 있다. 즉 미국의 입장에서는 그들의 반테러 전쟁에 대해 우방들이 협조와 지지를 보내준 데 대해 감사를 표시하고, 앞으로도 계속해서 지지 내지 최소한 묵인이라도 얻어내는 것이 절실했기 때문이며, 이에 관한 한 소극적 지지 내지 중립에 가까운 태도로 일관한 중국이 가장 중요한 설득 대상이기 때문이다.

그래서 부시가 중국의 민감한 인권 문제, 종교 문제에 관해 원론적이거나 슬쩍 회피하는 태도를 보이고, 대만 문제에 대해서도 하나의 중국과 대만관계법, 그리고 평화와 대화 원칙만을 언급하고 넘어가면서 유독 반테러리즘을 많이 언급한 것도 이런 계산의 결과

인 것이다.

두번째, 이번 방문이 두 나라 사이에 실질적인 교류의 장을 여는 계기가 되었다는 점이다. 즉 의례적이고 내용이 없는 화려한 정상외교보다는 정치·경제·군사·문화 등 각 방면에서 실질적인 이익을 추구하는 형태로 나아간다고 볼 수 있다. 작은 에피소드지만 부시가 만리장성을 올라가면서 안내자에게 30년 전 닉슨이 올라갔던 지점을 물어보고는 그보다 훨씬 더 많이 올라가서 등정을 마무리지었는데, 정치적인 몸짓이긴 하나 그의 속마음을 엿볼 수 있는 대목이다.

이를 호사가들은 문을 처음 연 사람은 닉슨이지만 부시는 그 위에 실질적인 성과를 이루겠다는 의지를 나타낸 것으로 풀이하는데, 그럴듯한 해석이다. 사실 지난 30년 동안 두 나라는 잘 알지 못하는 상태에서 서로 탐색하거나 감정을 앞세워 일을 그르친 느낌이 없지 않다. 이제는 객관적이고도 냉정한 시각을 가지고 눈에 보이는 가시적 성과를 거두는 방향으로 나갈 때가 되었다고 인식한 것으로 볼 수 있다.

그래서 이번 만남에서 전처럼 요란하게 두 정상이 포옹하는 장면을 연출하지 않은 것도 이와 연결해서 생각한다면 지나친 억지일까? 또 이를 바꾸어 말하면 앞으로는 더욱 치열하게 자국의 이익을 앞세워 한 치도 양보 없는 치열한 무한경쟁을 벌인다는 것을 의미하기도 한다.

즉 총론은 점잖고 우호적으로 보일지 모르나 각론에 들어가서는 크고 작은 문제, 특히 대만 문제 등에서는 서로 한 치의 양보도 없는 신경전과 드잡이가 끊이지 않을 것이다.

이 부분은 우리나라도 면밀히 분석하고 여러 경우의 수를 다 감안하여 대책을 세워야 할 것이다.

아큐(阿Q)의 꿈으로 끝나지 않기 위해

이들 두 정상의 만남은 중국 국민들에게 한껏 높아진 그들의 애국심을 더욱 부추기는 구실을 하였음에 틀림없다. 참담한 실패로 끝난 대약진 시기에 15년 안에 영국을 따라잡고 미국을 추월한다는 슬로건이 다시 등장할 정도다. 물론 지금의 기세로 보면 황당하다고는 말할 수 없지만, 중국의 국내 사정은 그리 간단해 보이지 않는다. 많은 중국 전문가들이 중국의 미래에 대해 장밋빛 전망을 내어놓고 있고, 상대적 소수이긴 하지만 또한 적지 않은 전문가들이 매우 암울한 징조를 읽어내고 있다.

그러나 이 두 상반된 분석을 한데 놓고 보면, 그들이 열거하는 성공과 실패의 항목들은 거의 일치하고 있다. 다만 어느 항목에 더 가중치를 주고 있느냐의 차이일 뿐이다. 화려한 외교 또한 국내 정치의 연장선일 수밖에 없을진대, 지금 중국이 당면한 그늘 또한 넓고 짙어 보인다.

중국 번영의 상징인 상해에서도 너무나 쉽게 눈에 띄는 도시 빈민들은 필자의 눈에는 그대로 걸어다니는 시한폭탄으로 보였다. 세계 초강대국의 달콤한 꿈이 아큐(阿Q)의 꿈으로 끝나버리지 않기 위해서는 빈곤의 뇌관을, 부패의 사슬을, 인권의 억압을 이제부터라도 빨리 끊어야 할 것이다.

★
중국이 북한의 붕괴를 바라지 않는 한…

★ ★ ★ ★

한홍시
중국인 학자, 광운대학교 중국어학과 교수.

    지난 2월 21일, 부시 미국 대통령은 일본과 한국을 방문한 데 이어 중국을 방문했다. 30시간 남짓한 중국 체류과정에서 부시 대통령은 중국의 장쩌민 국가 주석과 진지한 회담을 진행했고, 또 중국 차기 지도자인 후진타오 부주석의 안내를 받으며 칭화대학에서 학생들을 상대로 미국의 대외 정책을 연설했다.
    부시 대통령의 이번 단기 실무 방문 가운데서 중·미 양국은 비록 어떤 특별한 합의를 이끌어낸 것이 없고, 또 적지 않은 문제에서 양국의 심각한 의견 차이를 확인한 것은 사실이지만, 여러 가지 상황을 종합해본다면 앞으로 두 나라 관계가 이번 방문을 계기로 새로운 국면에 들어설 것이라는 점은 확실하다.
    지난 해 1월, 부시 행정부가 탄생하면서 미국 정부의 외교정책은 클린턴 행정부 당시에 비해 상당히 강경 색채를 띠어왔다. 미국은 국제사회의 비난에도 아랑곳하지 않고 요격미사일 조약과 지구온난화 방지에 관한 교토환경협약에서 탈퇴했으며 MD 개발을 가속화하고, 대북한 외교에서 강경한 자세를 보여왔다.

특히 중국이 유일하게 잠재적인 경쟁 국가로 부상하면서 미국 국내에서 '중국 위협론'이 크게 떠오르는가 하면, 지난 해 초의 해남 군사 정찰기 충돌 사건, 대만 문제 등 민감한 이슈들이 계속 중·미 양국 관계에 어두운 그림자를 던져주었다.

부시 행정부는 지난 해 9·11테러 사태 이후 국민들의 폭 넓은 지지를 배경으로 아프카니스탄 전쟁에서 손쉽게 승리하자 힘을 바탕으로 한 일방적인 패권주의 노선을 강행하려는 움직임을 보였다. 최근 부시 대통령의 '악의 축' 발언은 바로 그러한 미국 독주 정책의 대표적인 발로라고 할 수 있다. 따라서 앞으로 미·중 관계가 화해보다는 대결 상황으로 발전하는 것이 아닌가 하는 추측을 낳기도 했다.

그러나 중국에 '부딪쳐보지 않으면 친해지지 않는다(不打不成交)'라는 속담이 있듯이, 미국의 일방적인 독주와 강경노선은 장기간 지속되기 어려우며 현실과 타협할 수밖에 없다. 예를 들어 1992년 클린턴 행정부도 아버지 부시 전 행정부의 대중국 정책이 연약하다고 비난하면서 집권했지만, 결국에는 중국과 '전략적인 동맹지' 관계를 선언하기에 이른 전례가 있다.

결국 미국은 자국의 이익을 위해서라도 중국과 전략적인 대결을 하기보다 협력을 위주로 할 수밖에 없다. 미국의 정당 정치와 대외 정책의 이러한 특성을 잘 알고 있는 중국 정부가 어쩌면 느긋한 마음으로 부시의 이번 중국 방문을 기다리고 있었는지도 모른다.

결코 우연이 아니다

부시 대통령의 중국 방문은 지난 해 10월 APEC 상해 정상회의에 이어 이번이 두 번째이다. 4개월도 안 되는 사이에 두 번이나 중국을 방문한 것은 그만큼 중국이 미국의 대외전략에서 중요한 위치를 차지하고 있기 때문이라고 할 수 있다.

이번에 양국은 또 장쩌민 주석이 금년 10월에 미국을 방문하고, 그에 앞서 가까운 시일에 중국 차기 지도자인 후진타오 부주석이 먼저 미국을 방문한다는 데 합의했다. 이는 양국이 앞으로도 계속 밀접한 대화를 통해 양국의 현안들을 해결하고, 경제 관계를 중심으로 긴밀한 관계를 발전시켜 나가겠다는 확고한 의지의 표명이다.

또 이번에 부시 대통령의 중국 방문이 1972년 2월 21일 닉슨 대통령의 역사적인 중국 방문으로부터 정확히 30주년이 되는 시점에 이루어졌다는 점을 주목할 필요가 있다. 부시 대통령이 중국 방문 날짜를 이 날에 맞추어 정한 것은 결코 우연한 일이 아니다.

우리는 30년 전 닉슨 대통령이 처음으로 양국 간의 적대관계를 해소하고 새로운 협력관계를 개척했던 것과 마찬가지로, 부시 대통령도 중국과의 관계에 야심찬 목표를 가지고 있다는 점을 충분히 짐작할 수 있다.

물론 양국 간의 관계 발전 과정에서 부시 대통령이 미국의 의지와 부합하는 방향으로 중국의 변화를 이끌겠다는 희망을 가지고 있는 것은 당연하다. 이번에 부시 대통령은 1975년 그때에 비해 중국이 경제뿐만 아니라 선택의 자유 등 여러 면에서 이미 큰 변화가 있다는 점을 누누이 강조하는 한편, 앞으로 중국이 종교의 자유와 보통 비밀선거를 포함한 개혁과 개방정책을 계속 추진하는 과정에서 미국의 지지를 받을 것이라는 점을 크게 강조했다.

부시 대통령은 또한 중국이 앞으로 지속적으로 경제를 발전시키기 위해서는 안정된 국제 환경과 미국의 협력이 필요하다는 점을 잘 알고 있다. 따라서 취임 이후 정상 외교와 지도자들 간의 개인적인 친분 관계를 특히 중시하는 자신의 외교 스타일에 따라 그와 같은 특수한 날을 선택하여 중국을 방문함으로써 중국 지도부에게 미국이 양국 관계의 발전을 원하며 앞으로 대화를 통해 문제를 풀어나가려 한다는 메시지를 전달한 것으로 보인다.

중국은 중재 의사가 없다

일본과 한국을 거쳐 중국에 간 부시 대통령이 중국 지도부와 토론한 의제의 하나는 더 말할 것도 없이 한반도 문제일 것이다. 부시 대통령은 마음속으로 중국이 북한에게 영향력을 행사하여 대화에 나서도록 촉구해주기를 바랐을 가능성이 크다. 실제로 부시 대통령은 2월 21일의 기자회견에서 중국 장쩌민 주석에게 북한과의 대화 의지를 김정일 국방위원장에게 전해줄 것을 요청했다고 밝혔다.

그러나 장쩌민 주석이 이러한 요청을 받아들여 북한에 대화 압력을 가하거나 중재자 노릇을 하겠다고 대답했다는 흔적은 없다. 사실 현재의 상황에서 중국이 이러한 중재자 노릇을 하려고 할 리가 만무한 것이다.

현재 북·미 관계가 악화된 주요 원인은 부시 행정부가 기존의 클린턴 행정부의 입장에서 크게 후퇴한 때문이라고 하지 않을 수 없다. 이해하기 힘든 것은 부시 행정부가 한편으로 북한과의 대화를 주장하면서도 북한을 '악의 축'이라고 규정하고, 힘으로 북한을 압박하는 모순된 정책을 추진하고 있다는 점이다.

특히 대화 상대가 되어야 할 북한 김정일 정권을 사실상 부정하는 미국 정부의 대화 자세는 결국 북한더러 머리를 숙이고 미국과의 대화를 구걸하라는 것과 마찬가지다. 북한에게 미국과의 수교가 절박한 과제이기는 하지만 자존심이 강하기로 유명한 김정일 정권이 그러한 방식으로 대화에 임할 것이라는 기대는 너무나 허황한 것이다.

북한이 클린턴 행정부와 대화를 할 때, 김정일 위원장의 특사인 조명록 차수가 미국에 가서 군복과 훈장을 착용하고 클린턴 대통령을 만났던 사실을 상기한다면, 북한이 부시 행정부의 대화 제의를 오만한 것이라고 일축할 것은 일찍부터 예상할 수 있었다. 따라서 중국이 이러한 시기에 미국의 뜻에 따라 북한과의 중재자의 노릇을 할 리가 만무하다.

게다가 현재 중국과 북한 관계는 모택동 시대나 등소평 시대의 전반기처럼 어떤 이념이나 지도자들 사이의 개인적인 우정을 기반으로 한 것이 아니다. 즉 상호 전략적인 이익을 기반으로 하는 중국과 북한 간의 관계는 긴밀한 협력과 동시에 서로 매우 독립적인 성격을 가지고 있다. 따라서 중국 역시 북한의 정책에 영향을 줄 수 있는 범위가 매우 한정되어 있다.

다만 중국은 북한에게 가장 중요하고 유일한 맹방이기도 하다. 따라서 비록 지금과 같은 상황에서 중국이 북한에게 대화에 나서라고 영향력을 행사할 수는 없지만 미국과의 관계에서 서로 협력하여 전략을 조정할 가능성은 충분히 있다.

따라서 앞으로 미국과 중국의 협력관계가 발전하는 과정에서 미국이 중국을 통해 북한의 진실한 뜻을 파악하고 북·미 대화의 조건을 모색할 가능성은 여전히 남아 있다.

미국의 대북 정책 변할 수밖에 없어

부시 행정부가 대북 강경책을 구사하는 데는 나름대로 이유가 있다고 판단한다. 그중의 하나는 1994년 제네바협의에서 규정했던 2003년이라는 시한이 곧바로 다가오면서 북한과의 협상 전략을 어떻게 세워야 할 것인가 하는 것이 미국의 딜레마이다.

알다시피 미국은 북한이 핵을 동결하는 대가로 2003년까지 경수로 건설을 완성키로 약속한 바 있다. 그 동안 미국은 북한이 제네바협의를 위반하고 핵 개발을 계속한다는 확실한 근거는 포착하지 못한 반면, 자신이 경수로 건설이라는 제네바협의의 약속을 어겼다는 부담을 져야 했다.

북한의 핵 개발 문제가 '대량 살상 무기' 문제 및 심지어 재래식 무기 감축 문제로까지 탈바꿈한 배경에는 미국이 그러한 수동적인 입장에서 벗어나 선수를 치고 나가겠다는 의도가 있는 것으로 판단한다.

그러나 미국의 의도가 어떻든 간에 북한과의 문제는 대화로 밖에 풀 수 없다. 북한을 압박하여 붕괴시키려는 전략이 전혀 효력이 없었다는 것은 클린턴 행정부 시기에 이미 증명된 사실이다. 백 보 후퇴하여 설사 앞으로 북한 정권이 경제적으로 붕괴할 위기까지 간다고 해도, 배후에 있는 중국이 전략상 북한의 붕괴를 바라지 않는 한, 적극적인 원조를 통해 위기를 타개해 나가게 할 가능성이 매우 크다.

1996년 당시에도 미국이 대북 경제제재 조치를 실행해도 효력을 볼 수 없었던 원인은 바로 중국이 북한 붕괴를 원하지 않았기 때문이다. 게다가 북한이 주로 자체의 노력으로 그 당시의 가장 어려운 상황을 이겨내고 현재는 오히려 경제 회복기에 들어서 있다는 사실을 명심할 필요가 있다.

한국의 근본적인 이익 역시 북한의 김정일 정권과 평화 공존하는 데 있을 수밖에 없다. 한국의 '햇볕 정책'도 따지고 보면 북한을 위한 정책이라기보다는 매우 위험한 결과를 초래할 수 있는 북한 붕괴 촉진 정책을 지양하고 한반도 평화를 유지하기 위한 불가피한 선택이다.

한국 국민들에게 한반도 평화 안정은 민족의 사활이 걸린 문제이기 때문에 미국의 일부 강경론자들과는 입장이 근본적으로 다를 수밖에 없으며, 대북 정책에 신중에 신중을 기할 수밖에 없는 것이다.

결국 앞으로 미국은 대북 강경정책을 수정할 수밖에 없으며, 북한도 체면을 유지하면서 미국과 대화를 모색하는 방법을 찾지 않을 수 없을 것이다.

이러한 상황에서 한국은 중국과 긴밀한 협력을 통해 북·미 관계를 풀어나갈 수 있는 조건을 찾아나가는 데 힘을 다해 한반도의 평화와 안정을 보호해야 할 것이다.

에필로그

★ ★ ★ ★

중심부의 변화를 예의 주시하자

김 스탄케비치 알렉산드리아는 우리 역사책에 등장하지 않는 여성 해방운동가이고, 독립투사이다. 중국 동북 3성과 러시아 원동 지역을 사이에 끼고 흐르는 아무르 강변에는 아직도 그녀의 어려웠고 또 자랑스러웠던 투쟁의 기록이 남아 있다.

그녀는 조선 여성으로 최초로 소비에트 원동 공화국 외무장관과 하바로프스크 공산당 제1서기라는 최고위 지도자 자리에 오른 동방 최초의 볼세비키였다. 그러나 그녀가 시베리아에서 레닌노선에 따랐던 것은 조국 독립을 위해서였다.

하바로프스크 역사 박물관에 남아 있는 그녀에 대한 기록들을 보면 김 스탄케비치는 1918년 9월 25일 일본군과 러시아 반혁명의 백군에 잡혀 처형되기 직전 마지막 소원이 무엇이냐고 묻자 열세 걸음을 걸을 자유를 달라고 했다. 그러면서 그녀는 "내가 걸은 열세 발자국은 조선으로 가는 길이다. 나는 지금 죽지만, 내 자손들은 조선을 해방시킬 것이다."라고 외쳤다. 조국 광복을 위한 그녀의 피나는 노력은 아무르 강 절벽 위에서 이렇게 끝을 맺었다.

20세기 최초의 중심부의 격돌은 러시아 혁명 과정에서 적군과 백군의 대결로 나타났다. 조선 땅에서 희망을 얻지 못한 백성들은 두만강을 넘었고, 그들은 가족의 안녕과 민족국가를 수립하기 위해 적군이 되기도 하고 백군이 되기도 하였다. 러시아 혁명이라는 세계사의 격변 속에서 백군과 적군이 되어 같은 동족끼리 피를 흘린 우리 역사는 세계사의 한 귀퉁이에도 기록되지 않은 채 시베리아 벌판에 맡겨진 상태이다.

20세기 초 잘못 끼워진 단추는 계속 이어지고 있다. 2000년 6월 나는 유엔 총회장 앞에 서 있는 베트남 참전 용사들을 보았다. 그들은 옛 군복을 꺼내 입고 고엽제 피해 보상을 호소하고 있었다. 같이 참전했던 다른 나라 병사들이 이미 피해 보상을 끝낸 문제를 그들은 냉전의 살얼음을 딛고 이제야 말할 수 있었던 것이다.

세계의 지성, 심지어 미국의 양심 세력까지도 베트남 전쟁에서의 반전운동 경력을 자랑한다. 대부분 그런 경력을 자랑삼아 유엔 총회에 참석하고 있는 세계 각국의 정부 및 비정부 대표들 앞에 고엽제 피해 보상을 요구하고 서 있는 옛 전사들을 보면서 세계사의 소용돌이 속에서 우리만이 여전히 25시를 살고 있다는 사실이 가슴을 쳤다.

우리의 길 안내를 남이 해줄 수는 없다. 일본의 원폭 피해자들의 상처를 꺼내 노벨 문학상을 받은 오에 겐자브로나 구로자와 아키라

감독 같은 사람들은 일본이 자랑하는 문화계의 거목들이다. 그러나 일본의 양심이라고 하는 그들의 눈길에도 한인 원폭 피해자, 한인 강제징용자, 정신대 피해자는 닿지 않았다. 오키나와에서 만난 한 주민은 제2차 세계대전 말기에 오키나와 사람들도 억울한 죽음을 당했다고 말한다. 그러면서도 오키나와 사람들보다 더 억울한 죽음을 당한 것이 한인들이었다고 한다.

오키나와 주민 피해를 외치는 오키나와 주민들의 운동에 우리가 끼여들 여지는 없다. 역사에 항의를 하든 새 역사를 창조하든 이 모든 것은 철저히 우리들의 몫인 것이다. 경의선 철도 개통을 얘기할 때 아무도 그것이 유엔의 허가 사항이라는 것을 의식하지 못했다. 20세기 냉전의 유물인 DMZ은 호기심어린 외국 관광객을 위한 상품이 되기도 하고, 철새들의 보금자리가 되어 생태관광 상품이 되기도 한 채 우리 안에 있는 '남의 땅'인줄을 우리는 의식하지 못했다. 그 가운데에서 우리는 21세기를 말하고 있다.

광화문에는 촛불이 타오르고 있다. 어린 여중생 둘의 죽음 앞에 촛불을 켜고 서 있는 앳된 얼굴들을 마주하면서 부끄러움과 참회, 무력감을 지울 수 없다. 뉴밀레니엄 축제는 얼마나 화려하고 또 얼마나 공허했던가. 지역감정을 넘기 위해 '붉은 악마' 세대인 월드컵 세대의 동참을 호소하는 구호도 또한 부끄럽다. 잘못 끼운 단추를 바로잡지 못하고 그대로 21세기의 과제로 넘겨주는 선배 세대의 부끄러움인 것이다.

이 모든 부끄러움을 딛고 다시 다지는 각오는 촛불을 들고 거리로 뛰어나가는 것, 당하고 난 뒤 보상받을 수 없는 상처를 다시 들여다보는 것만으로는 부족하다. 우리가 20세기 초반에 단추를 잘못

끼운 이유 중에 가장 큰 원인의 하나가 미래를 바르게 내다보지 못했다는 데에 있지 않았나 하는 생각이 든다. 지구가 한반도를 중심으로 돌고 있고 움직이고 있다고 생각했고, 그 결과 우리끼리의 싸움과 분쟁, 미움에 너무 몰두했던 탓이다.

갑오농민혁명 때 조선 조정의 요청이 없었으면 일본군이 들어오지 않았을 것이고, 내부의 계급투쟁을 다스리지 못한 결과로 빚어진 한국 전쟁 때도 한국 정부의 요청이 없었다면 미군이 들어올 리 없었을 것이다. 지구촌에 우리만 살고 있다면 내부의 갈등의 끝을 볼 수도 있다. 그러나 우리의 갈등의 틈을 노리는 타인들이 있다는 것, 우리가 세계 체제 속에 있다는 것을 인식하지 못한 비극이 이렇게 엄청날 줄은 서로 몰랐다. 이제는 손님이 주인이 되어도 할 말이 없는 지경이 되었다.

그런데 지금도 20세기 초반의 잘못을 거듭하고 있지 않나 하는 두려움을 떨쳐버릴 수가 없다. 지난 10년 동안 국내외에서 여러 NGO회의를 조직하고 참가하면서부터다. 회의 참가자들은 일단 '친구'의 얼굴을 하고 있었다. 그러나 진짜 그들은 친구만일까?

1990년대 초반만 해도 대부분의 국제회의의 주제는 '대안'이었다. 그러다가 '지속가능성'이라는 개념을 맴돌더니 이제는 '안보' 그 중에서 특히 '국가 안보'가 아닌 '인간 안보'를 말한다. 그만큼 새로운 들에서의 생존의 요구가 절박해지고 있다는 뜻이다.

1990년대의 세계의 지성인과 젊은이들은 다국적 기업을 중심으로 짜여지는 새로운 세계 질서의 위험을 예감하고 있었다. 끝없이 국민국가 규제의 벽을 넘으려는 다국적 기업의 논리에 대응하기 위해 그들은 지구촌 곳곳에서 만났다. 그 만남이 결실을 이루어 시애틀과 도하, 포르토 알레그레에서 한 목소리가 어우러졌다.

국민국가를 뛰어넘어 새로운 통치의 축을 마련하고자 하는 사람들에게는 두 가지 과제가 있다. 하나는 새로운 지배의 틀에 적합하지 않는 국민국가를 해체하는 것이고, 다른 하나는 세계적 차원의 통치를 가능하게 하는 새로운 통치 이념을 만들어내는 것이다.

비효율적인 국민국가를 공격하는 가장 효율적인 무기는 부패 문제와 독재이다. 아시아 각국에서 민주정권이 수립되고 이어 부패 문제가 거론되는 이유를 세계적 차원의 통치의 틀이 변했다는 것과 연결해서 읽어내는 사람은 많지 않다. 부패가 국민국가를 약화시키고, 약화된 국민국가의 빗장을 열고 초국가 자본과 투기자본이 밀물처럼 들어오고 있는 것이다.

반부패가 국민국가 해체작업의 저격수라면 새로운 지구 통치의 보편 이념은 인권과 민주주의이다. 반독재와 반부패 논쟁에서는 우리도 경쟁력이 있다. 그런데 인권과 민주주의는 우리에게 더 어려운 과제다.

GNP 지수 대신 행복지수와 삶의 질 지수가 등장하더니 이제는 인권 지수, 환경 오염지수, 성평등 지수 등 우리가 그 가치를 적극적으로 인정하지 않았던 기준들이 어느새 새로운 척도가 되어 나타나기 시작했다. 호사가의 취미로 내는 통계 놀음이 아니라 그것이 새로운 지구 통치의 축이라는 것을 우리는 여전히 인식하지 못하고 있다.

코소보 사태를 통해 인도주의적 개입 문제를 논쟁하고 있을 때조차 우리는 그 의미를 제대로 새기지 못하고 있었다. 워싱턴 컨센서스를 통해 국제사회에서 인권과 평화를 눈에 띄게 저해하는 나라에 대해서는 주권 개입도 가능하다는 틀이 이미 만들어졌다는 것도 우리는 모르고 있었다.

2002년 12월 '민주주의 공동체' 서울 포럼이 열렸다. 2년 전 바르샤바에서 첫 회의를 하고 서울 회의가 두 번째였다. 주최국들이 판단하여 민주주의 공동체의 일원이 될 수 없다고 생각하는 나라에는 회의 참가 자격을 제한하는 새로운 다국적 기구가 탄생한 것이다.

이번 서울 회의에서는 한 걸음 더 나아가 민주주의 자격 기준 미달 국가에 대해서는 국제사회가 인도주의적인 긴급 상황만을 예외로 하고 일체의 경제 지원을 하지 말고 해서도 안 된다는 의견이 제기되었다. 이것은 대북 지원 문제가 우리 내부 논쟁의 수준을 떠나고 있다는 것을 뜻한다.

또 민주주의 교육 커리큘럼을 공동으로 짜고 그것을 각국 정부에게 실행케 하고 예산도 분담하도록 하되, 그 결과에 대한 다국적 감시기구를 만들자는 제안도 나왔다. 2년 뒤 칠레의 산티아고에서는 얼마나 더 파격적인 제안이 나올지 여러 가지로 주목되는 흐름이었다. 민주주의라는 이름의 또다른 지구 통치 시스템이 구체화되고 있는 것이다.

서울 한가운데에서 전개되고 있었던 이 같은 엄청난 사건에 우리나라의 언론과 학자들은 깊은 관심을 기울이지 않았다. 세계가 크게 변하고 있다고 하면서도 변화의 실체에는 접근하지 않는 것이다. 구태에 안주하기 때문이 아닐까? 과거 역사에는 민감할지 모르지만 현재 만들어지고 있는 진행형의 새 역사에는 신기할 정도로 무심하고 둔감하다.

지구촌은 우리만 살고 있는 곳이 아니다. 중심부에서 일어나는 새로운 지구 통치 틀의 변화를 주시하지 않으면 안 된다. 20세기 초에 그러했던 것처럼 21세기에도 세계 중심부의 흐름에 무심하다면 그 대가는 말로 할 수 없을 정도로 클 것이다. 우리가 지구촌의 최고 중심부 미국의 변화를 다룬 이 책을 펴내고 있는 까닭도 여기에 있다.

이정옥(Weekly SOL 편집위원장)

아메리카

엮은이 | 최병권 · 이정옥
지은이 | 이그나시오 라모네 외

1판 1쇄 발행일 2002년 12월 17일
발행부수 3,000부

발행인 | 김학원
기획 | 이재민 선완규 한상준 박재호
디자인 | 이준용 김준희
마케팅 | 이상용
저자 · 독자 서비스 | 인현주(ihj2001@hmcv.com)
조판 | SL기획
표지 · 본문 출력 | 희수 com.
용지 | 화인페이퍼
인쇄 | 청아문화사
제본 | 정민제본

발행처 | 휴머니스트
출판등록 제10-2135호(2001년 4월 18일)
주소 | 서울시 마포구 동교동 201-10 석진빌딩 3층 121-819
전화 | 02-335-4422 팩스 | 02-334-3427
홈페이지 | www.hmcv.com

ⓒ 최병권 · 이정옥, 2002

ISBN 89-89899-42-7 03300

만든 사람들

책임기획 | 선완규(skw2001@hmcv.com)
책임 디자인 | 이준용
책임 그래픽 | 김준희
책임 편집 | 노희순